आओ मॉडल बनाएँ

आओ मॉडल बनाएँ

श्यामसुंदर शर्मा

प्रकाशक • **प्रभात प्रकाशन प्रा. लि.**
4/19 आसफ अली रोड,
नई दिल्ली-110002

संस्करण • 2025
मूल्य • पाँच सौ रुपए
मुद्रक • नरुला प्रिंटर्स, दिल्ली

AAO MODEL BANAYEN (Making Science Models)
by Shri Shyam Sunder Sharma ₹ 500.00
Published by Prabhat Prakashan Pvt. Ltd., 4/19 Asaf Ali Road, New Delhi-2
e-mail: prabhatbooks@gmail.com ISBN 978-93-5186-715-9

मॉडल-क्रम

आओ! मॉडल बनाएँ

आमतौर पर बच्चे विज्ञान को कठिन विषय समझते हैं। वे समझते हैं कि विज्ञान में बहुत पढ़ना पड़ता है, प्रयोग करने पड़ते हैं और कई बार घर या स्कूल से बाहर—बगीचों, जंगलों आदि में—घूमना पड़ता है। उन्हें कविता पाठ में जितना मजा आता है उतना विज्ञान के प्रयोगों में नहीं। इसके साथ ही कुछ बच्चे यह भी समझते हैं कि विज्ञान संबंधी प्रयोग करने के लिए बड़ी-बड़ी प्रयोगशालाएँ चाहिए, महँगे-महँगे यंत्र चाहिए और उनके लिए पहले बहुत अध्ययन करना चाहिए। पर न तो विज्ञान के प्रयोग हमेशा बहुत कठिन होते हैं और न ही सब प्रयोगों को करने से पहले बहुत अध्ययन की जरूरत होती है। अनेक प्रयोग घर में ही, ऐसी वस्तुओं से जो आसानी से मिल सकती हैं, किए जा सकते हैं। उनको करने में न तो बहुत लागत आती है और न बहुत मेहनत करनी पड़ती है। हाँ, उन्हें करने में मजा बहुत आता है।

प्रयोग करने के लिए कई बार मॉडलों की जरूरत होती है। ये मॉडल सरल यंत्र होते हैं और इन्हें आसानी से बनाया भी जा सकता है (वैसे इनको बनाना भी अपनेआप में बहुत रोचक प्रयोग होते हैं)। इन्हें तुम उन चीजों से बना सकते हो जो आसानी से बाजार में मिल जाती हैं और जिनकी लागत भी ज्यादा नहीं होती।

1. बिजली का जनरेटर

आओ! पहले तुम्हें एक ऐसा मॉडल (यंत्र) बनाना सिखाएँ जिससे तुम बिजली बना सकते हो। यह बिजली बहुत कम शक्ति की होगी। इससे तुम साधारण बल्ब नहीं जला सकोगे। इससे तुम्हें झटका भी नहीं लगेगा और न ही कोई और नुकसान होगा।

यह बिजली हम गरमी (ऊष्मा) की मदद से बनाएँगे। इसके लिए तुम्हें चाहिए : लकड़ी के दो टुकड़े (इनमें से एक टुकड़ा लगभग 10 सेंटीमीटर लंबा, 8 सेंटीमीटर चौड़ा और लगभग 1.5 सेंटीमीटर मोटा हो और दूसरा इससे थोड़ा-सा बड़ा यानी 15 सेंटीमीटर लंबा, 8 सेंटीमीटर चौड़ा और लगभग 1.5 सेंटीमीटर मोटा), ताँबे की एक पत्ती जो 8 सेंटीमीटर लंबी और 2.5 सेंटीमीटर चौड़ी हो, लोहे की एक पत्ती जिसकी लंबाई, चौड़ाई और मोटाई ताँबे की पत्ती के बराबर हो, एक गैलवेनोमीटर (इसको बनाने की विधि तुम आगे पढ़ोगे), एक छोटा स्प्रिट लैंप, कुछ छोटे पेच, कील और लगभग एक मीटर लंबा बिजली का तार।

सबसे पहले ताँबे की पत्ती के एक सिरे के लगभग 1.5 सेंटीमीटर भाग को थोड़ा-सा मोड़ लो। फिर दूसरे सिरे के भी लगभग 3 सेंटीमीटर भाग को दूसरी ओर मोड़ लो।

बिलकुल इसी प्रकार लोहे की पत्ती को भी मोड़ लो। उसे मोड़ते समय ताँबे की पत्ती के साथ रखकर ध्यान से देख लो कि दोनों का आकार बिलकुल एक-जैसा ही हो और उनमें छेद भी एक ही स्थान पर हो। अगर ऐसा नहीं होगा तो मॉडल सही नहीं बनेगा और न ही ठीक प्रकार से काम करेगा।

अब दोनों पत्तियों के 3-3 सेंटीमीटर लंबे भागों को आपस में शोल्डर करा लो। (रेडियो सुधारनेवाली दुकानों पर अक्सर ही शोल्डर का काम होता रहता है।)

फिर लकड़ी के टुकड़ों को लो। उनको चौड़ाई के बल, चित्र में दिखाए गए तरीके के अनुसार, जोड़ दो। इसके लिए हो सकता है तुम्हें लकड़ी में बरमे से छेद करके पेच कसने पड़ें। अगर लकड़ी मुलायम है तब छेद करने की जरूरत नहीं होगी।

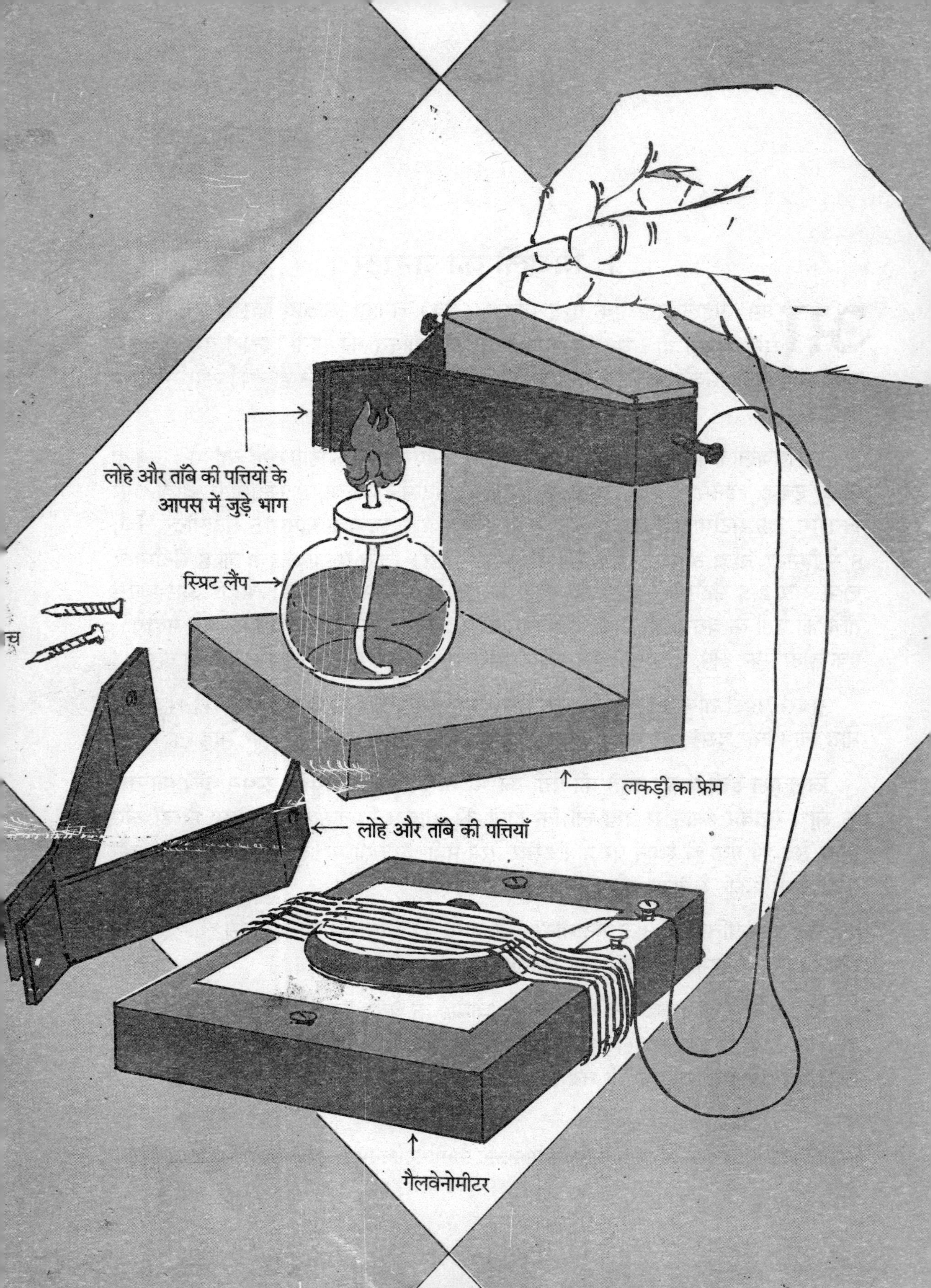
लोहे और ताँबे की पत्तियों के
आपस में जुड़े भाग
स्प्रिट लैंप
लकड़ी का फ्रेम
लोहे और ताँबे की पत्तियाँ
गैलवेनोमीटर

इस तरह एक फ्रेम बन जाएगा। यह फ्रेम तुम्हारे यंत्र को फिट करने के लिए इस्तेमाल होगा। इसमें छोटा टुकड़ा आधार की तरह काम करेगा।

इस फ्रेम पर पेचों की मदद से पत्तियाँ कस दो। ध्यान रखो कि पत्तियाँ ठीक प्रकार से फिट हों। शुरू में पेचों को पूरा न कसो। उन पर बिजली के तार के दो टुकड़ों के एक-एक सिरे को लपेट दो। फिर पेचों को कसो। तारों के दूसरे सिरों को गैलवेनोमीटर के साथ जोड़ दो। अब पूरा मॉडल बनकर तैयार हो गया।

अब इसकी जाँच कर लें कि यह काम करता है या नहीं। इसके लिए पत्तियों के शोल्डर किए गए भागों के नीचे स्प्रिट लैंप जलाकर रख दो। यदि यंत्र ठीक प्रकार से बन गया है तो पत्तियों के गरम होने से बिजली की धारा उत्पन्न होने लगेगी। इस धारा का पता गैलवेनोमीटर की सूई के हिलने से लगेगा।

अगर ऐसा नहीं होता तो सबसे पहले उन स्थलों की जाँच करो जिन पर बिजली के तार कसे हुए हैं। उनका भली-भाँति कसा होना जरूरी है। इसी प्रकार दोनों पत्तियों के लंबे मुड़े भागों का आपस में अच्छी तरह से शोल्डर होना जरूरी है।

तुम में से कुछ बच्चे यह जानना चाहेंगे कि इस मॉडल में बिजली कैसे पैदा हो गई? भौतिकशास्त्र का एक प्रसिद्ध सिद्धांत है कि जब दो अलग-अलग धातुओं के टुकड़ों के दोनों सिरों को अलग-अलग ताप पर रखा जाता है तब धातुओं में बिजली की धारा पैदा हो जाती है (इसकी खोज आज से लगभग 170 वर्ष पहले जर्मन वैज्ञानिक थॉमस सीबैक ने की थी।) इस मॉडल में भी दो अलग-अलग धातुओं—ताँबे और लोहे—की पत्तियाँ ली गई हैं। उनके एक सिरे को गरम किया जाता है जबकि उनके दूसरे सिरे ठंडे रहते हैं। इसलिए मॉडल में बिजली पैदा हो जाती है।

वैसे यह बिजली थोड़ी देर के लिए ही पैदा होती है क्योंकि धातुओं की पत्तियों के एक सिरे को गरम करने से धीरे-धीरे उनके दूसरे सिरे भी गरम होने लगते हैं। इससे दोनों सिरों के तापों का अंतर कम हो जाता है और बिजली बनना बंद हो जाती है।

तुम जानते ही हो कि बिजली की धारा ताँबा, लोहा, एलूमिनियम जैसे सुचालक पदार्थों में इलेक्ट्रॉनों का प्रवाह है। यह प्रवाह अनेक प्रकार से उत्पन्न किया जा सकता है जिनमें दो वस्तुओं को आपस में रगड़ना, गरम करना, रासायनिक परिवर्तन करना, चुंबकीय बल रेखाओं का काटना आदि शामिल हैं।

2. गैलवेनोमीटर

रेडियो, टेलीविजन आदि सुधारते समय तुमने इंजीनियरों को एक विशेष प्रकार के यंत्र का प्रयोग करते देखा होगा। इससे वे यह देखते हैं कि रेडियो, टेलीविजन आदि में से बिजली की धारा प्रवाहित हो रही है या नहीं। इस यंत्र को गैलवेनोमीटर कहते हैं। गैलवेनोमीटर से यह भी पता लगाया जा सकता है कि किसी यंत्र में बिजली की धारा पैदा हो रही है या नहीं। इसीलिए गरमी से बिजली बनानेवाले यंत्र के मॉडल में गैलवेनोमीटर का प्रयोग किया गया था।

आओ! हम भी गैलवेनोमीटर का मॉडल बनाएँ। इसके लिए जिन चीजों की जरूरत होगी वे हैं : 1/2 वोल्ट का एक सूखा सैल, एक चुंबकीय कंपास (चुंबकीय कंपास बनाने की विधि तुम आगे पढ़ोगे), लगभग 10 मीटर लंबा प्लास्टिक चढ़ा बिजली का तार, पीतल के 2 सेंटीमीटर लंबे 6 पेच, एक स्विच, कार्डबोर्ड का ढक्कन समेत इतना बड़ा एक डब्बा जिसमें चुंबकीय कंपास समा सके, कुछ ड्राइंग पिनें।

गैलवेनोमीटर बनाना बताने से पहले एक जरूरी बात बता दें। यह केवल क्षीण बिजली की धारा मापने के लिए ही इस्तेमाल किया जाता है। अगर इसमें शक्तिशाली बिजली की धारा प्रवाहित कर दी जाती है तो यह खराब हो जाता है।

सबसे पहले चुंबकीय कंपास कार्डबोर्ड के डब्बे में रखो। उसके ऊपर बिजली के तार को लगभग 20 बार लपेटो। यह ध्यान रहे कि तार को एक ही दिशा में लपेटा जाए और लपेटने के बाद, दोनों सिरों पर लगभग 8-8 सेंटीमीटर तार छोड़ दिया जाए।

ऐसा करने के बाद चुंबकीय कंपास को ड्राइंग पिनों की मदद से कार्डबोर्ड के डब्बे पर फिट कर दो। फिर तार के सिरों को छीलकर उन्हें पीतल के पेचों की मदद से डब्बे में फिट कर दो (जैसा चित्र में दर्शाया गया है)। पर पेचों को पूरा कसो नहीं।

लो गैलवेनोमीटर बनकर तैयार हो गया। पर इस्तेमाल करने से पहले इसकी जाँच जरूरी है।

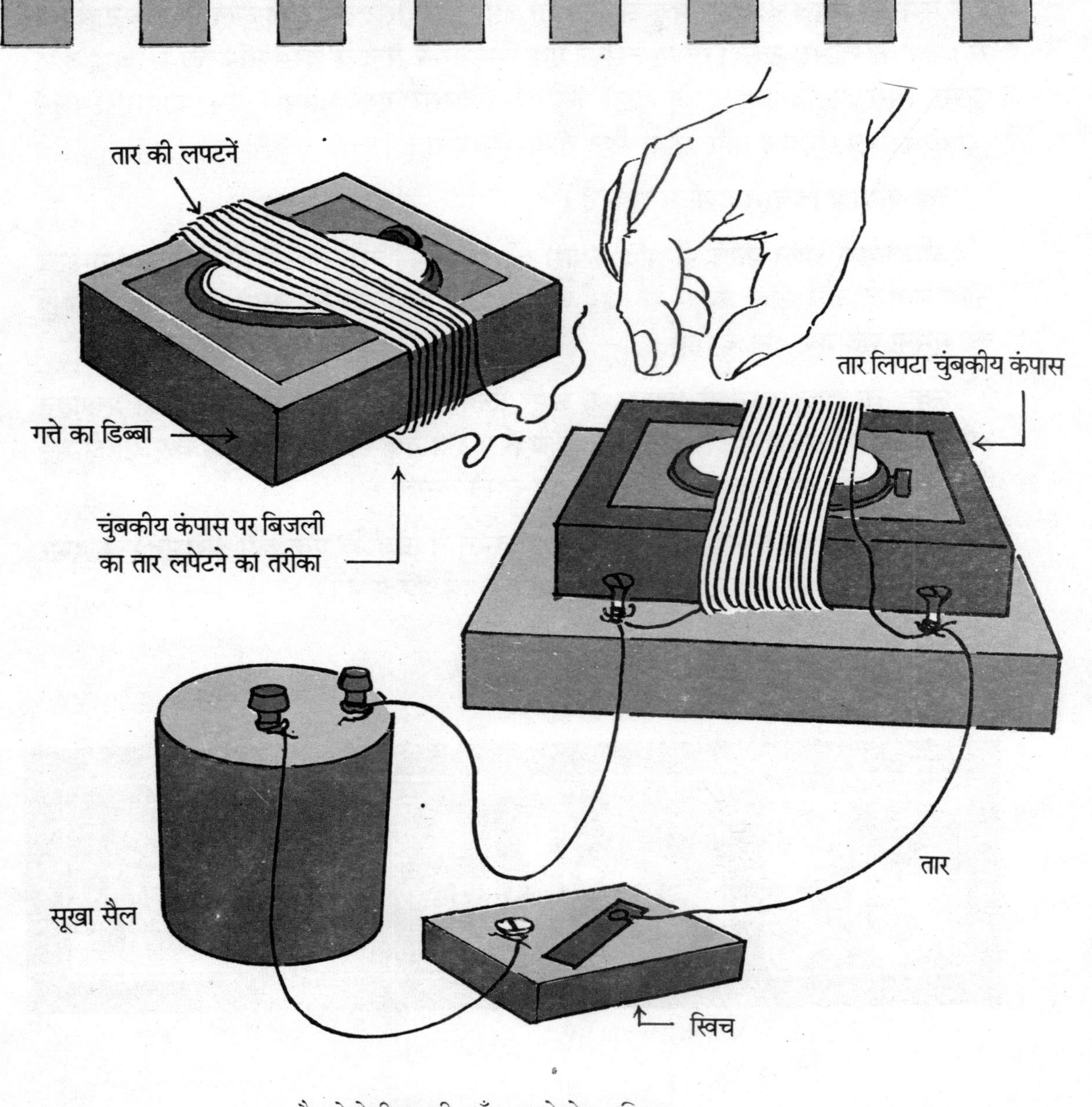

गैलवेनोमीटर की जाँच करने हेतु परिपथ

जाँच करने के लिए तार का एक टुकड़ा लो। उसके एक सिरे को गैलवेनोमीटर के एक सिरे से जोड़ दो और दूसरे सिरे को स्विच के एक पेच से। तार का दूसरा टुकड़ा लेकर उसके एक सिरे को स्विच के दूसरे पेच से जोड़ दो और दूसरे सिरे को सूखे सैल के एक टर्मिनल से। तार का तीसरा टुकड़ा लेकर उसका एक सिरा सूखे सैल के दूसरे टर्मिनल से जोड़ो और दूसरा सिरा गैलवेनोमीटर के दूसरे सिरे से। इससे एक परिपथ बन जाएगा जिसमें गैलवेनोमीटर, स्विच और सूखा सैल तीनों जुड़े होंगे।

यह परिपथ चित्र में दर्शाया गया है।

अब स्विच चालू करते ही यदि कंपास की सूई घूमने लगे तो समझो कि गैलवेनोमीटर ठीक बना है और ठीक प्रकार से कार्य कर रहा है। स्विच के बंद करते ही कंपास की सूई को घूमना बंद कर देना चाहिए।

स्विच के चालू करने से कंपास के ऊपर लिपटे तारों में से बिजली की धारा प्रवाहित होने लगती है। उससे तार के आसपास चुंबकीय क्षेत्र पैदा हो जाता है। यह कंपास की सूई के चुंबकत्व को प्रभावित करता है और वह घूमने लगती है।

गैलवेनोमीटर के निर्माण और उसके कार्य करने में ऊर्जा के एक रूप (विद्युत) के दूसरे रूप (चुंबकत्व) में परिवर्तित होने का सिद्धांत कार्य करता है।

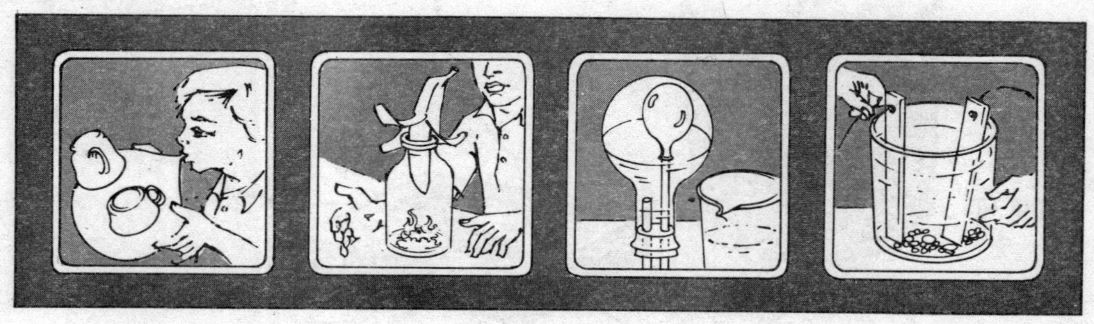

3. चुंबकीय कंपास

तुम जानते हो कि यदि किसी चुंबक को मुक्त रूप से लटका दिया जाए तो वह उस स्थिति में ठहरेगी जब उसका एक सिरा उत्तर दिशा की ओर होगा और दूसरा दक्षिण की ओर। चुंबक के इसी गुण का उपयोग करके लोग दिशा ज्ञान कर लेते हैं। समुद्र पर लंबी-लंबी यात्राएँ करनेवाले जहाज, ऊँचे आकाश में उड़नेवाले वायुयान और घने जंगलों अथवा मरुस्थलों में यात्रा करनेवाले लोग आमतौर से चुंबक के इस गुण का उपयोग करके ही अपनी स्थिति और मार्ग तय करते हैं। वे अपने पास 'कंपास' यंत्र रखते हैं। उसके आड़े तल में एक चुंबकीय सूई लगी रहती है जो मुक्त रूप से घूम सकती है।

तुम भी इस प्रकार का यंत्र, कंपास, बना सकते हो। इसके लिए तुम्हें चाहिए : दो चुंबकित सुइयाँ (चाहो तो तुम स्वयं भी इन्हें चुंबकित कर सकते हो। उस दशा में तुम्हें एक काफी शक्तिशाली, स्थायी, दंड चुंबक चाहिए), लगभग 2 सेंटीमीटर मोटा और 4 सेंटीमीटर व्यास का एक कार्क, काँच की एक परखनली या छोटी बोतल, 10×10×2 सेंटीमीटर का लकड़ी का एक टुकड़ा, कुछ कीलें, सैलोटेप, बोरे सीनेवाला एक सूआ।

पहले कार्क के बीच में परखनली (अथवा बोतल) की चौड़ाई के बराबर छेद कर उसमें परखनली को फँसा दो। फँसाते वक्त यह ध्यान रहे कि नली का पेंदा ऊपर की ओर हो और वह कार्क की ऊपरी सतह के तल में ही रहे।

फिर लकड़ी का टुकड़ा लेकर उसके बीच में एक बड़ी कील इस प्रकार ठोको कि उसका लगभग 5 सेंटीमीटर भाग टुकड़े के ऊपर ही रहे। सूए की आँख को कील के साथ सैलोटेप की मदद से कस दो। इससे सूए का लगभग 3-4 सेंटीमीटर भाग कील के ऊपर रहेगा। अब कार्क में लगी परखनली को सूए में फँसा दो। इससे परखनली सूए पर मुक्त रूप से घूम सकेगी।

इसके बाद एक चुंबकित सूई की नोक कार्क में भली-भाँति घुसा दो। दूसरी सूई को भी कार्क के दूसरी ओर इसी प्रकार घुसा दो। लो बन गया तुम्हारा कंपास। इसकी चुंबकित सुइयाँ उत्तर-दक्षिण दिशा में स्वयं को स्थित कर लेंगी।

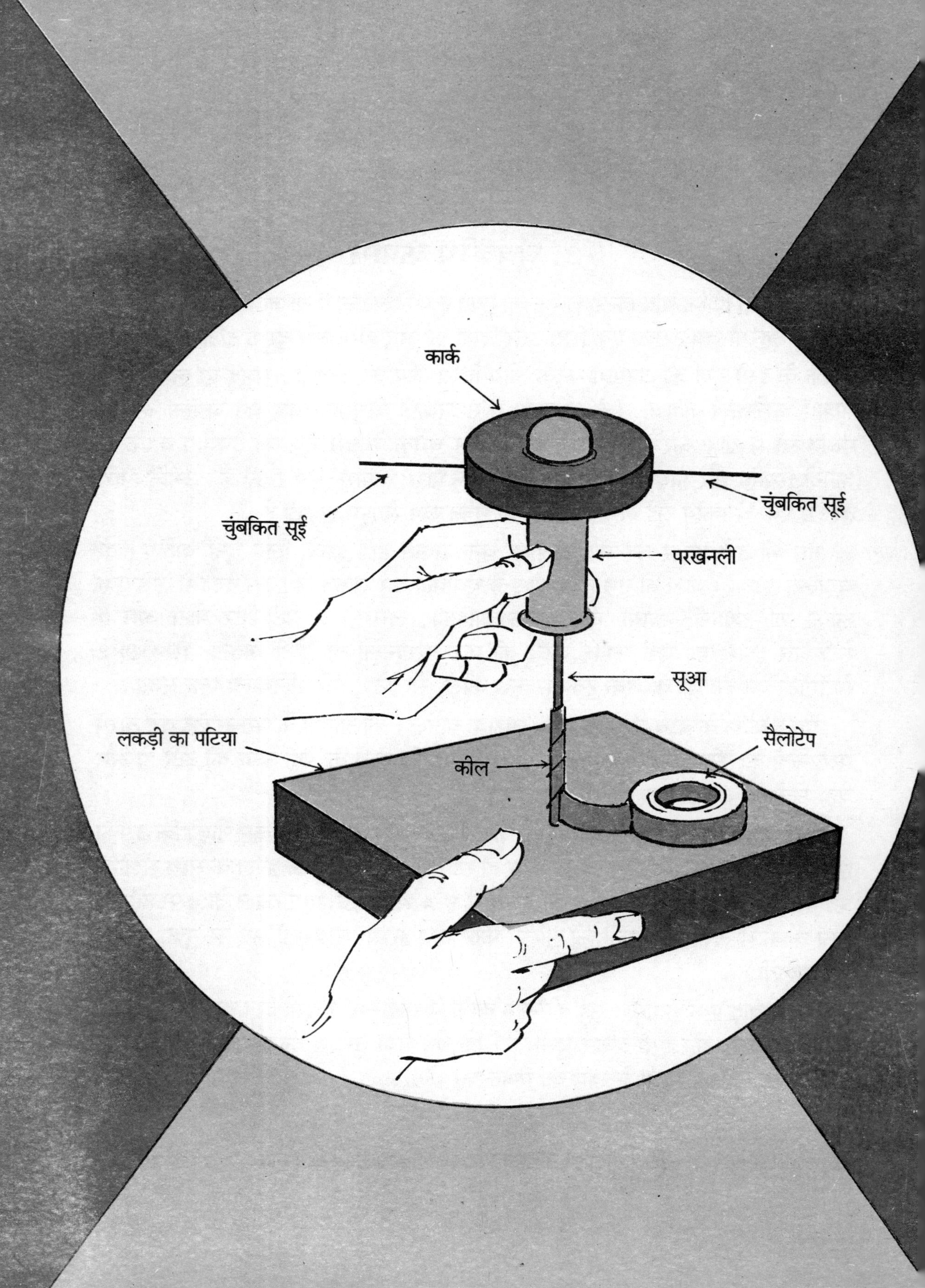

कार्क
चुंबकित सूई
चुंबकित सूई
परखनली
सूआ
लकड़ी का पटिया
सैलोटेप
कील

यदि तुम सुइयों को चुंबकित करना चाहते हो तब एक सूई को समतल जगह पर रखो। फिर शक्तिशाली दंड चुंबक का कोई सिरा लेकर उस पर एक सिरे से दूसरे सिरे तक भली-भाँति स्पर्श करते हुए फेरो। दूसरे सिरे पर उसे उठा लो और पुनः पहले सिरे पर ले आओ। तब उसे स्पर्श करते हुए दूसरे सिरे तक ले जाओ। ऐसा लगभग 50 बार करो, पर हर बार चुंबक के सिरे को वापस लाते समय उठाकर ही पहले सिरे पर लाओ। इस विधि से सूई चुंबकित हो जाएगी।

इसी तरह दूसरी सूई को भी चुंबकित कर सकते हो।

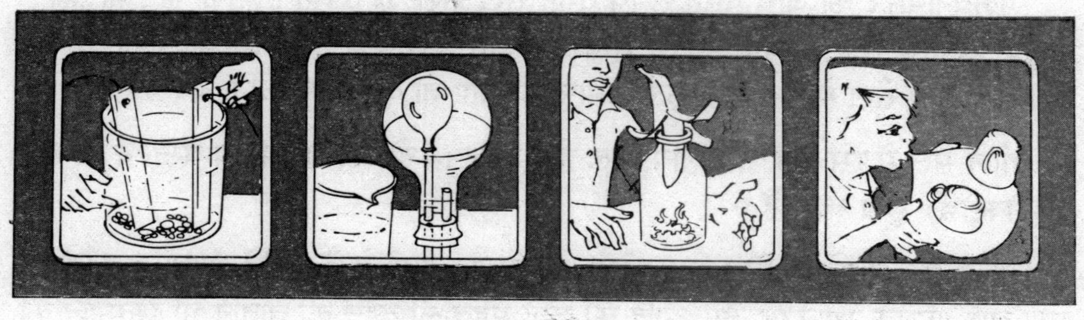

4. बिजली पैदा करनेवाला सैल

अब हम तुम्हें बिजली पैदा करनेवाला एक दूसरा यंत्र बनाना बताएँगे। इसे 'गीला सैल' कहते हैं। इसमें भी एक प्रकार की ऊर्जा (रासायनिक ऊर्जा) को दूसरे प्रकार की ऊर्जा (विद्युत) में बदला जाता है।

गैलवेनोमीटर की जाँच करते समय तुमने सूखे सैल का उपयोग किया था। वास्तव में 'सूखे' सैल में सब रसायन एकदम सूखे नहीं होते। उसमें वे नम अवस्था में मौजूद होते हैं। यदि सूखे सैल में नमी बिलकुल समाप्त हो जाए तो वह काम करना बंद कर देगा।

गीले सैल में रसायनों के जलीय घोल होते हैं जिनमें दो अलग-अलग वस्तुओं की छड़ें (इलेक्ट्रोड) डूबी रहती हैं।

गीला सैल बनाने के लिए जिन चीजों की जरूरत होगी वे हैं : चौड़े मुँहवाला काँच का एक जार (इसके स्थान पर जैम आदि की चौड़े मुँहवाली काँच की बोतल भी इस्तेमाल की जा सकती है), एक पुराना (बेकार) सूखा सैल, एक बोतल सिरका, एक गैलवेनोमीटर, कुछ मीटर बिजली का तार, एक स्विच।

पहले पुराने सूखे सैल को तोड़ लो। पर तोड़ते समय यह ध्यान रखो कि उसमें लगी हुई कार्बन की छड़ न टूटे। सूखे सैल के खोल को तोड़कर जस्त की एक पट्टी निकाल लो।

अगर कार्बन की छड़ टूट जाती है तो उसके स्थान पर लगभग 2 सेंटीमीटर चौड़ी और 12 सेंटीमीटर लंबी ताँबे की पत्ती इस्तेमाल की जा सकती है।

अब जार में इतना सिरका भरो कि वह ऊपर से केवल 2-3 सेंटीमीटर ही खाली रहे। फिर जस्त की पत्ती को एक सिरे से थोड़ा मोड़कर जार में लटका दो। इस मुड़े हुए सिरे में बिजली के तार का एक सिरा छीलकर बाँध दो। इसी तरह कार्बन की छड़ को भी सिरके में लटकाकर उसके एक सिरे पर दूसरे तार के टुकड़े का एक सिरा बाँध दो (अगर कार्बन-छड़ की जगह तुमने ताँबे की पत्ती इस्तेमाल की है तब उसे भी इसी प्रकार लटकाओ और

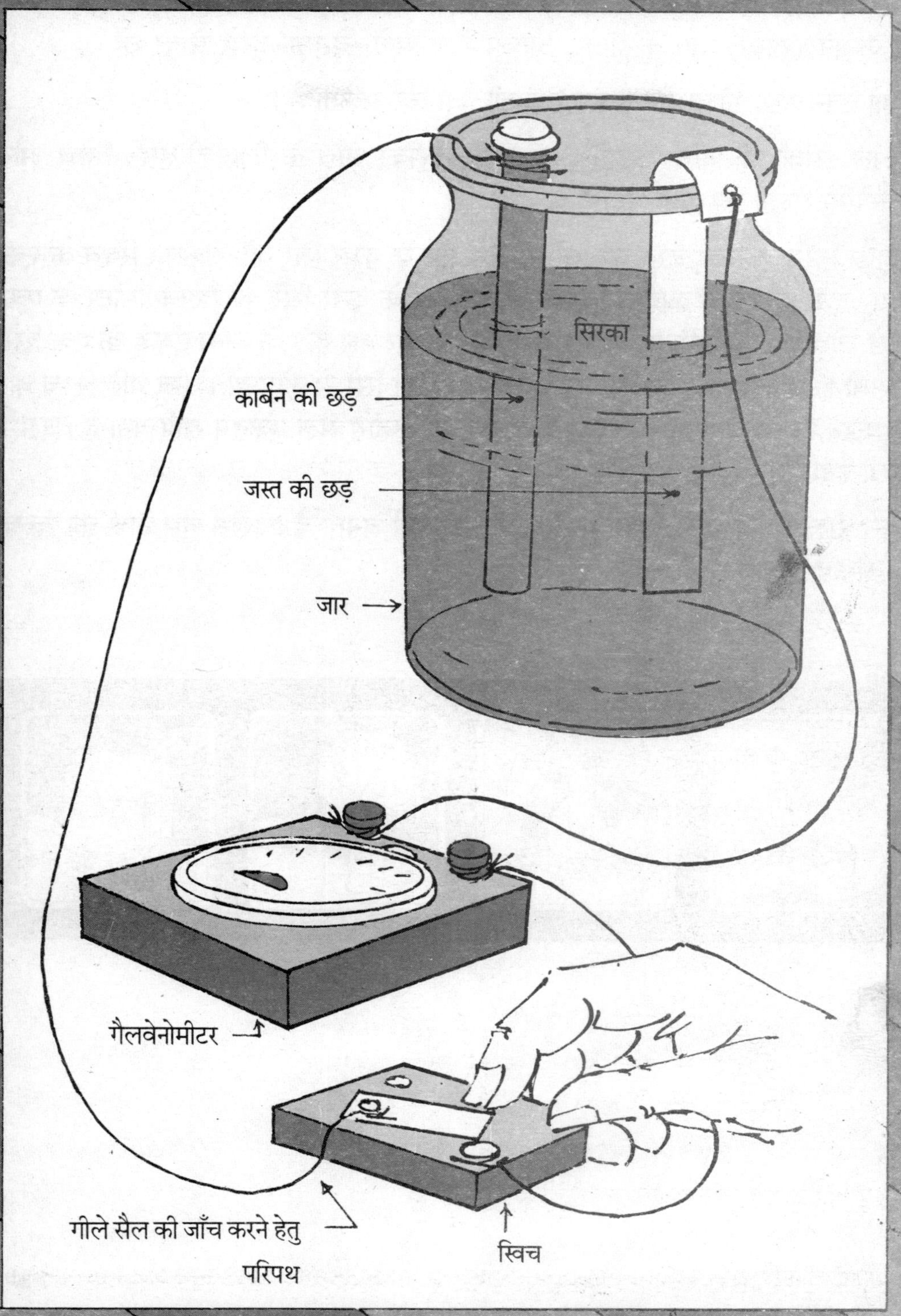
सिरका
कार्बन की छड़
जस्त की छड़
जार
गैलवेनोमीटर
गीले सैल की जाँच करने हेतु
परिपथ
स्विच

उससे भी तार के एक सिरे को बाँधो।) इस बारे में यह सावधानी बरतना जरूरी है कि जस्त और कार्बन (ताँबा) जार के भीतर, आपस में न मिलें—वे एक-दूसरे से दूर रहें।

लो बन गया गीला सैल। यह बिजली पैदा कर सकता है।

अब इसकी भी जाँच कर लें। दरअसल, इसकी जाँच के लिए ही हमने स्विच और गैलवेनोमीटर लेने को कहा था।

जाँच करने के लिए जस्त की पत्ती से बँधे तार के दूसरे सिरे को छीलकर स्विच के एक सिरे पर कस दो। फिर कार्बन की छड़ से जुड़े तार के दूसरे सिरे को गैलवेनोमीटर के एक सिरे से जोड़ दो और गैलवेनोमीटर के दूसरे सिरे पर तार के एक अन्य टुकड़े के एक सिरे को जोड़ो। इस तार के दूसरे सिरे को स्विच के खाली सिरे से जोड़ दो। अब यदि स्विच को चालू करने से गैलवेनोमीटर की सूई हिलती है तो तुम्हारा सैल एकदम सही बना है। उसमें बिजली पैदा हो रही है।

इस सैल में भी थोड़े समय के लिए ही बिजली बनती है। इससे तुम टार्च का बल्ब जला सकते हो।

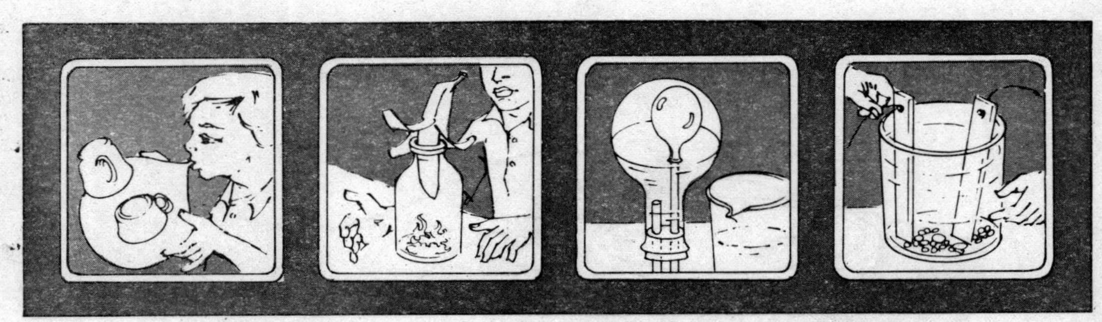

5. धातु की परत चढ़ानेवाला यंत्र

तुमने अक्सर अपनी माता या पिता को यह कहते सुना होगा कि उन्होंने जो जेवर खरीदा था, वह 'नकली' निकल गया। उसमें चाँदी पर सोने का 'पानी' चढ़ा हुआ था। तुम इस 'पानी' शब्द का मतलब नहीं समझ पाते। इसका अर्थ है बहुत पतली परत। "चाँदी पर सोने का पानी चढ़ा हुआ है" का अर्थ है चाँदी पर सोने की बहुत पतली परत चढ़ी हुई है।

केवल चाँदी पर ही सोने की परत नहीं चढ़ सकती वरन् ताँबे या अन्य किसी धातु पर भी चढ़ सकती है। इसी प्रकार किसी अन्य धातु की भी परत किसी धातु पर चढ़ सकती है।

जब ऐसी परत बिजली की मदद से चढ़ाई जाती है तब उस तरीके को इलेक्ट्रोप्लेटिंग कहते हैं।

सोना और चाँदी तो महँगी धातुएँ हैं। हम उनका इस्तेमाल करने के लिए तुमसे नहीं कहेंगे। हम तुम्हें लोहे पर ताँबे की परत चढ़ाने की तरकीब और इसके लिए मॉडल बनाना बताएँगे।

इसके लिए जरूरी सामान हैं : ताँबे की एक साफ-चमकदार पत्ती, ऐसी ही लोहे की एक पत्ती (इसकी जगह लोहे की 5 सेंटीमीटर लंबी कील भी ली जा सकती है), 1/2 वोल्ट का एक सूखा सैल, काँच की चौड़े मुँह की एक बोतल, लगभग 10 मीटर लंबा बिजली का तार और लगभग 15 ग्राम नीला थोथा।

नीला थोथा जहरीला पदार्थ है। इसके शरीर में पहुँच जाने से हमें नुकसान हो सकता है। जहाँ तक हो सके इसे हाथ से नहीं छुओ। इसका इस्तेमाल करते समय चम्मच का प्रयोग करो। अगर नीले थोथे को हाथ से छूते हो तो हाथ को तुरंत साबुन से, खूब अच्छी तरह से, धो लो।

नीला थोथा नीले रंग का एक रवेदार पदार्थ होता है जो चूना-सफेदी की दुकान पर अथवा रासायनिक पदार्थों की दुकान पर मिल जाता है। इसे आमतौर से ढक्कनदार बोतल

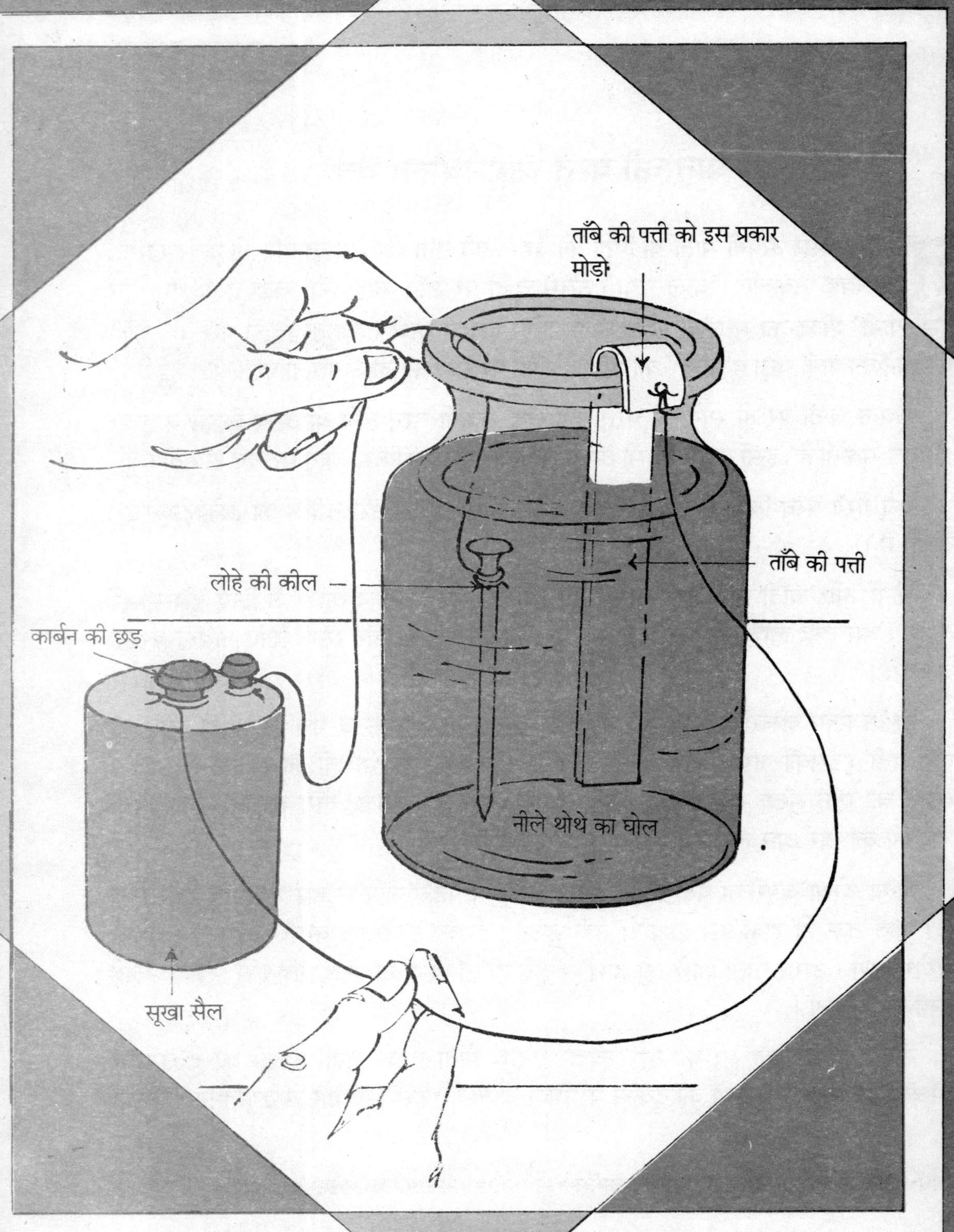
ताँबे की पत्ती को इस प्रकार
मोड़ो
ताँबे की पत्ती
लोहे की कील
कार्बन की छड़
नीले थोथे का घोल
सूखा सैल

में अथवा बंद डब्बे में रखा जाता है। खुला छोड़ देने से इसके 'रवों का जल' उड़ जाता है, जिससे रवे बिखर जाते हैं और नीला रंग उड़ जाता है। पर पानी की बूँद डालने पर पाउडर फिर से नीला हो जाता है। रसायनशास्त्री इसे कॉपर सल्फेट भी कहते हैं।

पहले चौड़े मुँह की काँच की बोतल में गरम पानी भर लो। पानी से बोतल को इतना भरो कि उसका तीन-चार सेंटीमीटर ऊपरी भाग ही खाली रहे। अब इसमें नीला थोथा डाल दो और एक साफ लकड़ी से पानी को हिलाओ ताकि वह पूरी तरह घुल जाए। इस घोल का रंग नीला होगा।

ताँबे की पत्ती के एक सिरे पर कील से छेद कर लो। उस सिरे को थोड़ा-सा मोड़ लो जिससे उसे बोतल के मुँह पर लटकाया जा सके। मुड़े सिरे के छेद में बिजली के तार का एक सिरा बाँध दो। तार के दूसरे सिरे को सूखे सैल की कार्बन की छड़ से (जिस पर पीतल की टोपी लगी हुई हो) जोड़ दो। ऐसा करने के बाद ताँबे की पत्ती को बोतल में लटका दो।

अब लोहे की पत्ती (कील) को रेगमाल से रगड़कर साफ कर लो। फिर साबुन लगाकर भली-भाँति धो लो। पत्ती का एकदम साफ होना बहुत जरूरी है। नहीं तो उस पर ताँबे की परत ठीक प्रकार से नहीं जमेगी।

तार के टुकड़े के एक सिरे को छीलकर उसे लोहे की पत्ती के ऊपरी सिरे पर भली-भाँति लपेट दो। तार के दूसरे सिरे को सूखे सैल के दूसरे टर्मिनल से जोड़ दो और पत्ती को बोतल में भरे घोल में डुबो दो। पर ध्यान रहे कि ताँबे और लोहे की पत्तियाँ आपस में मिलें नहीं, एक-दूसरे से दूर रहें।

थोड़ी ही देर में तुम देखोगे कि लोहे की पत्ती पर ताँबे की परत जमनी शुरू हो जाती है। अगर पत्ती भली-भाँति साफ है और बोतल में नीले थोथे का घोल सही है तब उस पर जमनेवाली परत भी एक-जैसी ही होगी।

लोहे की पत्ती पर जमनेवाला ताँबा नीले थोथे से आता है और ताँबे की पत्ती से उस ताँबे की पूर्ति होती रहती है। इस प्रकार ताँबे की पत्ती घुलती जाती है।

6. गैस जनरेटर

तुमने यह पढ़ा कि गीले सैल में रासायनिक ऊर्जा को किस प्रकार विद्युत ऊर्जा में बदला जा सकता है—रासायनिक क्रिया से किस प्रकार बिजली बनाई जा सकती है। अब तुम पूछ सकते हो कि क्या बिजली की धारा भी रासायनिक क्रिया उत्पन्न कर सकती है ?

हाँ, ऐसा भी होता है। आओ ! ऐसा ही एक यंत्र बनाएँ। इस यंत्र में बिजली की धारा से साधारण नमक विघटित होता है। इससे दो गैसें—हाइड्रोजन और क्लोरीन—उत्पन्न होती हैं। इसलिए इस यंत्र को हम 'गैस जनरेटर' कह सकते हैं।

गैस जनरेटर बनाने के लिए तुम्हें चाहिए : छोटे मुँहवाली काँच की एक बोतल जिसमें लगभग 200 मिलीलिटर पानी आ सके, 1/2 वोल्ट का एक सूखा सैल, एक स्विच, चीनी-मिट्टी की एक कटोरी, लगभग 4 मीटर लंबा बिजली का तार और दो चम्मच साधारण नमक।

जनरेटर बनाने की विधि बताने से पहले तुम्हें एक बात बता दें। साधारण नमक, जिसे हम सब अपने भोजन में रोज इस्तेमाल करते हैं, एक रासायनिक यौगिक है। इसका रासायनिक नाम है सोडियम क्लोराइड।

सोडियम क्लोराइड के जलीय घोल में विद्युत धारा प्रवाहित करने से वह सोडियम और क्लोरीन में विघटित हो जाता है। पर सोडियम एक अत्यंत क्रियाशील पदार्थ है जो पानी के साथ तेजी से क्रिया करता है। इससे सोडियम हाइड्रोऑक्साइड और हाइड्रोजन बनते हैं। (सोडियम हाइड्रोऑक्साइड को तुम 'कॉस्टिक सोडा' के रूप में जानते हो।) तुम जानते हो कि हाइड्रोजन सबसे हलकी गैस है। मजेदार बात यह है कि यह जलती वस्तुओं को बुझा देती है पर स्वयं जलने लगती है।

सोडियम की भाँति क्लोरीन भी एक अत्यंत क्रियाशील पदार्थ है। यह ताँबे (बिजली के तार के ताँबे) से बहुत जल्दी क्रिया करके हरे रंग का कॉपर क्लोराइड बना देती है। क्लोरीन का रंग हलका हरा होता है। यह जहरीली गैस है। इसलिए इसका उपयोग पानी

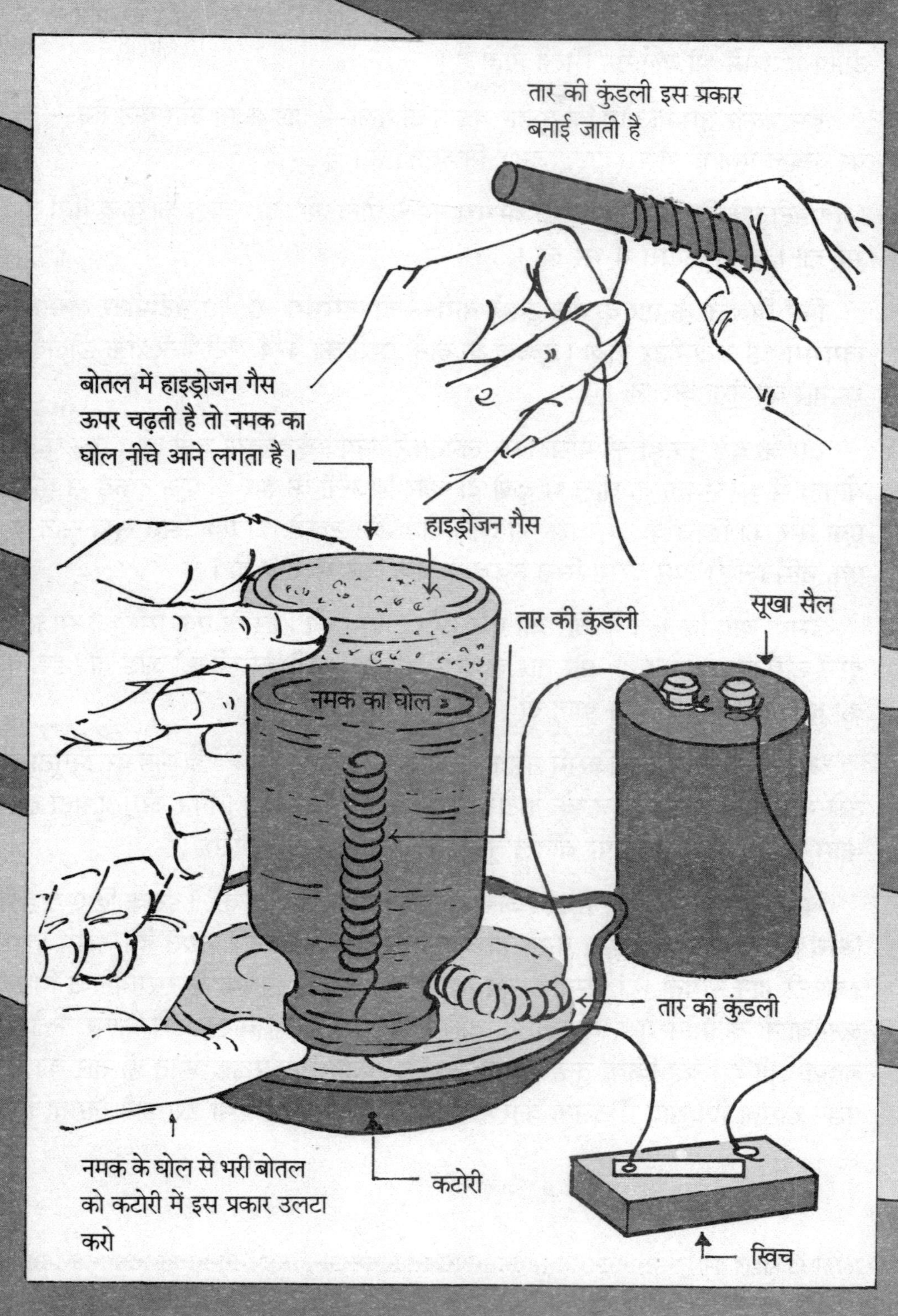
तार की कुंडली इस प्रकार बनाई जाती है
बोतल में हाइड्रोजन गैस ऊपर चढ़ती है तो नमक का घोल नीचे आने लगता है।
हाइड्रोजन गैस
तार की कुंडली
सूखा सैल
नमक का घोल
तार की कुंडली
नमक के घोल से भरी बोतल को कटोरी में इस प्रकार उलटा करो
कटोरी
स्विच

में मौजूद बैक्टीरिया आदि को मारने के लिए किया जाता है। तुम्हारे घरों के नलों में जो पानी आता है उसमें भी क्लोरीन मिली होती है।

इस प्रकार तुम पाओगे कि तुम्हारे यंत्र में दो गैसों—हाइड्रोजन और क्लोरीन—के स्थान पर केवल एक ही गैस (हाइड्रोजन) निकलती है।

पहले एक गिलास पानी में दो चम्मच नमक घोल लो। इस घोल का कुछ भाग बोतल में भर लो। बाकी कटोरी में भर लो।

फिर बिजली के तार के तीन टुकड़े करो—दो लगभग 40-40 सेंटीमीटर लंबे और एक लगभग 15 सेंटीमीटर लंबा। टुकड़ों के दोनों सिरों को 4-4 सेंटीमीटर तक छीलकर अंदर के तार को नंगा कर लो।

तार के बड़े टुकड़ों को पेंसिल पर लपेटकर उनकी कुंडलियाँ बना लो। एक कुंडली को बोतल में भरे नमक के घोल में डुबो दो और बिजली के तार के एक टुकड़े से कुंडली के एक सिरे को स्विच के दूसरे सिरे से जोड़ दो। छोटे टुकड़े का एक सिरा सूखे सैल के लिए एक टर्मिनल से और दूसरा सिरा स्विच के एक सिरे से जोड़ दो।

इसके बाद बिजली के तार का एक और टुकड़ा लो। उसके एक सिरे को सूखे सैल के दूसरे टर्मिनल से जोड़ दो और तार के दूसरे सिरे पर दूसरी कुंडली को जोड़ दो। इस कुंडली को कटोरी में भरे घोल में डाल दो।

अब उस बोतल के, जिसमें नमक के घोल में कुंडली पड़ी हुई है, मुँह पर अँगूठा रखकर उसे सावधानी से उलटा करके कटोरी में भरे घोल में रख दो। फिर अँगूठा हटा लो। यह काम सावधानी से करने पर बोतल का घोल कटोरी में नहीं गिरेगा।

बस बन गया गैस जनरेटर। अब इससे गैस बनाना शुरू करें। इसके लिए तुम्हें केवल स्विच चालू करना है। ऐसा करते ही बोतल में बुलबुले उठने लगते हैं। उसमें हाइड्रोजन इकट्ठी होने लगती है। जैसाकि तुम पहले पढ़ चुके हो नमक के रासायनिक विघटन से बननेवाली क्लोरीन गैस, कुंडली के ताँबे के तार से क्रिया करके उसे कॉपर क्लोराइड में बदल देती है। यह क्रिया तुम्हें दिखती नहीं पर कॉपर क्लोराइड बनते ही तार का रंग हरा पड़ने लगता है। बाद में उसके कारण नमक के घोल का रंग भी हरा होने लगता है।

7. विद्युतचुंबक

विद्युतचुंबक एक अत्यंत उपयोगी वस्तु है। इसका उपयोग अनेक इलेक्ट्रॉनिक और बिजली के यंत्रों में होता है। इसके बिना ये यंत्र अपना काम नहीं कर पाते। यह विद्युतचुंबक आमतौर से घोड़े की नाल के आकार की होती है। आओ ! हम तुम्हें विद्युतचुंबक बनाना बताएँ।

इसको बनाने के लिए तुम्हें जो वस्तुएँ चाहिए, वे हैं : 'यू' आकार का लगभग 3/4 सेंटीमीटर मोटा, 15 सेंटीमीटर बड़ा लोहे का एक टुकड़ा (इसके स्थान पर 'यू' आकार का बोल्ट भी लिया जा सकता है), 6 वोल्ट का एक सूखा सैल, एक स्विच, लगभग 3 मीटर लंबा बिजली का तार, इंसुलेटिंग टेप, कुछ कीलें, नट-बोल्ट, पेच आदि।

पहले यू आकार के बोल्ट पर तार लपेटना शुरू करो। तार को पहले नीचे से बोल्ट की एक भुजा पर लपेटना शुरू करो। बोल्ट के सीधे हिस्से पर उसे एक ही दिशा में लपेटो। जैसे ही बोल्ट के मुड़े हुए भाग पर पहुँचो, तार को दूसरी भुजा पर ले जाओ। उसे बोल्ट के मुड़े भाग पर नहीं लपेटो; दूसरी भुजा के भी सीधे भाग पर ही लपेटो (जैसा कि चित्र में दिखाया गया है)। यह ध्यान रहे कि दोनों भुजाओं पर लपेटनों की संख्या बराबर हो और दोनों सिरों पर लगभग आधा-आधा मीटर तार बचा रहे।

अगर तुमने ठीक प्रकार से तार लपेटा है तब एक भुजा पर लपेटनों की दिशा वामावर्त (घड़ी के चलने की दिशा में) और दूसरी पर दक्षिणावर्त (घड़ी के चलने की उलटी दिशा में) होगी। इससे चुंबक बनने पर बोल्ट का एक सिरा उत्तर ध्रुव बनेगा और दूसरा दक्षिण ध्रुव।

तार लिपटी भुजाओं पर इंसुलेटिंग टेप लपेट दो जिससे तार की लपेटनें खुलें नहीं।

अब तार के एक सिरे को नंगा करके स्विच के एक सिरे से जोड़ दो। तार का एक और टुकड़ा लो। उसके एक सिरे को स्विच के दूसरे सिरे से जोड़ दो तथा तार के दूसरे सिरे को सैल के एक टर्मिनल से। बोल्ट की दूसरी भुजा से लिपटे तार के सिरे को सैल के दूसरे टर्मिनल से जोड़ दो।

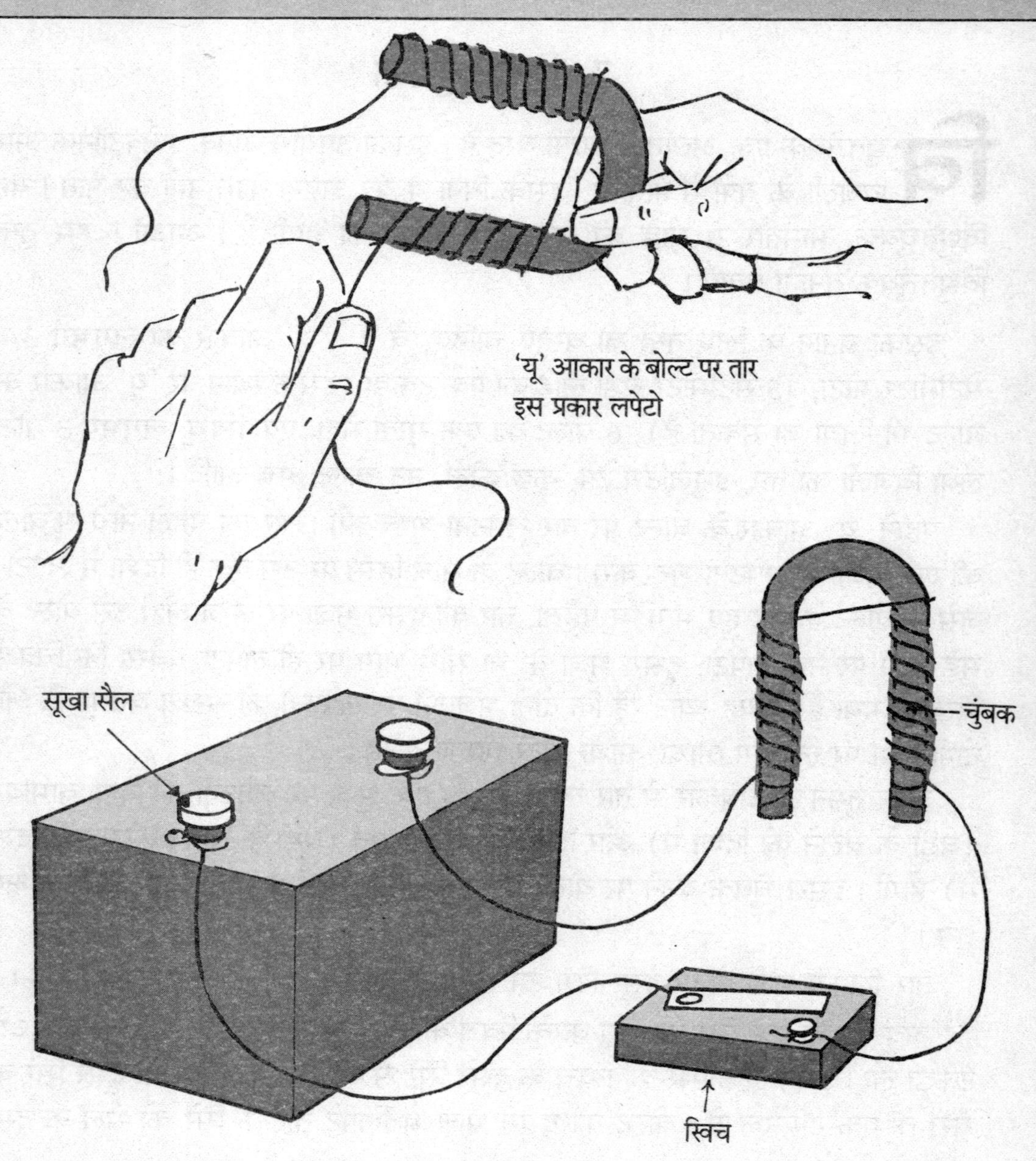
'यू' आकार के बोल्ट पर तार
इस प्रकार लपेटो
सूखा सैल
चुंबक
स्विच

स्विच को चालू करते ही बोल्ट चुंबक बन जाता है। इसको परखने के लिए बोल्ट के पास लोहे की कुछ वस्तुएँ लाओ। ये एकदम बोल्ट की ओर आकर्षित होने लगेंगी। पर स्विच बंद करते ही वे गिर जाएँगी। इसका यह मतलब हुआ कि बोल्ट उतनी ही देर चुंबक बना रहता है जितनी देर उसमें विद्युतधारा प्रवाहित होती रहती है। उसके बंद होते ही उसका चुंबकत्व समाप्त हो जाता है। यह अस्थायी चुंबक ही बनता है। बिजली के अनेक यंत्रों में अस्थायी चुंबक का ही उपयोग किया जाता है।

अगर तुम चाहो तो इस अस्थायी चुंबक की शक्ति बढ़ा सकते हो; उसे अधिक शक्तिशाली बना सकते हो। ऐसा दो प्रकार से किया जा सकता है। बोल्ट की भुजाओं पर तार की लपेटनों की संख्या बढ़ाकर अथवा कुछ और सूखे सैलों को सीरीज में जोड़कर। 'सीरीज' में एक सैल का ऋण (नेगेटिव) टर्मिनल दूसरे सैल के धन (पॉजिटिव) टर्मिनल से जोड़ा जाता है। इस प्रकार कितने ही सैलों को आपस में जोड़ा जा सकता है। (इसके विपरीत 'पैरलल' तरीके से जोड़ने के लिए सब सैलों के धन (पॉजिटिव) टर्मिनलों को एक साथ और ऋण (नेगेटिव) टर्मिनलों को एक साथ जोड़ा जाता है।) वैसे चुंबक की शक्ति बढ़ाने के उक्त दोनों तरीके एक साथ भी अपनाए जा सकते हैं।

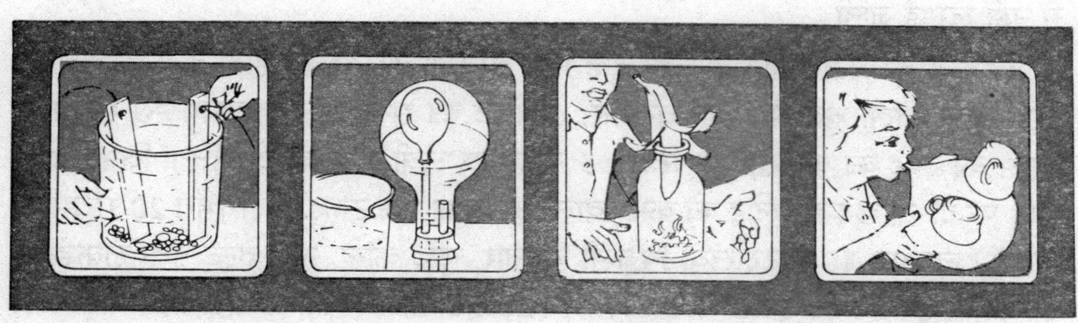

8. बिजली की घंटी

तुम्हारे घर में अगर कोई व्यक्ति आता है तो उसे अपने आगमन की सूचना पुकारकर अथवा दरवाजा खटखटाकर नहीं देनी पड़ती। वह तुम्हारे घर में लगी बिजली की घंटी के स्विच को दबाता है। उससे घंटी बज उठती है और तुम्हें सूचना मिल जाती है कि कोई व्यक्ति दरवाजे पर प्रतीक्षा कर रहा है।

तुम्हारे घर में लगी घंटी उसी शक्ति की बिजली से चलती है जो तुम्हारे घरों में रोशनी करती है और पंखा चलाती है। इसलिए जरा-सी असावधानी होने पर अथवा छोटी-सी गलती कर देने पर उससे तुम्हें जोर का झटका भी लग सकता है। यह झटका तुम्हारी जान तक ले सकता है। पर हम तुम्हें एक ऐसी बिजली की घंटी बनाने का तरीका बता रहे हैं जिससे तुम्हें झटका नहीं लगेगा।

इसका सबसे महत्त्वपूर्ण अंग है विद्युतचुंबक। पर यह चुंबक घंटी में ही बनती है, अलग से नहीं लगाई जाती।

बिजली की घंटी बनाने के लिए तुम्हें जिन वस्तुओं की जरूरत होता है वे हैंः लगभग 100 ग्राम पतला चुंबकीय आर्मेचर तार, 6 वोल्ट का सूखा सैल, लगभग 10 सेंटीमीटर व्यास की लोहे की कटोरी, एक स्विच, 5 सेंटीमीटर लंबी लोहे की दो पत्तियाँ जिनके दोनों सिरों पर दो-दो छेद हों, लोहे को काटनेवाली आरी का एक टुकड़ा (लगभग 20 सेंटीमीटर लंबा), लगभग 10 मीटर लंबा बिजली का तार, कुछ कीलें, नट-बोल्ट तथा लकड़ी के दो चौकोर टुकड़े। इन टुकड़ों में एक लगभग 20 सेंटीमीटर लंबा, 10 सेंटीमीटर चौड़ा और एक सेंटीमीटर मोटा हो तथा दूसरा लगभग 8 सेंटीमीटर लंबा, 6 सेंटीमीटर चौड़ा और एक सेंटीमीटर मोटा हो।

पहले लकड़ी के बड़े टुकड़े में, एक सिरे से लगभग तीन सेंटीमीटर जगह छोड़कर, तीन सेंटीमीटर लंबी दो कीलें इस प्रकार ठोको कि उनकी नोकें लकड़ी के दूसरी ओर निकल जाएँ। अब उन नोकों पर दूसरे टुकड़े को मोटाई के बल रखकर कीलों को पूरी तरह ठोक दो (चित्र के अनुसार)।

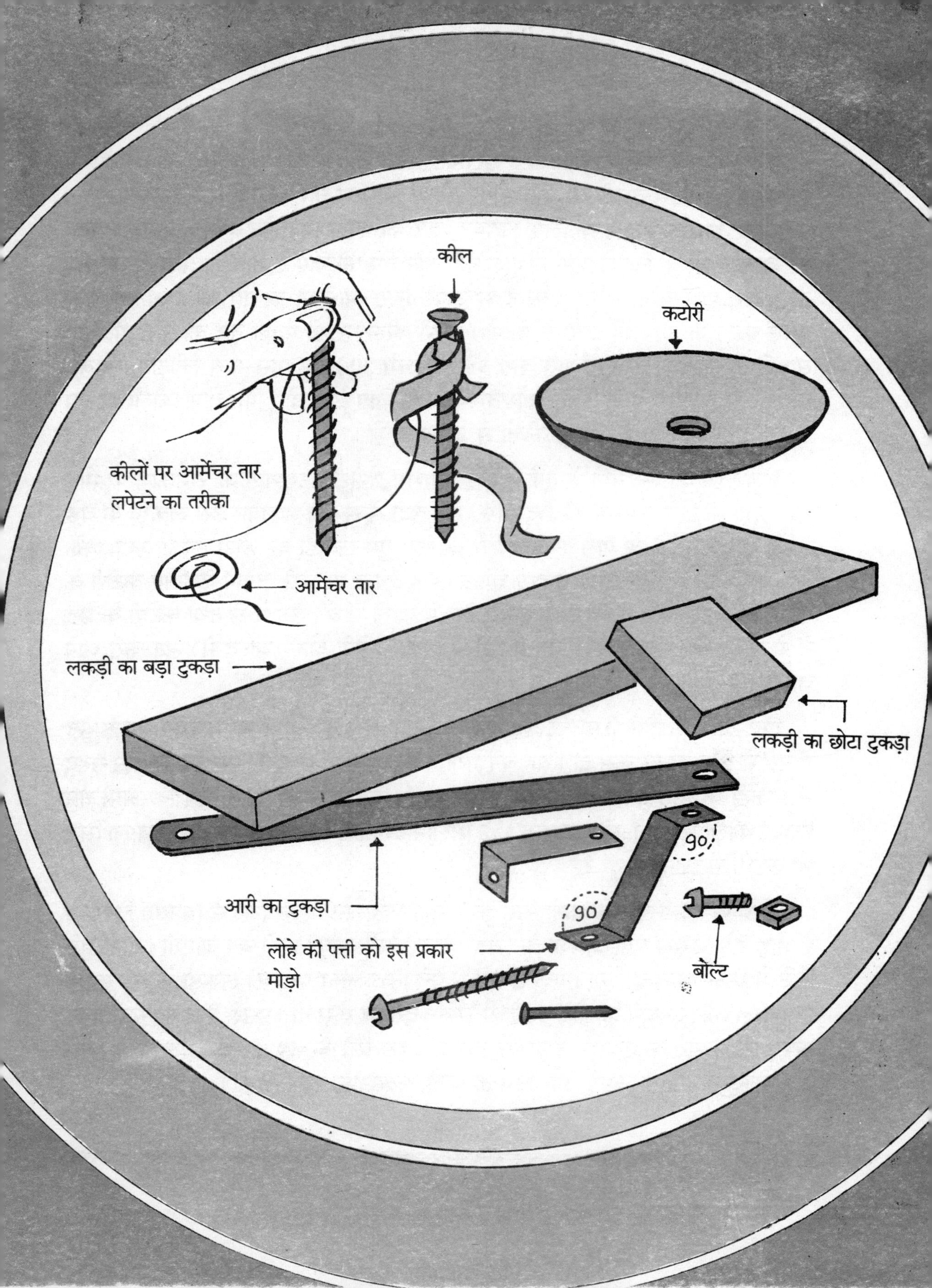
कील
कटोरी
कीलों पर आर्मेचर तार
लपेटने का तरीका
आर्मेचर तार
लकड़ी का बड़ा टुकड़ा
लकड़ी का छोटा टुकड़ा
90
90
आरी का टुकड़ा
लोहे की पत्ती को इस प्रकार
मोड़ो
बोल्ट

बड़े टुकड़े के लगभग बीच में 4 सेंटीमीटर लंबी कील ठोक दो। दूसरी कील उससे 4 सेंटीमीटर दूर, खड़े टुकड़े की ओर ठोको। अब आर्मेचर तार के एक सिरे का लगभग 8 सेंटीमीटर भाग कनेक्शन के लिए छोड़कर, तार को कील पर लपेटना शुरू करो। लपेटने की क्रिया कील के निचले भाग से शुरू करो और तार को बाएँ से दाहिनी ओर को लगभग 300 बार, पास-पास लपेटो। कील का ऊपरी सिरा आ जाने पर तार को तोड़ो नहीं वरन् दूसरी कील के नीचे की ओर ले जाओ। दूसरी कील पर भी पतले तार को नीचे से, बाएँ से दाहिनी ओर को लपेटना शुरू करो और लगभग 300 बार पास-पास लपेटो। इस बार भी सिरे से लगभग 8 सेंटीमीटर तार कनेक्शन के लिए छोड़ दो। फिर दोनों कीलों पर टेप लपेट दो ताकि तार की लपटनें कीलों से अलग न हों।

अब लोहे की एक पत्ती के एक सिरे के लगभग 2 सेंटीमीटर भाग को समकोण पर मोड़ लो। पत्ती के छोटे भाग में भी छेद होंगे। उन छेदों में से पेच डालकर उसे लकड़ी के बड़े टुकड़े के दूसरे सिरे के पास (पहले सिरे के पास तुम लकड़ी का छोटा टुकड़ा लगा चुके हो) कस दो। यह बन गया तुम्हारा ब्रैकेट। इस ब्रैकेट पर घंटी लगाने के लिए कटोरी के पेंदे में छेद कर लो और ब्रैकेट के ऊपरी सिरे में पहले से बने छेद में से तथा कटोरी के छेद में से बोल्ट निकालकर कस दो। कटोरी के छेद के दोनों ओर (बोल्ट में) नट कसे जाने चाहिए।

फिर आरी के दोनों सिरों पर छेद कर लो। एक सिरे को थोड़ा-सा मोड़कर उसके छेद में नट से छोटा बोल्ट कस दो। यह बन गया हथौड़ा। आरी के दूसरे सिरे को पेच की मदद से लकड़ी के छोटे टुकड़े की मोटाई पर कस दो। कसते समय ध्यान रखो कि आरी तार लिपटी कीलों से थोड़ी-सी, लगभग 1-2 मिलीमीटर ऊँची रहे तथा उसका हथौड़ेवाला सिरा भी कटोरी से इतनी ही दूर रहे।

लोहे की दूसरी पत्ती के दोनों सिरों को थोड़ा-थोड़ा-सा, एक-दूसरे से विपरीत दिशाओं में मोड़ लो। इससे पत्ती अंग्रेजी के 'जेड' अक्षर जैसी आकृति की बन जाएगी। दोनों मुड़े सिरों में एक-एक छेद होगा। एक छेद में से पेच निकालकर पत्ती को लकड़ी के बड़े टुकड़े पर, कील और लकड़ी के छोटे टुकड़े से समान दूरी पर कस दो। इससे पत्ती का मुड़ा हुआ ऊपरी सिरा आरी के एकदम ऊपर आ जाएगा। इस सिरे के छेद में एक छोटा बोल्ट कस दो। बोल्ट में पत्ती के ऊपरी और निचली, दोनों, सतहों पर नट लगे हों।

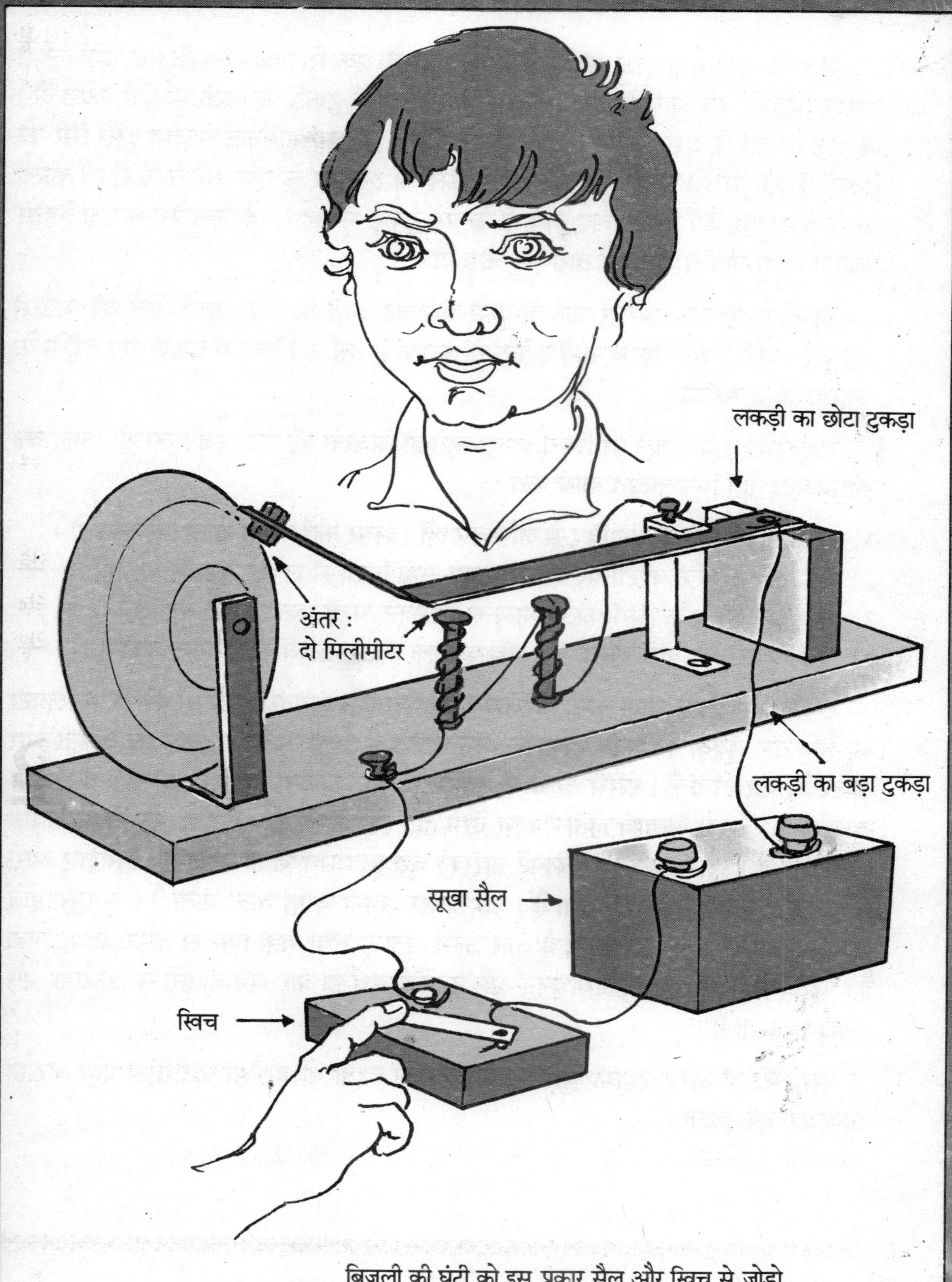

बिजली की घंटी को इस प्रकार सैल और स्विच से जोड़ो

अब बिजली के तार का एक टुकड़ा लो। उसके एक सिरे को सैल के एक टर्मिनल से तथा दूसरे सिरे को आरी के उस सिरे से, जो लकड़ी के टुकड़े पर कसा हुआ है, जोड़ दो। बिजली के तार के दूसरे टुकड़े के एक सिरे को सैल के दूसरे टर्मिनल से तथा दूसरे सिरे को स्विच के एक सिरे से जोड़ो। स्विच के दूसरे सिरे को उस तार के एक सिरे से जोड़ो जो कीलों पर लिपटा हुआ है। इसके लिए लकड़ी के बड़े टुकड़े में छेद करके एक पेच कसना बेहतर होता है। इस पेच से ही दोनों तारों को जोड़ दो।

कीलों से लिपटे आर्मेचर तार के दूसरे सिरे को आरी के ऊपर झुकी लोहे की पत्ती से जोड़ दो। यदि तुमने परिपथ सही तरीके से बनाया है तब उसे चित्र में दर्शाए गए तरीके के अनुसार होना चाहिए।

सही परिपथ बन जाने पर स्विच चालू करते ही बिजली की घंटी बजने लगेगी। यदि वह नहीं बजती तो निम्नलिखित कार्य करो :

1. सब संपर्कों की एक बार फिर से जाँच कर लो। अगर कोई ढीला हो तो उसे कस दो।
2. यह जाँच लो कि कीलों पर आर्मेचर तार सही दिशा में लपेटा गया है या नहीं।
3. आरी के टुकड़े के सिरों को रेगमाल से घिसकर भली प्रकार साफ कर दो।
4. उस के सिरे पर लगे बोल्ट की जाँच कर लो। उसे कटोरी से टकराना चाहिए।

इस घंटी में स्विच चालू करते ही विद्युत प्रवाहित होने लगती है। इससे कीलों पर लिपटा आर्मेचर तार चुंबक की भाँति व्यवहार करने लगता है। वह आरी के टुकड़े को अपनी ओर आकर्षित कर लेता है। इससे आरी के टुकड़े के सिरे से कसा हथौड़ा (बोल्ट) कटोरी से टकराता है। उससे आवाज होती है। पर ऐसा होते ही परिपथ टूट जाता है और विद्युत प्रवाह रुक जाता है। इससे कीलों पर लिपटे तार का चुंबकत्व समाप्त हो जाता है। इसलिए आरी का टुकड़ा कीलों से परे हट जाता है। वह वापस अपनी जगह चला जाता है। पर ऐसा होते ही परिपथ फिर से पूरा हो जाता है और ऊपर बताया गया चक्र फिर से दोहरा दिया जाता है। इस प्रकार बार-बार परिपथ बनने और टूटने से हथौड़ा बार-बार कटोरी से टकराता और आवाज करता है।

इस घंटी में अगर स्थायी चुंबक इस्तेमाल की जाती तो हथौड़ा कटोरी से एक बार ही टकराकर रुक जाता।

9. उत्तर बतानेवाली मशीन

विज्ञान मेलों अथवा प्रदर्शनियों में तुमने ऐसी मशीनें देखी होंगी जो तुमसे प्रश्न पूछती हैं और तुम्हारे सही उत्तर देने पर वे इनाम के बतौर तुम्हें कुछ चीज देती हैं। सही उत्तर पर इनाम देनेवाली मशीन बनाना तो तुम्हें नहीं बताएँगे पर ऐसी मशीन बनाना जरूर बता सकते हैं जो तुम्हारे सही उत्तर देने पर बल्ब जलाकर अपनी 'हाँ' बता सके।

इसको बनाने के लिए तुम्हें चाहिए: प्लाईवुड के दो बोर्ड — एक बोर्ड 45 सेंटीमीटर लंबा, 30 सेंटीमीटर चौड़ा और 6 मिलीमीटर मोटा तथा दूसरा 45 सेंटीमीटर लंबा, 15 सेंटीमीटर चौड़ा और 6 मिलीमीटर मोटा; 1/2 वोल्ट का एक सूखा सैल, कपड़े सुखाने की प्लास्टिक की 24 चिमटियाँ, 1/4 वाट का एक बल्ब, एक सॉकेट, चिपकानेवाले टेप का एक रोल, गोल सिरेवाले लगभग 2 सेंटीमीटर के 24 बोल्ट जिनमें नट और वाशर लगे हों, कुछ कीलें, ड्राइंग पिन और 24 अतिरिक्त नट जो बोल्टों में कसे जा सकें और लगभग 10 मीटर लंबा बिजली का तार।

उत्तर बतानेवाली मशीन बनाने के लिए पहले प्लाईवुड के दोनों बोर्डों को आपस में, कीलों से जोड़ लो (चित्र के अनुसार)। फिर बड़े बोर्ड पर दो खड़ी और 2-2 सेंटीमीटर के अंतर से 12 आड़ी रेखाएँ खींचो। आड़ी और खड़ी रेखाओं के कटन बिंदुओं पर करीब 6 मिलीमीटर चौड़े छेद कर लो।

अब बोल्टों में उन नटों को, जो तुम्हारे पास फालतू थे, चढ़ाकर अच्छी तरह कस दो और बोल्ट को प्लाई के टुकड़े के छेदों में नीचे से पिरो दो। इससे उनके सिरे नीचे की ओर रहेंगे पर चूड़ियाँ ऊपर की ओर। इन चूड़ियों के वाशर लगाकर नट कस दो।

बोल्टों की बाईं पंक्ति 'प्रश्नों' के लिए होगी और दाहिनी पंक्ति 'उत्तरों' के लिए।

बिजली के तार में से आधा-आधा मीटर के 12 टुकड़े काटकर उनके सिरों पर से इंसुलेशन छील लो और दोनों सिरों पर प्लास्टिक की चिमटियाँ लगा दो।

फिर प्लाईवुड के बोर्ड को उलटा कर लो जिससे बोल्टों के सिरे तुम्हारी ओर हो जाएँ। यह बोर्ड का पिछला भाग होगा। दोनों खड़ी रेखाओं पर लगे बोल्टों के साथ एक से बारह

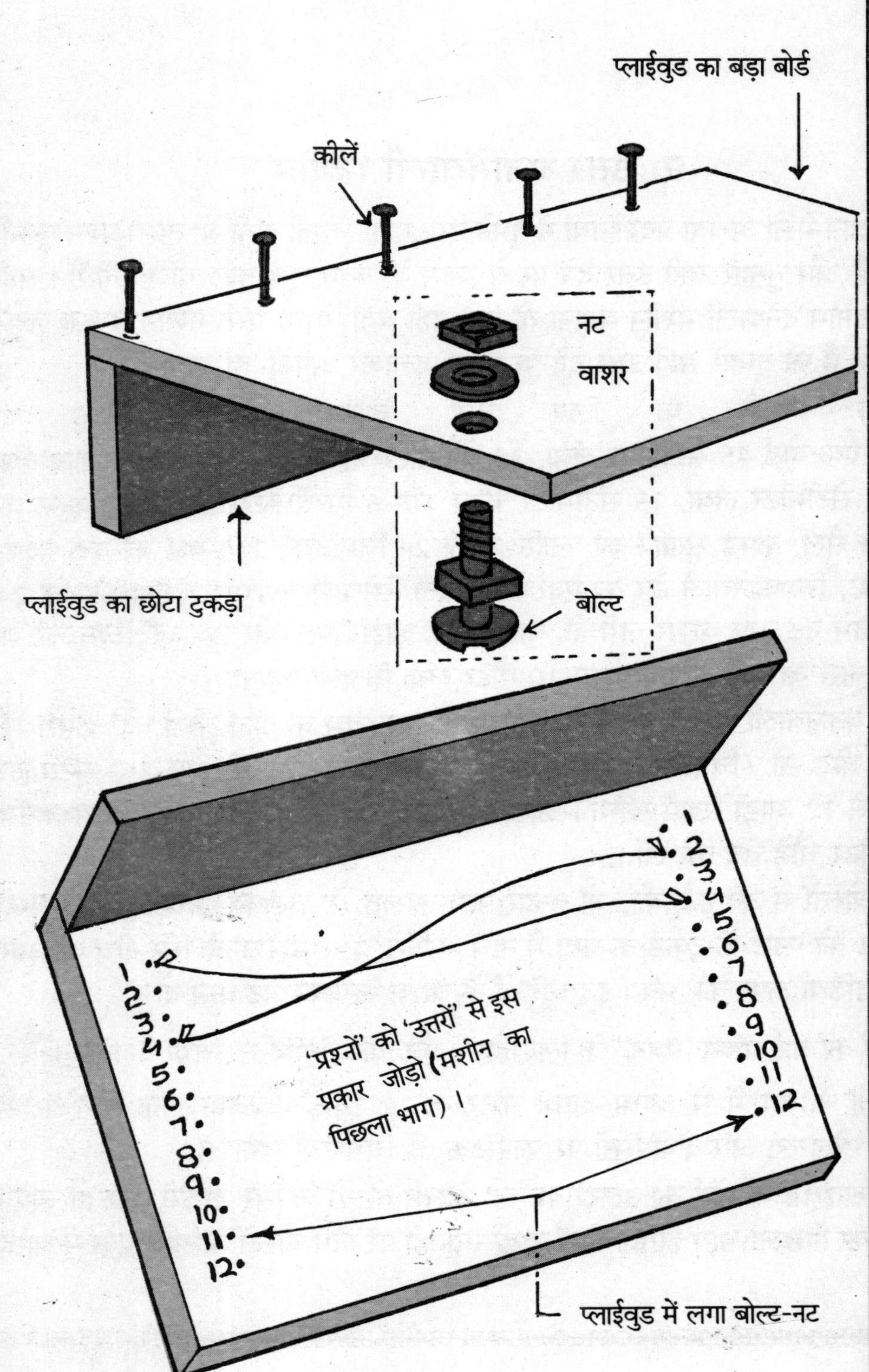
प्लाईवुड का बड़ा बोर्ड
कीलें
नट
वाशर
प्लाईवुड का छोटा टुकड़ा
बोल्ट
1
2
3
4
5
6
7
8
9
10
11
12
'प्रश्नों' को 'उत्तरों' से इस
प्रकार जोड़ो (मशीन का
पिछला भाग)।
प्लाईवुड में लगा बोल्ट-नट

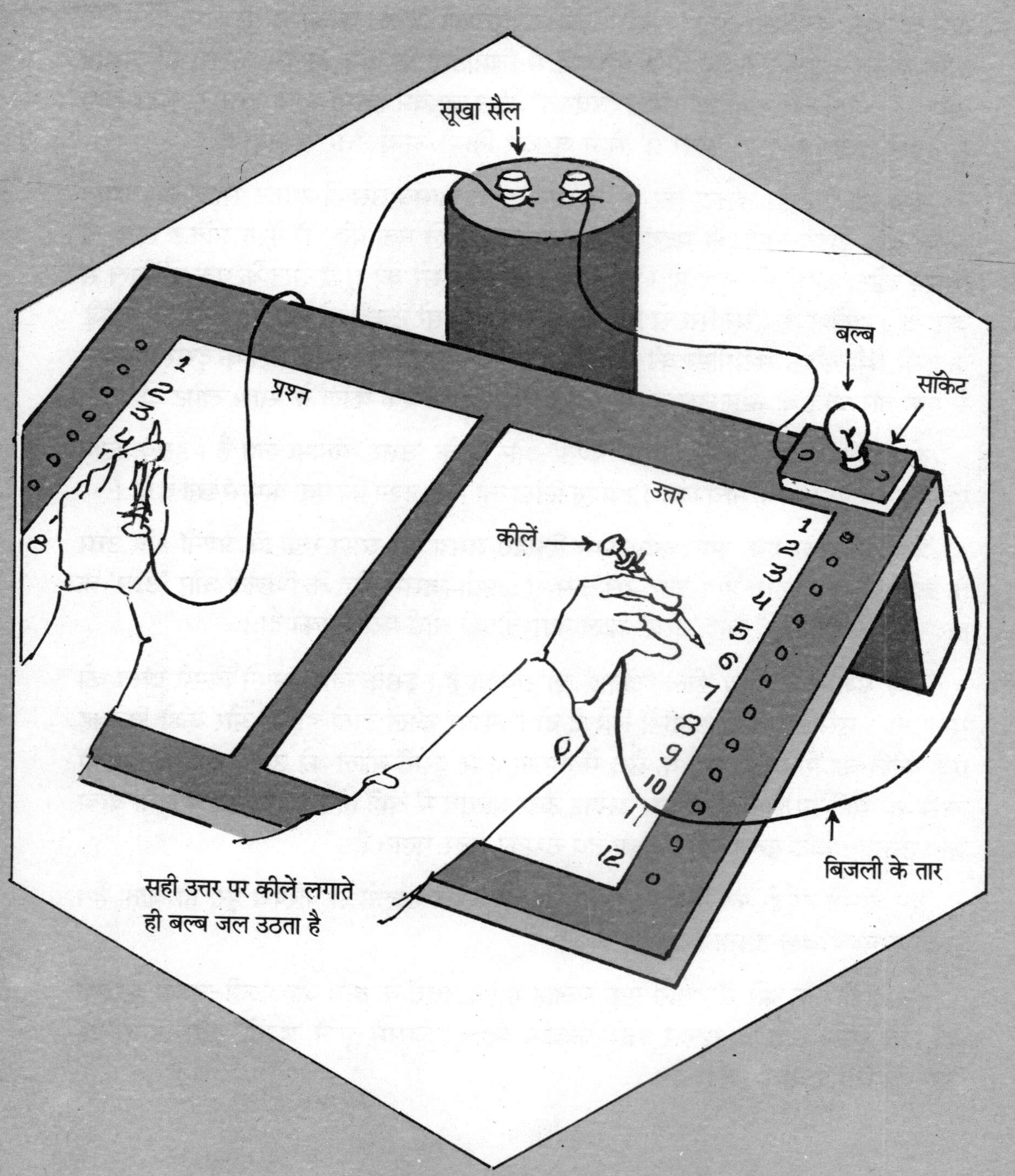
सूखा सैल
बल्ब
सॉकेट
प्रश्न
उत्तर
कीलें
बिजली के तार
सही उत्तर पर कीलें लगाते
ही बल्ब जल उठता है

तक की संख्या लिख दो। अब 'प्रश्नवाली' पंक्ति के बोल्टों पर एक-एक चिमटी लगा दो। तारों के दूसरे सिरों पर लगी विमटियों को 'उत्तरवाली' पंक्ति के बोल्ट पर लगा दो। ऐसा करते समय ध्यान रखो कि दोनों पंक्तियों में चिमटियों के क्रम अलग-अलग हों अर्थात् 'प्रश्न 1' वाले तार का दूसरा सिरा 'उत्तर 1' से न जुड़कर किसी अन्य उत्तर से जुड़ा हुआ हो। इसी तरह 'प्रश्न 2' 'उत्तर 2' से न जुड़कर किसी अन्य उत्तर से जुड़ा हो।

बोर्ड को फिर से उलटा कर दो जिससे तुम्हारे सामने उसकी सपाट सतह आ जाए। इसके बाद ड्राइंग पिनों की मदद से बोर्ड के ऊपरवाले एक कोने में ऐसा सॉकिट लगा दो जिसमें छोटा बल्ब भी लगा हो। इस सॉकिट के एक सिरे को सूखे सैल के एक टर्मिनल से जोड़ दो। सॉकिट के दूसरे सिरे से बिजली के तार के दूसरे टुकड़े को जोड़ दो और उस टुकड़े के दूसरे सिरे को 5 सेंटीमीटर की एक कील के साथ लपेट दो। सूखे सैल के दूसरे टर्मिनल से एक तार जोड़ दो और उस तार के दूसरे सिरे को भी एक कील के साथ लपेट दो।

लो बन गई मशीन। पर अभी 'प्रश्न' और उनके 'उत्तर' बनाना शेष है। इसके लिए एक कागज पर एक के नीचे एक 12 प्रश्न लिख लो। हर प्रश्न को एक क्रम संख्या दे दो।

प्रश्नों के उत्तर एक अन्य कागज पर लिखते समय यह ध्यान रखो कि प्रश्नों और उत्तर के क्रम अलग-अलग हों। उत्तर उस क्रम से लिखो जिसमें बोर्ड के पिछली ओर 'उत्तर' के तार जोड़े थे। 'प्रश्न' और 'उत्तर' वाले कागजों को बोर्ड पर चिपका दो।

अब मशीन के साथ खेल 'खेला' जा सकता है। इसके लिए अपने किसी दोस्त को बुला लो। उसे उन तारों के दोनों सिरे दे दो जिन पर कीलें लगी हुई हैं और कहो कि वह एक कील को किसी 'प्रश्न' के छेद में लगाए और दूसरी कील को उस 'उत्तर' के छेद में जिसे वह सही समझता है। अगर उसका उत्तर वास्तव में सही होगा तो सॉकिट में लगा बल्ब जल उठेगा। यदि बल्ब नहीं जलता तब उसका उत्तर गलत है।

तुम जानते ही हो कि 'सही' उत्तर के छेद में कील डालने से परिपथ पूरा हो जाता है। इसलिए बल्ब जल उठता है।

इस मशीन के बारे में हमारी एक सलाह है कि उत्तरों के क्रम को जल्दी-जल्दी बदलते रहो। पर ध्यान रखो कि तुम्हारे उत्तरों के क्रम वही हों जिसमें तुमने 'प्रश्नों' और 'उत्तरों' के सिरों को चिमटियों से जोड़ा है।

10. बिजली का झंडा

हर वर्ष 15 अगस्त को हमारे प्रधान मंत्रीजी लाल किले पर झंडा फहराते हैं। वह झंडे के खंभे से बँधी एक रस्सी को खोलते हैं और तिरंगा झंडा फहराने लगता है।

कभी-कभी ऐसा भी होता है कि इलेक्ट्रॉनिक मशीनों की मदद से कई किलोमीटर दूर बैठा हुआ आदमी सिर्फ बटन दबाकर ही झंडा फहरा देता है। हम तुम्हें इस प्रकार का एक यंत्र बनाना सिखा सकते हैं जो स्विच चालू करने पर झंडा फहरा दे और स्विच बंद करने पर झंडा लपेट दे।

झंडा फहरानेवाली इस मशीन को बनाने के लिए तुम्हें निम्नलिखित चीजें चाहिए : लगभग 100 ग्राम 28 गेज का आर्मेचर तार, 6 वोल्ट का एक सूखा सैल, लकड़ी के दो टुकड़े —एक 18 × 10 × 2 सेंटीमीटर का और दूसरा 10 × 10 × 2 सेंटीमीटर का, एक स्विच, बिजली के तार पर लगानेवाला (इंसुलेटिंग) टेप, धागे लपेटने की एक घिर्री, एक लैड पेंसिल, एक स्ट्रॉ, 2 पिनें, लगभग 5 मीटर लंबा बिजली का तार, धागे के कुछ टुकड़े, कपड़े का छोटा तिकोना झंडा, गोल सिरोंवाले कुछ पेच, कुछ कीलें आदि।

पहले लकड़ी के छोटे टुकड़े के लगभग बीच में बड़े टुकड़े को खड़ा कर लो और दूसरी ओर से कीलें ठोककर उसे कस दो। यह बन गया झंडे का स्टैंड। फिर बड़े टुकड़े में ऊपरी सतह से लगभग 1.5 सेंटीमीटर नीचे, एक किनारे की ओर, इतना बड़ा छेद कर लो कि उसमें पेंसिल फँस जाए। इस छेद में पेंसिल को इस प्रकार फँसाओ कि उसका लगभग 1/8 भाग ही दूसरी तरफ जाए, बाकी भाग एक ओर ही रहे। अगर तुमने ऐसी पेंसिल ली है जिसके एक सिरे पर रबर लगी हुई है तब रबरवाला भाग ही एक तरफ रहे और बाकी भाग दूसरी तरफ।

अब खाली घिर्री पर आर्मेचर तार को लगभग 300 बार लपेटो। पर लपेटते समय यह ध्यान रखो कि दोनों सिरों पर लगभग 20-20 सेंटीमीटर का तार कनैक्शन के लिए छूटा

रहे। साथ ही तार कसकर, पास-पास, लपेटा गया हो; उसमें कोई बल न हो। घिर्री पर तार लपेट चुकने के बाद उस पर इंसुलेटिंग टेप चिपका दो।

इसके बाद स्ट्रॉ के एक सिरे पर तिकोने झंडे को चिपका दो। साथ ही स्ट्रॉ के उस सिरे के, जिस पर झंडा चिपका हो, पास एक पिन आर-पार घुसा दो और पिन को पेंसिल के छोटे भाग के सिरे में घुसा दो। पिन को स्ट्रॉ और पेंसिल में घुसाते समय यह देख लो कि स्ट्रॉ उस पर आसानी से घूम सकता है।

स्ट्रॉ के दूसरे सिरे पर एक धागा बाँधो और धागे के दूसरे सिरे पर 2 सेंटीमीटर लंबी कील का सिर बाँध दो। धागे को आगे-पीछे सरकाकर इस प्रकार स्थित कर लो कि कील घिर्री के बीच के छेद में घुस सके। इस स्थिति में स्ट्रॉ के एकदम ऊपर लकड़ी में पिन लगाकर स्ट्रॉ को स्थिर कर दो।

लकड़ी के छोटे टुकड़े के एक किनारे पर गोल सिरवाले दो पेच कस दो। ये पेच टर्मिनलों का काम देंगे।

अब घिर्री पर लिपटे तार के सिरों को अलग-अलग पेचों में जोड़ दो। साथ ही बिजली के तार के एक टुकड़े के एक सिरे को एक पेच से और दूसरे सिरे को सूखे सैल के एक टर्मिनल से जोड़ दो। सूखे सैल के दूसरे टर्मिनल से जोड़े गए तार को स्विच के माध्यम से दूसरे पेच से जोड़ दो।

लो बन गया बिजली का झंडा। अब स्विच चालू करने से झंडे को खुलना चाहिए और बंद करने पर लिपटना चाहिए। यदि स्विच के जल्दी-जल्दी चालू और बंद करने से ऐसा नहीं होता तो सब संपर्कों की एक बार जाँच कर लो। साथ ही स्ट्रॉ के उस सिरे के पास, जिसमें झंडा लगा है, पिन की स्थिति बदलकर सर्वोत्तम स्थिति ज्ञात कर लो। साथ ही इस बात की भी जाँच कर लो कि धागे से बँधी कील घिर्री के छेद के बीचों बीच लटक रही है या नहीं। यदि ऐसा नहीं है तो उसकी स्थिति भी ठीक कर लो।

तुम में से कुछ बच्चों ने इस बात को अवश्य नोट कर लिया होगा कि धागे से लटकती कील परिपथ में जुड़ी हुई नहीं है। वह घिर्री के छेद में लटक भर रही है। फिर वह स्ट्रॉ को किस प्रकार घुमाती है?

इस मॉडल में घिर्री में लिपटे तार एक नई प्रकार की विद्युतचुंबक बनाते हैं। इसका नाम

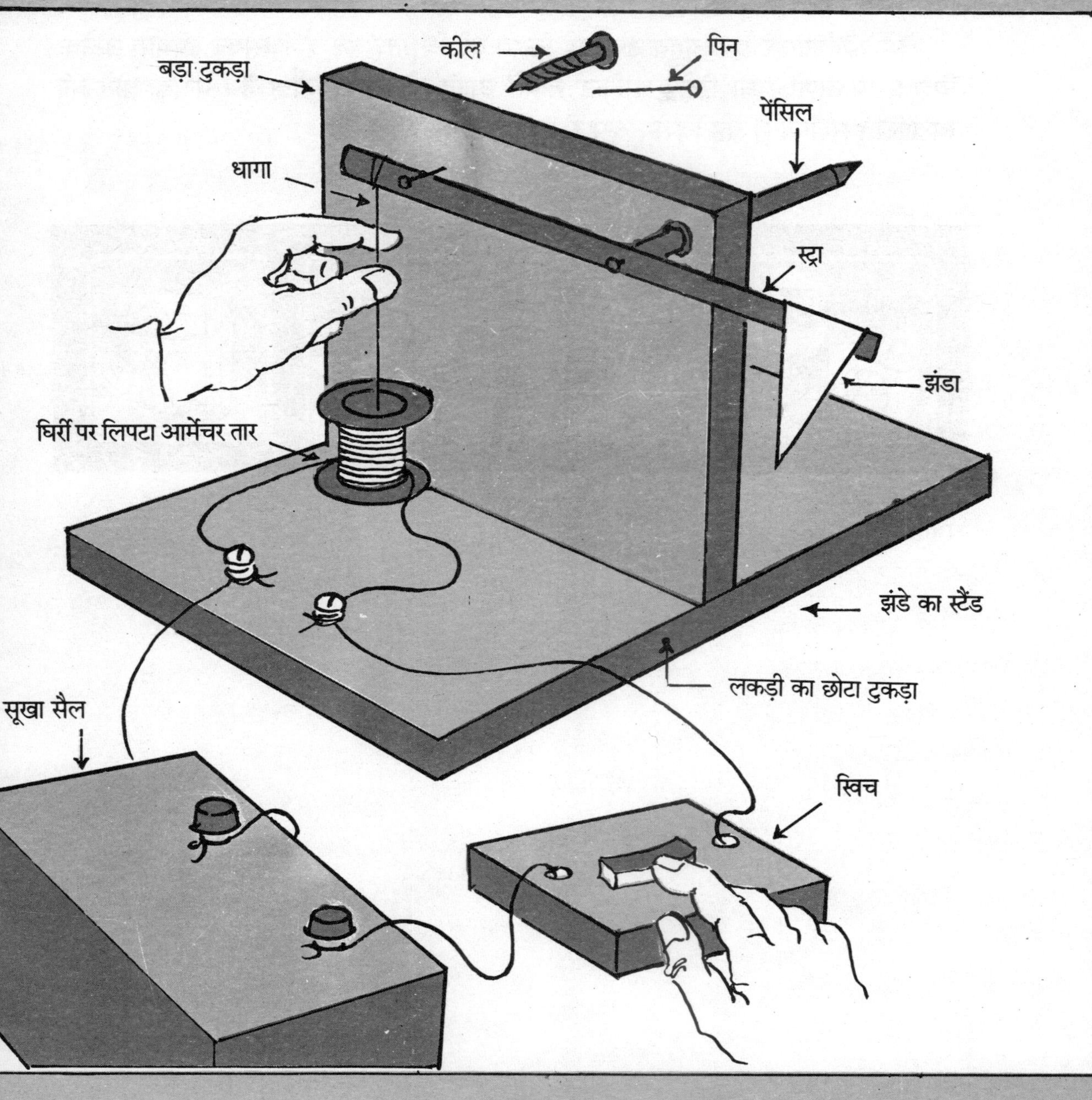
कील
पिन
बड़ा टुकड़ा
पेंसिल
धागा
स्ट्रा
झंडा
घिर्री पर लिपटा आर्मेचर तार
झंडे का स्टैंड
लकड़ी का छोटा टुकड़ा
सूखा सैल
स्विच

है 'सोलेनायड'। कुछ लोग इसे 'चूषक कुंडली' भी कहते हैं। इस चूषक कुंडली में से जब बिजली प्रवाहित होती है तब वह चुंबक की भाँति कार्य करने लगती है और धागे में लटकी कील को अपनी ओर आकर्षित कर लेती है।

वैसे सोलेनायड एक बहुत उपयोगी किस्म की विद्युतचुंबक है जिसका उपयोग अनेक विद्युत उपकरणों यथा रिले, सरकिट ब्रेकरों आदि में किया जाता है। कपड़े धोने की स्वचालित मशीनों में यह विशेष रूप से इस्तेमाल की जाती है।

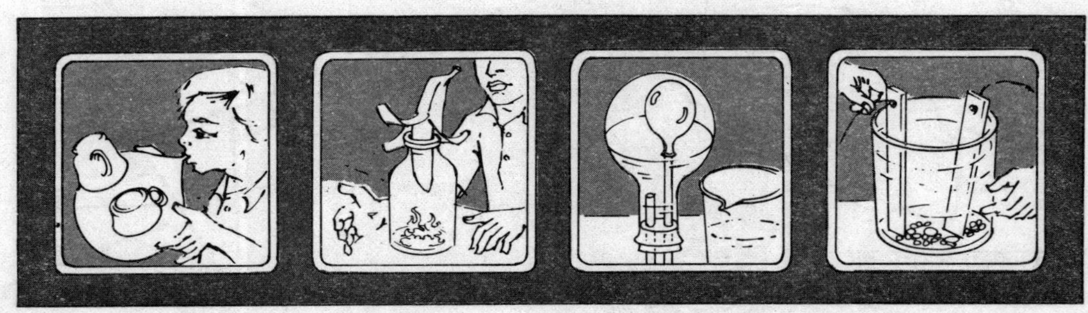

11. अपनेआप चलनेवाला हथौड़ा

बिजली से चलनेवाला स्वचालित हथौड़ा बनाने के लिए तुम्हें चाहिए 6 वोल्ट का एक सूखा सैल, एक स्विच, ताँबे की नली का टुकड़ा जिसका बाहरी घेरा लगभग 9 सेंटीमीटर और लंबाई 12 सेंटीमीटर हो (इसके स्थान पर काँच अथवा कागज की इसी आकार की नली भी इस्तेमाल की जा सकती है); लकड़ी का एक टुकड़ा 15 × 2 सेंटीमीटर का, एक मशीन बोल्ट 10 × 1 सेंटीमीटर का, दो ब्रैकेट प्रत्येक 7 × 5 × 2 सेंटीमीटर का, बोतल की डाट से काटा हुआ कार्क का एक टुकड़ा, लगभग 5 मीटर लंबा बिजली का तार, आर्मेचर तार (28 गेज का)।

पहले ब्रैकेटों में छेद करके उन्हें कीलों से जोड़ लो (चित्र में दिखाए गए तरीके से)। एक ब्रैकेट के एक सिरे के पास एक छेद कर लो। फिर ताँबे की नली के एक सिरे से लगभग 2 सेंटीमीटर भाग छोड़कर उस पर आर्मेचर तार को लगभग 100 बार लपेटो। लपेटते समय यह ध्यान रखो कि पहले एक ही दिशा में तार नली के एक सिरे से दूसरे सिरे तक लपेटते जाओ और फिर तार लपेटते हुए ही वापस पहले सिरे पर आ जाओ। यह सब कार्य लगभग 100 लपेटनों में पूरा हो जाए। दोनों सिरों पर लगभग 30-30 सेंटीमीटर तार कनैक्शनों के लिए छोड़ दो और दोनों सिरों को आपस में ऐंठकर लपेटनों को कसे रखो।

तार के दोनों सिरों को ब्रैकेट के छेद में से निकाल लो। यदि जरूरत पड़े तो इसके लिए छेद को चौड़ा कर लो।

अब मशीन बोल्ट का सिर नीचे की ओर करके उसे ताँबे की नली में डाल दो। फिर ब्रैकेट के खड़े भाग को एक बोर्ड के साथ कस दो। इसके बाद तार के दोनों सिरों से बिजली के तार के टुकड़े जोड़ दो। साथ ही उन्हें चित्र में दिखाए अनुसार सूखे सैल और स्विच से जोड़ दो। पर कभी भी आर्मेचर तार को सीधे सैल से न जोड़ो।

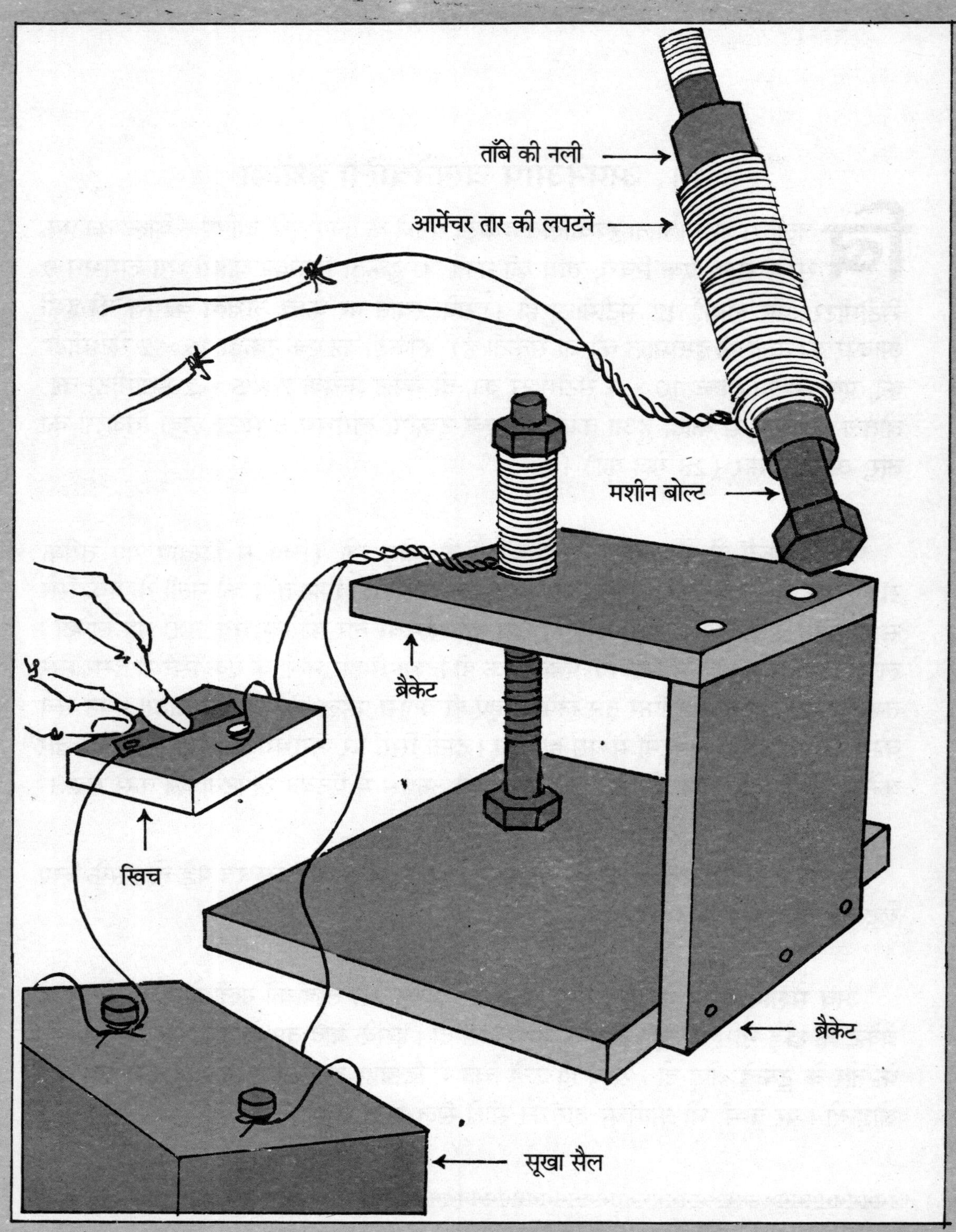
ताँबे की नली
आर्मेचर तार की लपटनें
मशीन बोल्ट
ब्रैकेट
स्विच
ब्रैकेट
सूखा सैल

बस बन गया बिजली का हथौड़ा। जब इस परिपथ में से बिजली प्रवाहित होगी ताँबे की नली में लिपटे तार सोलेनायड बन जाएँगे और वह बोल्ट को ऊपर की ओर आकर्षित कर लेंगे। पर जैसे ही परिपथ में बिजली का प्रवाह रुकेगा बोल्ट नीचे गिर पड़ेगा। स्विच को जल्दी-जल्दी चालू और बंद करके बोल्ट ऊपर खींचा और नीचे गिराया जा सकता है।

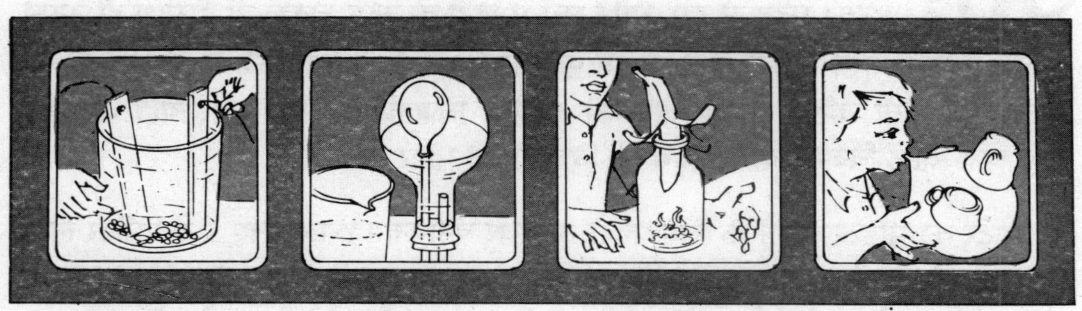

12. बिजली की मोटर

आज हम कारखानों में ही नहीं अपने घरों में भी बिजली की मोटरों का उपयोग करते हैं। उनकी मदद से हम अपने घरों में पानी तो ऊपर चढ़ाते ही हैं साथ ही अपने कूलरों में पानी भरते हैं और पेड़ों पर भी पानी छिड़कते हैं। हमारे फ्रिज में ही बिजली की मोटर नहीं होती बल्कि कपड़े धोने की मशीन, बिजली के पंखों और यहाँ तक कि दाढ़ी बनानेवाले बिजली के शेवर में भी बिजली की मोटर होती है।

मोटर का मॉडल बनाने के लिए पहले आर्मेचर बना लो। इसके लिए 5 सेंटीमीटर लंबी दो कीलें लो। उन्हें इस प्रकार रखो कि एक कील की नोक दूसरी के सिर के पास हो। उनके ऊपर प्लास्टिक टेप लपेट दो। इसी प्रकार कीलों का एक और जोड़ा बना लो। फिर लगभग 8 सेंटीमीटर लंबी एक और कील लो। उसके सिर से लगभग 4 सेंटीमीटर की दूरी पर इन कीलों के जोड़ों को समकोण बनाते हुए रखो और इसी स्थिति में उनके संपर्क-स्थल पर टेप लगा दो। इस प्रकार कीलों की 'धन' (+) की आकृति बन जाएगी।

अब इन आड़ी बँधी कीलों पर एक सिरे से 28 गेज का पतला तार घड़ी के चलने की दिशा में लपेटना शुरू करो और दूसरे सिरे तक लपेटते जाओ। तार पास-पास लपेटो ताकि पूरी कील पर लगभग 600 लपेटनें आ जाएँ। दोनों सिरों पर कनैक्शन के लिए लगभग 8-8 सेंटीमीटर तार छोड़ दो। कील पर से तार हटे नहीं अथवा उसकी लपेटनें खुलें नहीं इसलिए उन पर प्लास्टिक टेप को अच्छी तरह लपेट दो। इस प्रकार आर्मेचर तैयार हो गया।

अब कम्यूटेटर बनाएँ। कम्यूटेटर बनाने के लिए आर्मेचर की खड़ी कील पर, आड़ी कील से लगभग 4 सेंटीमीटर नीचे, प्लास्टिक टेप लपेट दो। अब ताँबे की लगभग 2.5 सेंटीमीटर लंबी और 0.5 सेंटीमीटर चौड़ी दो पतली पत्तियाँ लो। इनके एक सिरे पर एक-एक छेद कर लो। फिर प्लायर से पकड़कर उनके दोनों लंबे सिरों को मोड़ लो जिससे उनका आकार नाली जैसा हो जाए। इससे वे खड़ी कील पर सही तरीके से फिट हो जाएँगी। इसके बाद आर्मेचर पर लिपटे तार के दोनों सिरों को नंगा कर लो और उन्हें अलग-अलग

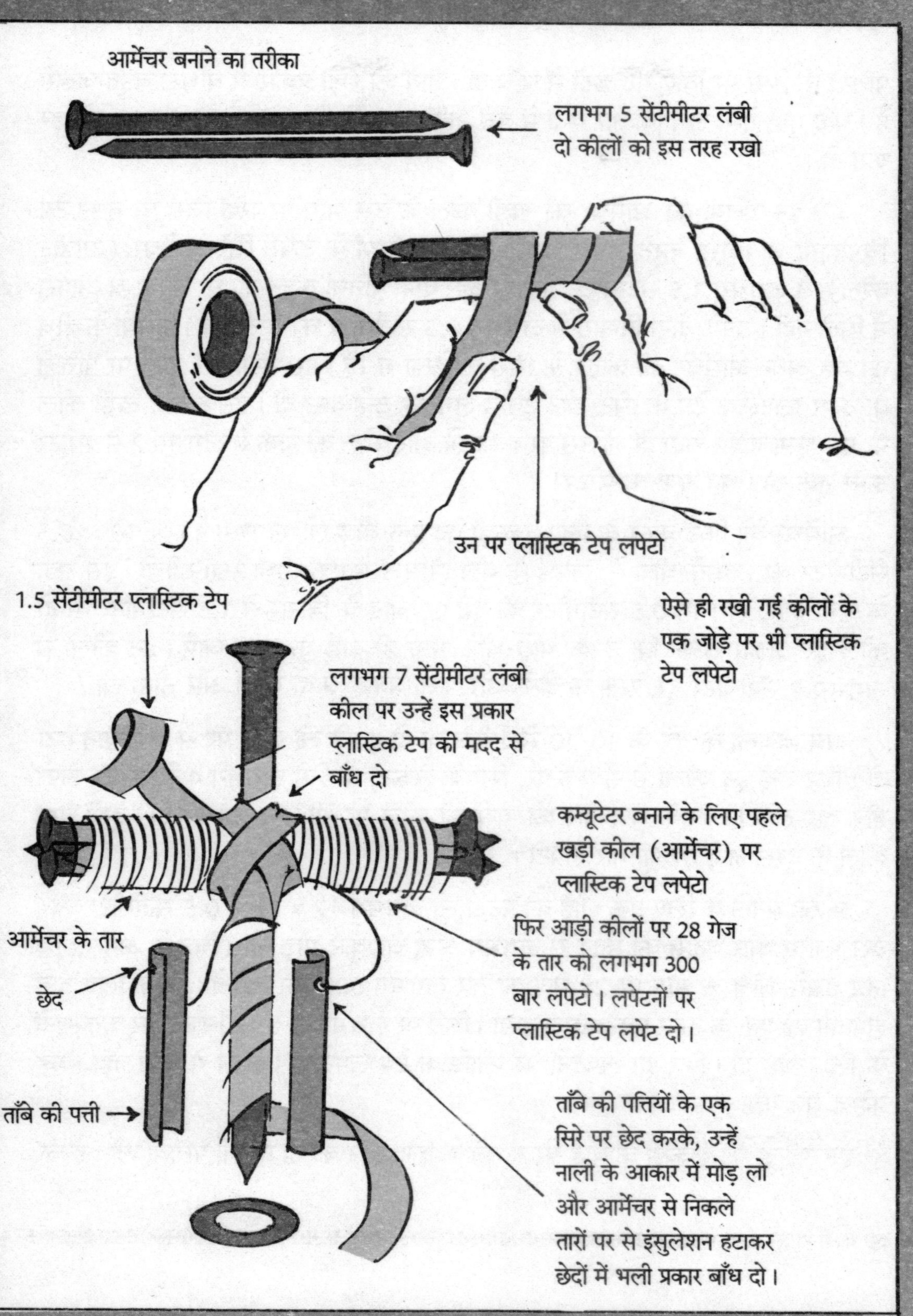
आर्मेचर बनाने का तरीका
लगभग 5 सेंटीमीटर लंबी
दो कीलों को इस तरह रखो
उन पर प्लास्टिक टेप लपेटो
1.5 सेंटीमीटर प्लास्टिक टेप
ऐसे ही रखी गई कीलों के
एक जोड़े पर भी प्लास्टिक
टेप लपेटो
लगभग 7 सेंटीमीटर लंबी
कील पर उन्हें इस प्रकार
प्लास्टिक टेप की मदद से
बाँध दो
कम्यूटेटर बनाने के लिए पहले
खड़ी कील (आर्मेचर) पर
प्लास्टिक टेप लपेटो
आर्मेचर के तार
फिर आड़ी कीलों पर 28 गेज
के तार को लगभग 300
बार लपेटो। लपेटनों पर
प्लास्टिक टेप लपेट दो।
छेद
ताँबे की पत्ती
ताँबे की पत्तियों के एक
सिरे पर छेद करके, उन्हें
नाली के आकार में मोड़ लो
और आर्मेचर से निकले
तारों पर से इंसुलेशन हटाकर
छेदों में भली प्रकार बाँध दो।

पत्तियों के सिरों पर किए गए छेदों में बाँध दो। तारों को सही प्रकार से बाँधना बहुत जरूरी है। यदि तुम्हें ऐसा लगे कि तार छेदों में बँधे नहीं रह पाएँगे तो उन्हें पत्तियों के साथ शोल्डर करा दो।

अब इन पत्तियों को आर्मेचर की खड़ी कील के उस भाग पर रखो जिस पर तुमने टेप चिपकाया था। ऐसा करते समय ध्यान रखो कि पत्तियों के ऊपरी सिरे आर्मेचर (आड़ी) कील) से लगभग 1.5 सेंटीमीटर नीचे हो और दोनों पत्तियाँ कील को घेर लें पर वे आपस में मिलें नहीं। उनके दोनों किनारों में लगभग 0.5 सेंटीमीटर का अंतर रहे। पत्तियों के बीच का यह अंतर आर्मेचर की कीलों के सिरों की रेखा में रहे। इस स्थिति में आने पर पत्तियों के ऊपर प्लास्टिक टेप के छोटे-छोटे टुकड़े लगाकर उन्हें कस दो। इसके बाद खड़ी कील पर एक ऐसा वाशर चढ़ा दो जो उस पर कसा रहे और कील की नोक से लगभग 2 सेंटीमीटर ऊपर तक रहे। बन गया कम्यूटेटर!

आर्मेचर को फिट करने के लिए लकड़ी का एक बोर्ड लो लगभग 17 × 10 × 0.5 सेंटीमीटर का। उसके बीच में, लंबाई के बल, पेंसिल से एक सीधी रेखा खींचो। इस रेखा के दोनों ओर, लगभग 0.5 सेंटीमीटर की दूरी पर, बोर्ड के किनारे से 1.5 सेंटीमीटर पर दो कीलें इस प्रकार ठोको कि उनके थोड़े-थोड़े भाग ही बोर्ड के अंदर जाएँ। इन कीलों से लगभग 9 सेंटीमीटर दूर, रेखा के दोनों ओर, इसी प्रकार से दो कीलें और ठोक लो।

अब बिजली के तार के 10-10 सेंटीमीटर के दो टुकड़े लो। उन पर से इंसुलेशन हटा दो। फिर उन्हें इन कीलों में से एक पर, सिर के निकट, बोर्ड से लगभग 4 सेंटीमीटर ऊपर तीन बार लपेटो। इसके बाद तार को पास की कील पर भी तीन बार लपेटो। इसी तरह कील के दूसरे जोड़े पर भी तार लपेटो।

फील्ड बनाने के लिए एक लोहे की पट्टी लो लगभग 17 × 15 × 0.5 सेंटीमीटर की। उसे प्लायर और वाइस की मदद से लगभग अर्द्ध चंद्राकार मोड़ लो (चित्र के अनुसार)। फिर उसके बीच के भाग पर 28 गेज का तार लगभग 600 बार लपेटो। इसके लिए तुम्हें लपेटनों को एक के ऊपर एक चढ़ाना होगा। सिरों पर लगभग 8-8 सेंटीमीटर तार कनेक्शनों के लिए छोड़ दो। फिर इन लपेटनों पर प्लास्टिक टेप लपेट दो जिससे ये खुलें नहीं। यह फील्ड बन गया।

इस फील्ड को लकड़ी के बोर्ड पर कसने के लिए टीन की दो पतली पत्तियाँ लो। इनके

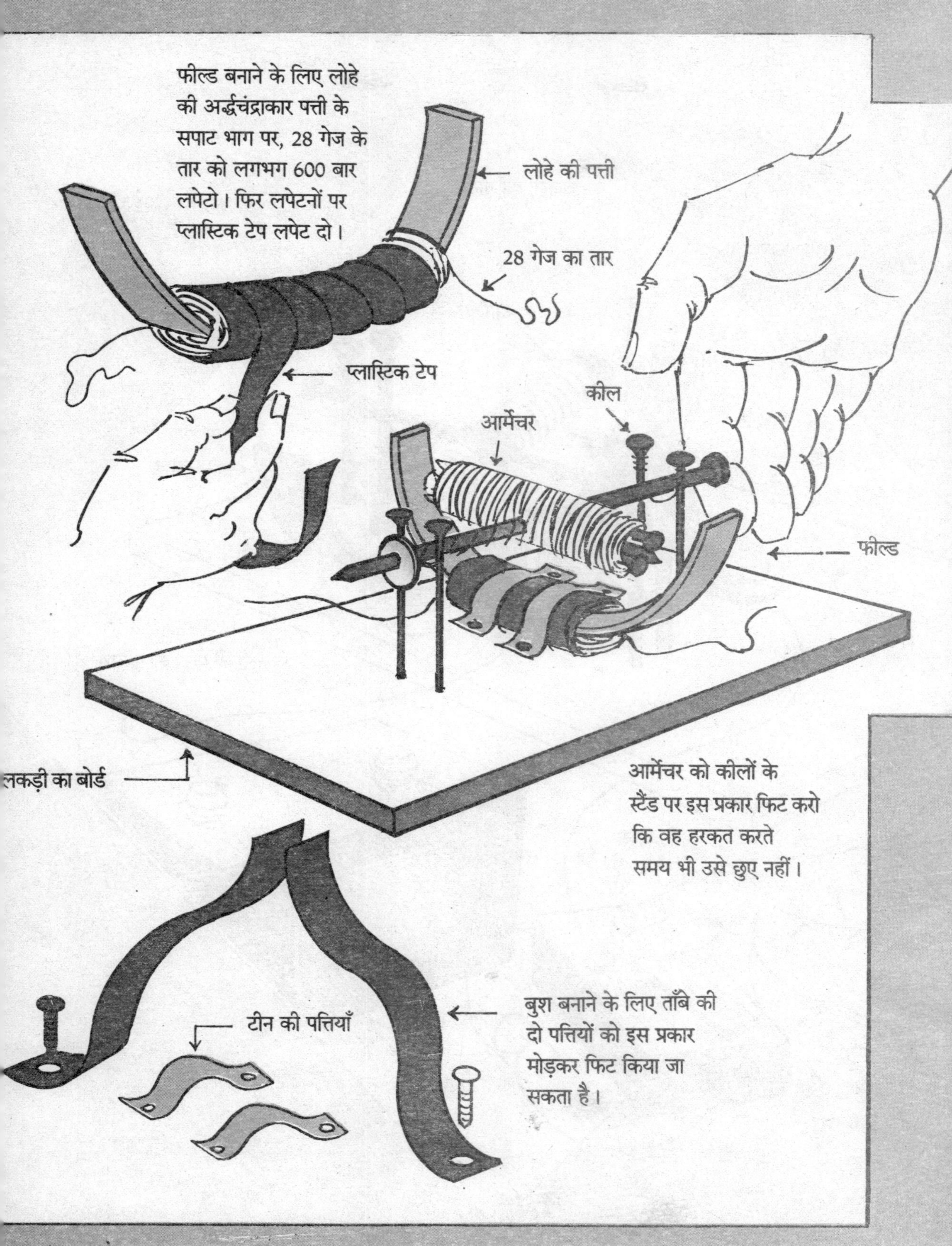
फील्ड बनाने के लिए लोहे की अर्द्धचंद्राकार पत्ती के सपाट भाग पर, 28 गेज के तार को लगभग 600 बार लपेटो। फिर लपेटनों पर प्लास्टिक टेप लपेट दो।
लोहे की पत्ती
28 गेज का तार
प्लास्टिक टेप
कील
आर्मेचर
फील्ड
लकड़ी का बोर्ड
आर्मेचर को कीलों के स्टैंड पर इस प्रकार फिट करो कि वह हरकत करते समय भी उसे छुए नहीं।
टीन की पत्तियाँ
बुश बनाने के लिए ताँबे की दो पत्तियों को इस प्रकार मोड़कर फिट किया जा सकता है।

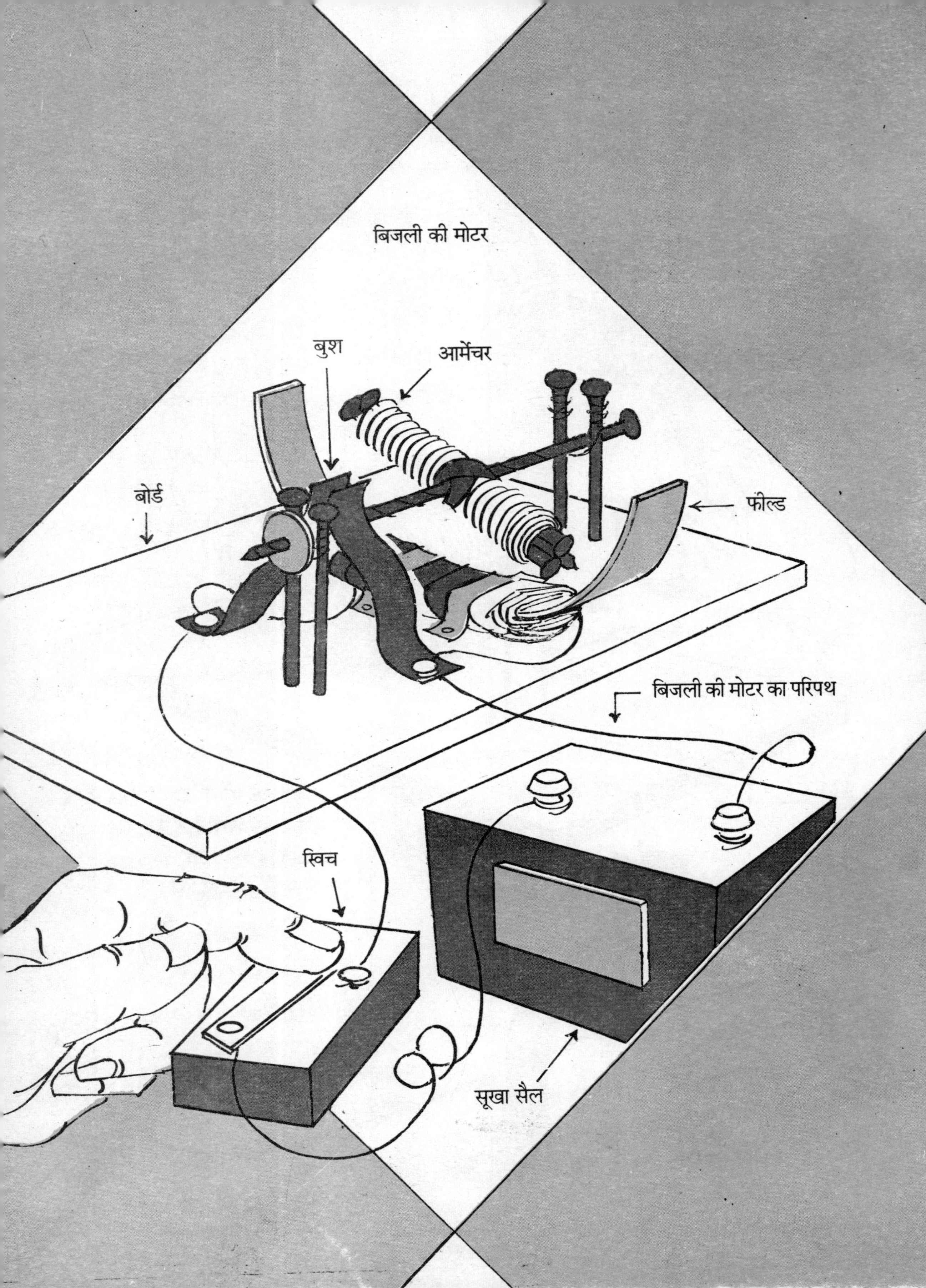
बिजली की मोटर
बुश
आर्मेचर
बोर्ड
फील्ड
बिजली की मोटर का परिपथ
स्विच
सूखा सैल

सिरों के पास छेद कर दो। फिर फील्ड को लकड़ी के बोर्ड पर खड़ा करके उसके बीच के भाग पर पत्तियाँ रखकर उनके छेदों में से कीलें ठोक दो।

अब आर्मेचर और कम्यूटेटर को बोर्ड पर लगाना है। इसके लिए चित्र में दिखाए अनुसार बड़ी कील को बोर्ड पर लगी कीलों में लपेटे तारों पर रख दो। कील इस प्रकार रखी जानी चाहिए कि फील्ड आर्मेचर के एकदम नीचे रहे, पर आर्मेचर उसे छुए नहीं। हो सकता है इसके लिए उन तारों को, जिन पर बड़ी कील के सिरे टिके हों, ऊपर-नीचे सरकाना पड़े।

कम्यूटेटर में बुश लगाने के लिए ताँबे की दो पत्तियाँ लो और उन्हें चित्र में दिखाई गई आकृतियों में मोड़ लो। उनके एक-एक सिरे पर दो-दो छेद करके गोल सिरेवाले पेचों से बोर्ड में इस प्रकार कस दो कि वे कम्यूटेटर को लगभग बीच में हलके से छुएँ पर उस पर दबाव न डालें। निश्चय ही एक बुश कम्यूटेटर की एक ओर होगा और दूसरा दूसरी ओर।

कनैक्शन करने के लिए फील्ड से निकले हुए तारों में से एक को एक ओर के बुश के एक टर्मिनल (पेच) के साथ जोड़ दो और दूसरे तार को दूसरी ओर के बुश के टर्मिनल के साथ। अब उन्हीं दो पेचों से, जिनमें फील्ड के तार जुड़े हैं, बिजली के तार के एक-एक टुकड़े का एक-एक सिरा जोड़ दो। उनमें से एक तार का दूसरा सिरा स्विच के एक सिरे से जोड़ दो। स्विच के दूसरे सिरे को 6 वोल्ट के सूखे सैल के टर्मिनल से जोड़ो और सैल के दूसरे टर्मिनल से उस पार के दूसरे सिरे को जोड़ो जिसका पहला सिरा बुश के टर्मिनल से जुड़ा हुआ है।

हो गई बिजली की मोटर तैयार। इसे चलाने के लिए स्विच को चालू करो और साथ ही आर्मेचर को एक बार घुमाओ। यदि लपेटनें और कनैक्शन एकदम सही हैं तब मोटर को तेज चलना चाहिए। अगर वह धीमी चलती हैं तब सबसे पहले बुशों को देखो। उन्हें कम्यूटेटर को छूना भर चाहिए—कसकर दबाना नहीं चाहिए और न ही कम्यूटेटर से अलग रहना चाहिए। उनके बाद आर्मेचर पर ध्यान दो, उसे मुक्त रूप से घूमना चाहिए।

13. राख से बिजली

देहातों और छोटे शहरों में जहाँ ईंधन-गैस आसानी से उपलब्ध नहीं है वहाँ भोजन पकाने के लिए आमतौर से लकड़ी या कोयला जलाया जाता है। कुछ वर्ष पहले तक बड़े शहरों में भी लोग लकड़ी या कोयला जलाते थे। लकड़ी जलाने से जो राख बचती है उसे बरतन माँजने आदि के लिए ही इस्तेमाल किया जाता है। पर उसके अधिकांश भाग को कूड़े के साथ फेंक दिया जाता है।

आओ! इस राख से तुम्हें बिजली बनाना सिखाएँ। निश्चय ही इससे बहुत कम शक्ति की बिजली पैदा होगी और तुम उससे टॉर्च का बल्ब ही जला सकोगे।

इसके लिए तुम्हें जिन वस्तुओं की जरूरत होगी, वे हैं : चौड़े मुँह का काँच का एक जार जिसमें एक लिटर पानी आ सके (इसके स्थान पर पॉलीथीन का जार भी लिया जा सकता है), जस्त और ताँबे की एक-एक पत्ती, गैलवेनोमीटर, लगभग दो मीटर लंबा बिजली का तार। राख और पानी तो घर में मौजूद हैं ही।

अब जार में लगभग आधा किलोग्राम राख डाल लो। राख में लकड़ी का बिना जला कोई टुकड़ा या कंकड़-पत्थर न हो। बेहतर हो कि तुम राख को छलनी में से छान लो जैसे आटे को छानते हो। राख में लगभग आधा लिटर पानी डालो और लकड़ी के टुकड़े आदि से अच्छी तरह हिला दो। तुम्हें मालूम है कि राख पानी में नहीं घुलती – वह छितरा जाती है।

फिर ताँबे और जस्त की पत्तियों के एक-एक सिरे को थोड़ा-सा मोड़ लो जिससे वे जार के किनारे पर टिक सकें। अब उन मुड़े सिरों में एक-एक छेद कर लो। बिजली के तार के दो टुकड़े लेकर उनके सिरों को नंगा कर लो (उन पर से इंसुलेशन छील दो)। अलग-अलग टुकड़ों के एक-एक सिरे को ताँबे और जस्त की पत्तियों के छेद में बाँध दो। तारों के दूसरे सिरों को गैलवेनोमीटर के अलग-अलग सिरों से जोड़ दो। इसके बाद पत्तियों को जार में

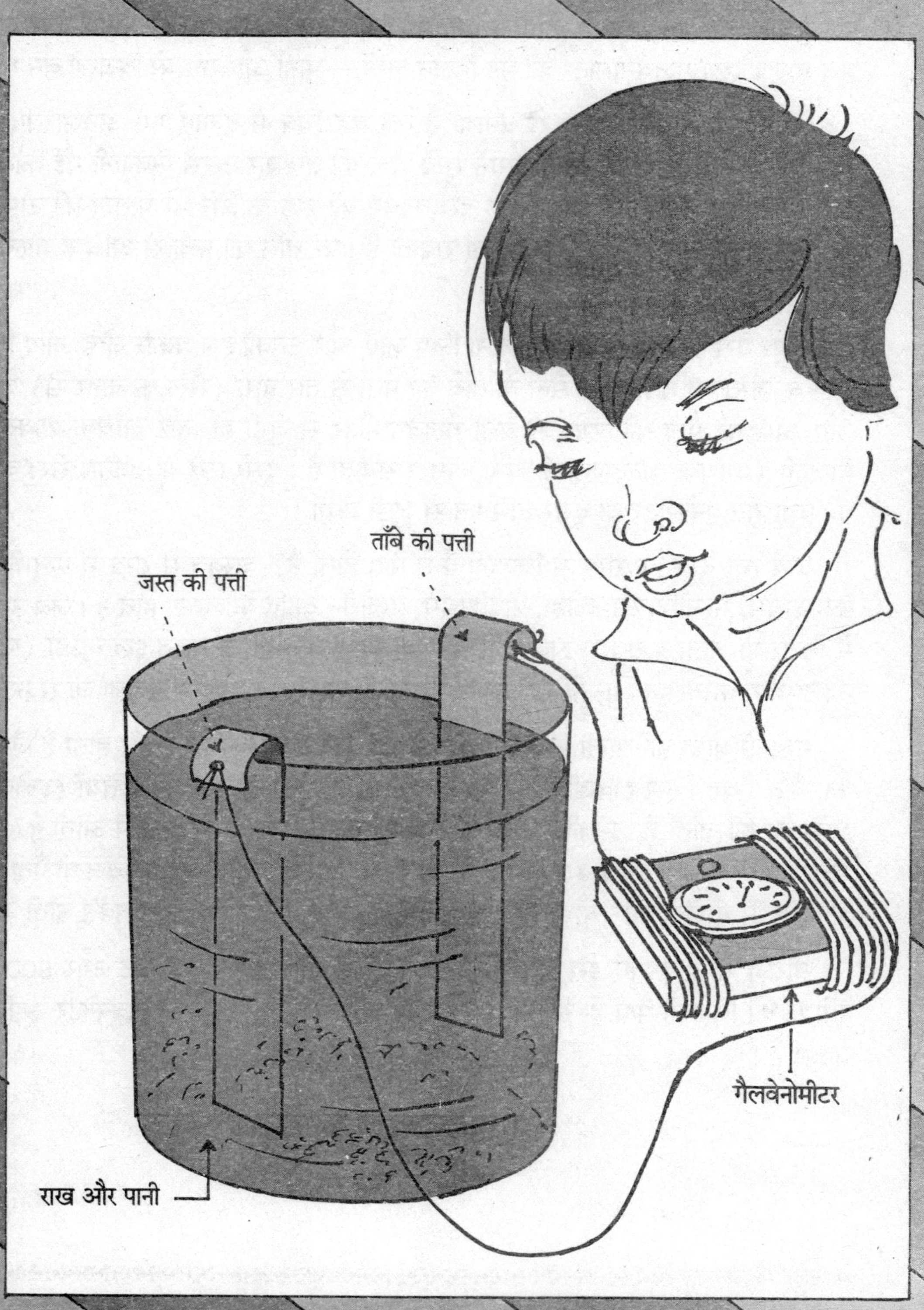
ताँबे की पत्ती
जस्त की पत्ती
गैलवेनोमीटर
राख और पानी

इस प्रकार लटका दो कि वे आपस में न मिलें और उनका लगभग दो-तिहाई भाग पानी में डूब जाए। देखो गैलवेनोमीटर की सूई हिलने लगी—पानी और राख से बिजली बन गई।

अगर तुमने परिपथ ठीक से बनाया है तब वह चित्र में दर्शाए गए अनुसार दिखेगा। ताँबे की पत्ती के स्थान पर किसी पुराने सूखे सैल को तोड़कर उससे निकाली गई कार्बन की छड़ भी इस्तेमाल की जा सकती है। इस कार्बन की छड़ के सिरे पर पीतल की टोपी होती है। बिजली के तार को उसमें बाँधा जा सकता है। पर ताँबे की पत्ती से अधिक वोल्टेज की बिजली मिलती है।

अगर ऐसे दो या अधिक सैल बना लिए जाएँ और उनको इस प्रकार जोड़ा जाए कि एक सैल के जस्त की पत्ती दूसरे सैल के ताँबे की पत्ती से तार द्वारा (सैल के बाहर से) जुड़ी हो और आखिरी सैल की जस्त की पत्ती गैलवेनोमीटर से जुड़ी हो, तब अधिक शक्तिशाली बिजली (अधिक वोल्टेजवाली धारा) मिल सकती है। दूसरे सिरे के अंतिम सैल की ताँबे की पत्ती गैलवेनोमीटर के दूसरे टर्मिनल से जुड़ी होगी।

अब यह देखें कि राख से बिजली कैसे पैदा होती है? वास्तव में राख में एलूमीनियम, कैल्शियम, मैग्नीशियम, लोहा, पोटैशियम, क्लोरीन आदि के लवण होते हैं। जब उसे पानी में छितराया जाता है तब ये लवण आयनों में बदल जाते हैं।उपयुक्त इलेक्ट्रोडों (पत्तियों) का उपयोग करके इन आयनों की रासायनिक ऊर्जा को विद्युत ऊर्जा में बदला जा सकता है।

राख से प्राप्त होनेवाली बिजली की वोल्टेज अनेक कारकों पर निर्भर होती है जैसे राख का स्रोत (वह किस लकड़ी या कोयले की है); किस धातु/वस्तु की पत्तियाँ (इलेक्ट्रोड) इस्तेमाल की जाती हैं; उनकी कितनी सतह राख के छितरावन के संपर्क में आती है आदि। पत्तियों की जितनी अधिक सतह राख के संपर्क में आएगी उतनी अधिक बिजली पैदा होगी। आमतौर से 8 सेंटीमीटर चौड़ी और 8 सेंटीमीटर लंबी पत्तियाँ बहुत उपयुक्त होती हैं।

सीरीज में जोड़े गए इस प्रकार के दो सैलों से अधिकतम 3 वोल्ट और 800 मिली एंपीयर की बिजली पैदा हो सकती है। इस बिजली से दीवार घड़ी, कैलकुलेटर आदि चल सकते हैं।

14. पेड़-पौधों की पत्तियों से बिजली

बच्चो! तुम बिजली बनाने के गीले सैल के बारे में पढ़ चुके हो। उससे तुम आसानी से बिजली बना सकते हो। इसी प्रकार चूल्हे की राख से भी बिजली बनाने की तकनीक के बारे में तुमने पढ़ा। अगर तुम चाहो तो पेड़ों की पत्तियों, तनों, आलू और यहाँ तक कि गोबर से भी बिजली प्राप्त कर सकते हो। पर यह बिजली बहुत ही कम शक्ति की होती है। बेहतर यह होता है कि पत्तियों आदि से बिजली बनानेवाले कई सैलों को पहले 'सीरीज' में जोड़ लिया जाए और फिर कई सीरीजों को 'पैरेलल' में जोड़ा जाए।

तुम्हें मालूम है कि सीरीज में दो या अधिक सैलों को इस प्रकार आपस में जोड़ा जाता है कि एक सैल का ऋण इलेक्ट्रोड दूसरे सैल के धन इलेक्ट्रोड से जुड़ा हो; दूसरे सैल का ऋण इलेक्ट्रोड तीसरे सैल के धन इलेक्ट्रोड से जुड़ा हो। इस प्रकार अनेक सैलों को आपस में जोड़कर पहले सैल के धन इलेक्ट्रोड को तथा अंतिम सैल के ऋण इलेक्ट्रोड को गैलवेनोमीटर के अलग-अलग टर्मिनलों से अथवा किसी अन्य युक्ति से जोड़ देते हैं। इसके विपरीत पैरेलल व्यवस्था में सब सैलों के धन इलेक्ट्रोडों को एक साथ और ऋण इलेक्ट्रोडों को एक साथ जोड़कर फिर उन्हें गैलवेनोमीटर/किसी अन्य युक्ति के साथ जोड़ा जाता है।

पहले पेड़-पौधों की पत्तियों से बिजली बनाने की तकनीक। इससे बिजली बनाने के लिए चौड़ी और मोटी पत्ती बेहतर होती है। इसलिए ताजी, बिना कटी-फटी, काफी चौड़ी, (जिनमें से 10 × 6 सेंटीमीटर सतह आसानी से निकल सके) पत्तियाँ लो। हर पत्ती के लिए एक-एक ताँबे और जस्त की पत्ती (इलेक्ट्रोड) चाहिए। इसके लिए 10 × 6 सेंटीमीटर आकार की ताँबे और जस्त की पत्तियाँ ली जा सकती हैं। साथ ही हर पत्ती के लिए इससे थोड़े बड़े आकार की लकड़ी की दो पट्टियाँ चाहिए। 2-3 मीटर लंबे बिजली के तार, गैलवेनोमीटर तथा कुछ पेच आदि की भी जरूरत होगी।

अब एक अच्छी पत्ती छाँटकर उसे पानी से भली-भाँति धो लो। साथ ही ताँबे और जस्त की पत्तियों को रेगमाल से घिसकर उनकी चमकीली सतह निकाल लो। फिर पत्ती की बाहरी

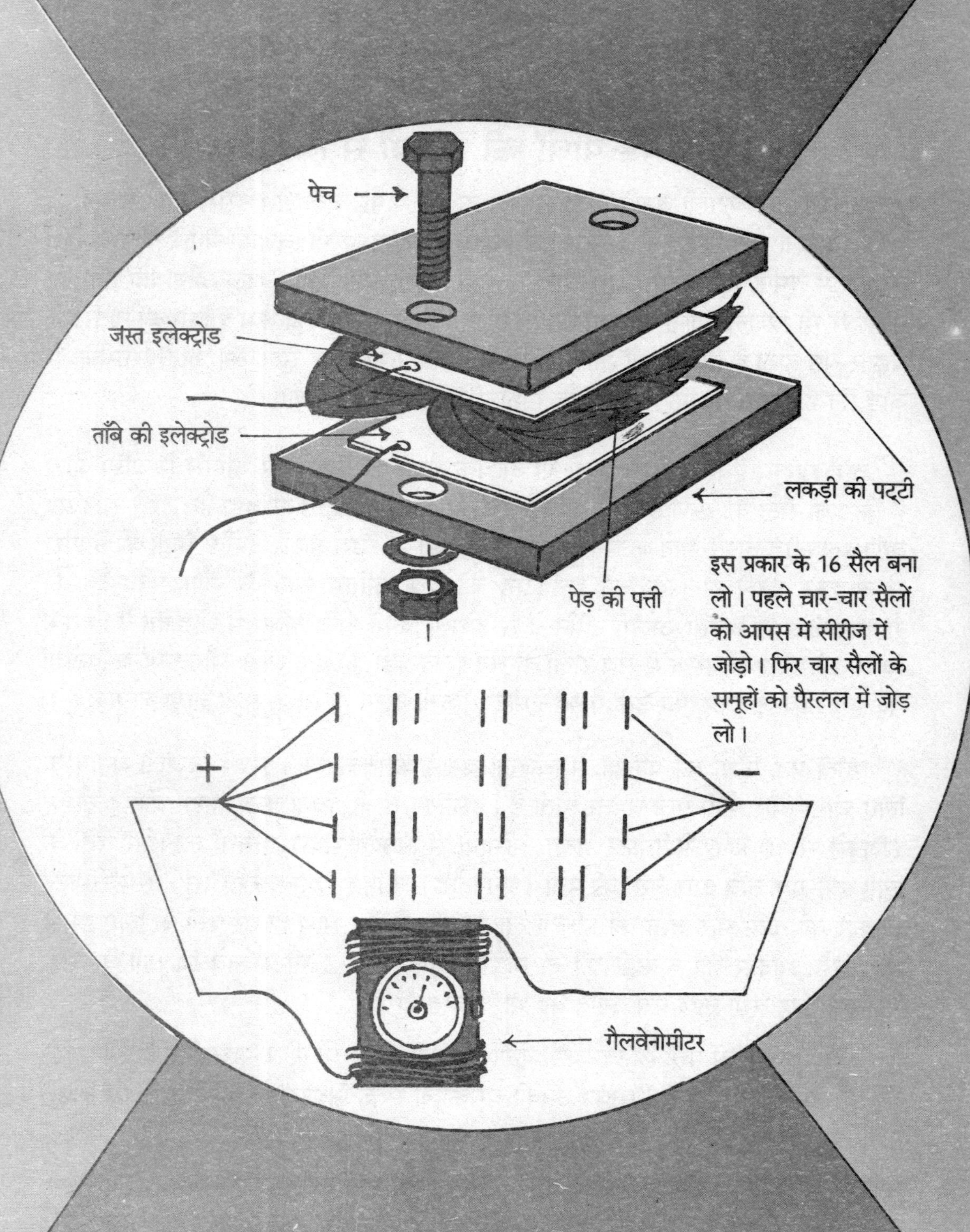
पेच
जस्त इलेक्ट्रोड
ताँबे की इलेक्ट्रोड
लकड़ी की पट्टी
पेड़ की पत्ती
इस प्रकार के 16 सैल बना लो। पहले चार-चार सैलों को आपस में सीरीज में जोड़ो। फिर चार सैलों के समूहों को पैरलल में जोड़ लो।
+
−
गैलवेनोमीटर

झिल्ली उतारकर उसे ताँबे और जस्त की पत्तियों के बीच में रख दो। इन इलेक्ट्रोडों के दूसरी ओर लकड़ी की पट्टियाँ रखकर उन्हें पेचों से कस दो।

तार के दो टुकड़े लो। एक टुकड़े के एक सिरे को ताँबे की पत्ती से और दूसरे टुकड़े के एक सिरे को जस्त की पत्ती से जोड़ दो। लो बन गया एक सैल। तारों के दूसरे सिरों को आपस में जोड़ने से बिजली की धारा बहने लगेगी। यह बहुत ही क्षीण धारा होगी। यह 3 मिली वोल्ट जितनी क्षीण होगी। साथ ही सैल में काफी अधिक, एक हजार ओह्म तक का, आंतरिक प्रतिरोध होगा। इसलिए यह सैल बहुत ही कम देर तक बिजली दे सकेगा। बेहतर होता है कि ऐसे लगभग 16 सैल बना लो। पहले चार-चार सैलों को आपस में सीरीज में जोड़ लो। फिर इन चारों सीरीजों को आपस में पैरलल में जोड़ दो। इस प्रकार बने युग्म के टर्मिनलों को गैलेवेनोमीटर से जोड़ो। तब उनकी सूई की कुछ गति होगी।

अगर तुमने (पेड़ की) पत्ती, इलेक्ट्रोडों और लकड़ी की पट्टियों को ठीक से जोड़ा है तब सैल चित्र के अनुसार दिखेगा।

पेड़ की पत्तियों से बने ये सैल 'जैव सैल' कहलाते हैं और इनमें बिजली की धारा को प्रवाहित करनेवाला बल 'जैवविद्युतवाहक बल' (बायोइलेक्ट्रोमोटिव फोर्स)। यद्यपि बिजली की धारा दो विभिन्न धातुओं (ताँबे और जस्त) के बीच उत्पन्न विद्युत विभवांतर के कारण उत्पन्न होती है पर उसमें पत्ती में होनेवाली जैवरासायनिक क्रियाएँ भी योग देती हैं

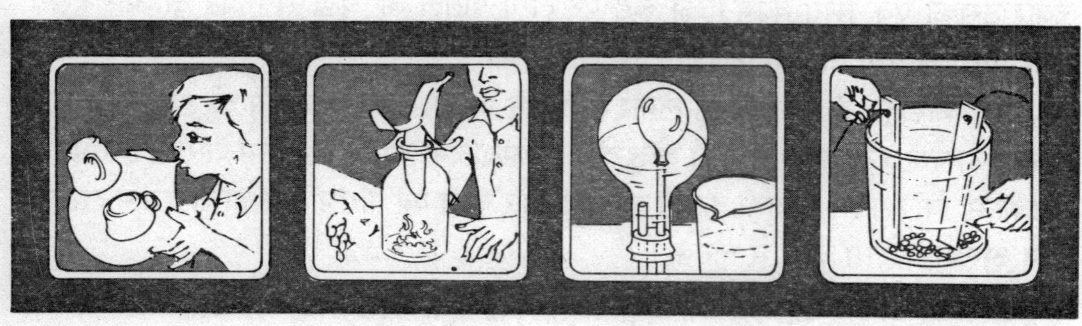

15. गोबर से बिजली

अगर तुम चाहो तो गोबर से भी बिजली बना सकते हो। गोबर से बहुत ही कम शक्ति की बिजली उत्पन्न होती है। इसके लिए तुम पुराने सूखे सैल को तोड़कर उसके बाहरी खोल की पत्ती तथा कार्बन की छड़ का भी उपयोग कर सकते हो।

गोबर से बिजली प्राप्त करने के लिए तुम्हें गोबर के अतिरिक्त जिन वस्तुओं की जरूरत होगी वे हैं : नमक, पानी, काँच के चौड़े मुँह के चार जार, पुराने सूखे सैल से निकाली गई जस्त की चार पत्तियाँ और कार्बन की चार छड़ें, बिजली का लगभग दो मीटर लंबा तार तथा एक गैलवेनोमीटर।

उक्त चीजों से चार सैल तैयार होंगे। वैसे एक सैल से भी बिजली बन जाती है। पर चार सैलों से ही इतनी बिजली बन पाएगी कि तुम उससे कोई उपकरण (घड़ी, कैलकुलेटर आदि) चला सको।

पहले प्रत्येक जार में लगभग 300 ग्राम गोबर और 100 ग्राम पिसा हुआ साधारण नमक लो। उन्हें आपस में भली-भाँति मिलाकर इतना पानी मिलाओ कि गाढ़ा घोल बन जाए। इस घोल से जार लगभग तीन-चौथाई भर जाना चाहिए। अब तार का एक टुकड़ा लेकर उसका एक सिरा कार्बन की छड़ पर लगी पीतल की घुंडी से लपेट दो और दूसरा सिरा जस्त की पत्ती के एक सिरे से।

इस प्रकार तार के तीन टुकड़े लेकर उन्हें तीन अलग-अलग कार्बन की छड़ों और तीन अलग-अलग जस्त की पत्तियों से जोड़ दो। इन संयोजनों को भिन्न-भिन्न जारों में इस प्रकार लटकाओ कि आपस में जुड़ी कार्बन की छड़ और जस्त की पत्तियाँ एक ही जार में न लटकें, वरन् अलग-अलग जारों में लटकें।

फिर एक कार्बन की छड़ की घुंडी में तार का एक सिरा लपेटकर उसे पहले जार में लटकाओ और तार के दूसरे सिरे को गैलवेनोमीटर के एक सिरे से जोड़ दो। अगर तुमने यह सब काम सही प्रकार किया है तब परिपथ चित्र के अनुसार दिखेगा। और गैलवेनोमीटर की सूई से यह पता चल जाएगा कि गोबर से बिजली प्राप्त हो रही है या नहीं।

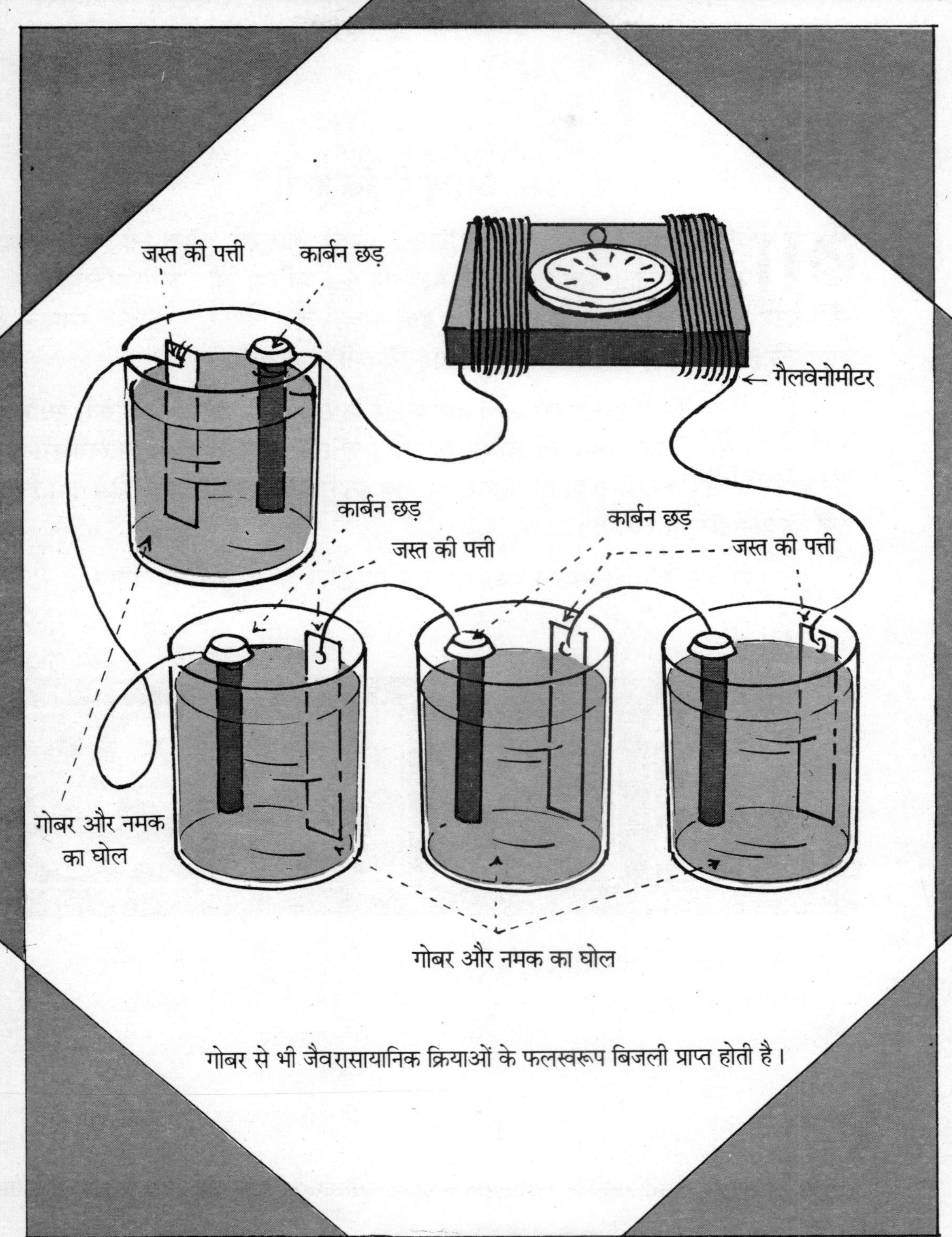

गोबर से भी जैवरासायानिक क्रियाओं के फलस्वरूप बिजली प्राप्त होती है।

16. आलू से बिजली

आलू से बिजली पैदा करने के लिए 6 अच्छे और बड़े आलू लो। उन्हें अच्छी तरह धो लो। अब ताँबे और जस्त की 6-6 पत्तियाँ लो। अगर पत्तियाँ 4 × 1 सेंटीमीटर आकार की हों तो बेहतर होगा। इन्हें अच्छी तरह धोकर, सुखाकर, रेगमाल से रगड़ लो। रेगमाल से रगड़ने पर इनकी सतह चिकनी हो जाएगी।

आलुओं के दो-दो टुकड़े कर लो। इस प्रकार के 6 साफ टुकड़े लो। प्रत्येक टुकड़े में ताँबे और जस्त की एक-एक पत्ती प्रविष्ट करा दो। पत्तियाँ आलू के टुकड़ों में लगभग तीन सेंटीमीटर गहराई तक धँसी हों तो बेहतर है। अब इन पत्तियों को सीरीज में जोड़ दो। इससे तुम्हें बिजली मिलने लगेगी।

आलू से बना परिपथ अगले पृष्ठ पर दिए गए चित्र के अनुसार दिखेगा।

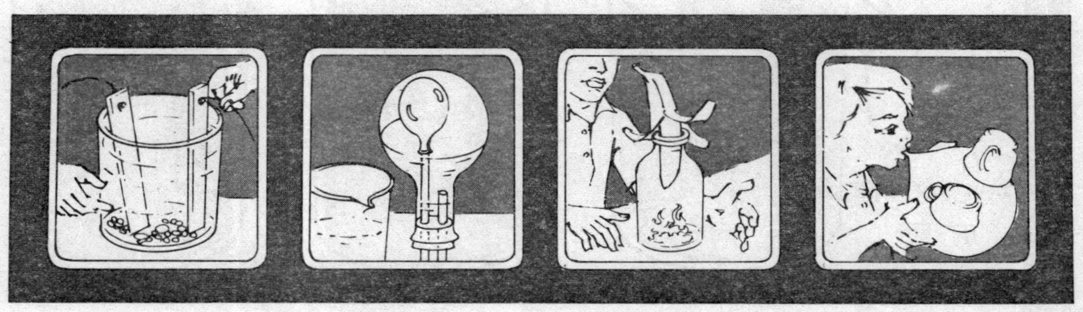

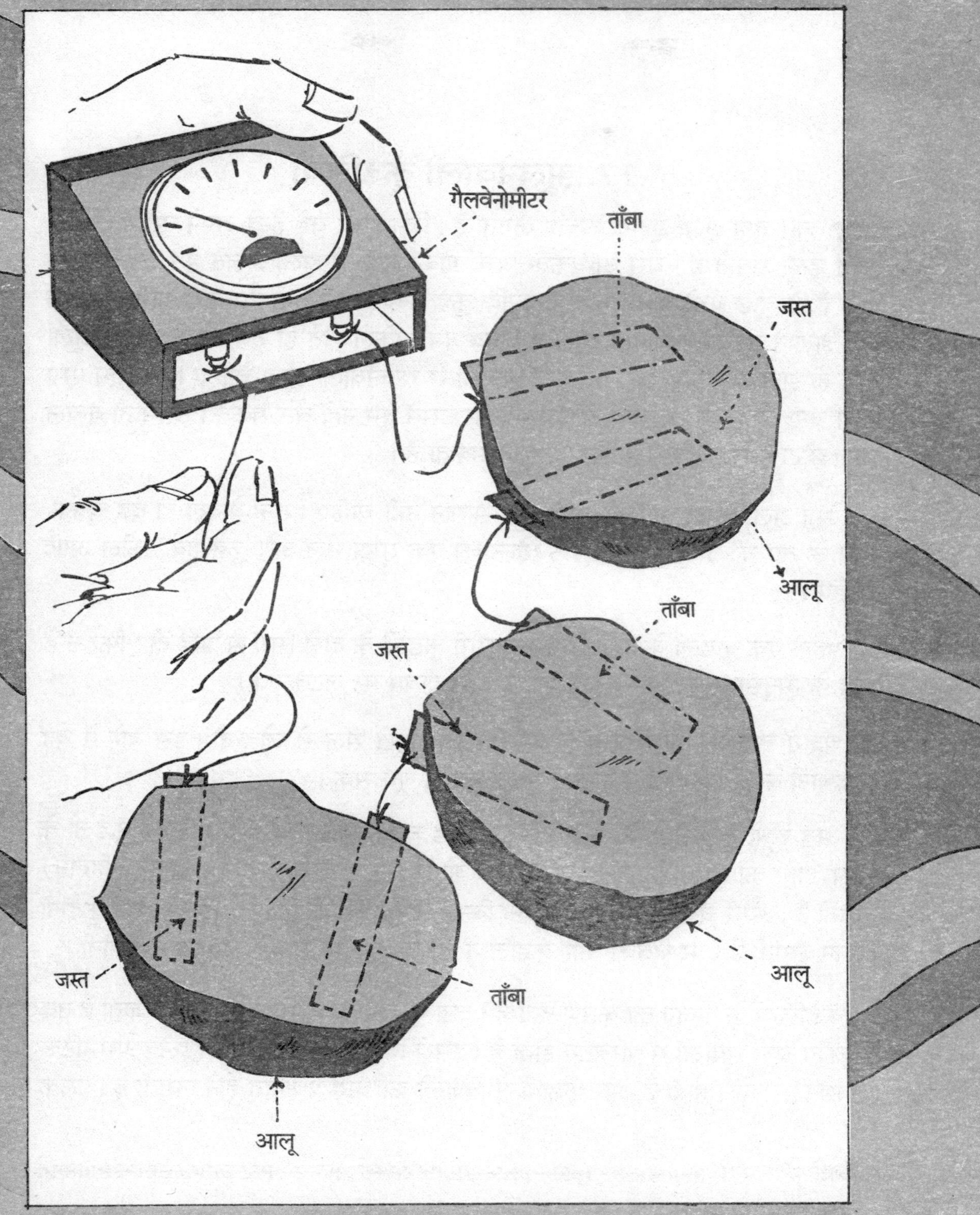
गैलवेनोमीटर
ताँबा
जस्त
आलू
ताँबा
जस्त
आलू
जस्त
ताँबा
आलू

17. झूलनेवाली कुंडलियाँ

बच्चो! तुम्हें झूलां झूलना अच्छा लगता है। जिनके घर बड़े हैं वे अपने घरों में ही झूले डाल सकते हैं। वैसे अधिकतर बच्चे पार्क आदि में झूला झूलते हैं। अकसर ऐसा होता है कि कुछ बच्चे झूलते रहते हैं जबकि कुछ उन्हें झुलाते रहते हैं। बारी-बारी से झूलने और झुलाने का खेल चलता रहता है। जब तुम अकेले होते हो तब चाहते हो कि झूला स्वयं ही झूलता रहे। इसके लिए तुम्हें बिजली से चलनेवाला झूला चाहिए। वैसे तुम ऐसा झूला बना सकते हो जो स्वयं झूलता रहे, पर उसमें तुम नहीं बैठ सकते। उसमें तो केवल बहुत छोटा और हलका खिलौना ही झूल सकता है।

ऐसा झूला बनाने के लिए तुम्हें बहुत सामान नहीं चाहिए। तुम्हें केवल दो दंड चुंबक, ताँबे के तार की दो कुंडलियाँ, 1.5 वोल्ट का एक सूखा सैल और कुछ हुक, कील आदि चाहिए।

पहले एक कुंडली के दोनों सिरों को दूसरी कुंडली के दोनों सिरों से जोड़ दो। फिर उन्हें चित्र के अनुसार हुकों और कीलों की मदद से दीवार पर लटका दो।

बाहरी तारों को भी चित्र में दिखाए अनुसार सूखे सैल से जोड़ दो। इस बारे में यह सावधानी बरतो कि दोनों कुंडलियाँ मुक्त रूप से घूम सकें।

अब दोनों कुंडलियों के अंदर एक-एक दंड चुंबक प्रविष्ट करा दो। चुंबक कुंडली के किसी भाग को छुए नहीं। किसी भी चुंबक को हिलाने से दोनों कुंडलियाँ झूलने (हिलने) लगती हैं। अगर चुंबकों को स्थिर रखकर किसी भी कुंडली को हिला दो तो भी दूसरी कुंडली हिलने लगती है। पर चुंबकों और कुंडलियों को स्थिर रखने से कोई हरकत नहीं होती।

कुंडलियों के हिलने का कारण क्या है? जब कुंडली या चुंबक को हिलाया जाता है तब चुंबकीय बल रेखाओं में परिवर्तन होता है। इससे विद्युतचुंबकीय प्रेरण (इलेक्ट्रोमैग्नेटिक इंडक्शन) उत्पन्न होता है और कुंडली में बिजली की धारा प्रवाहित होने लगती है। इसके

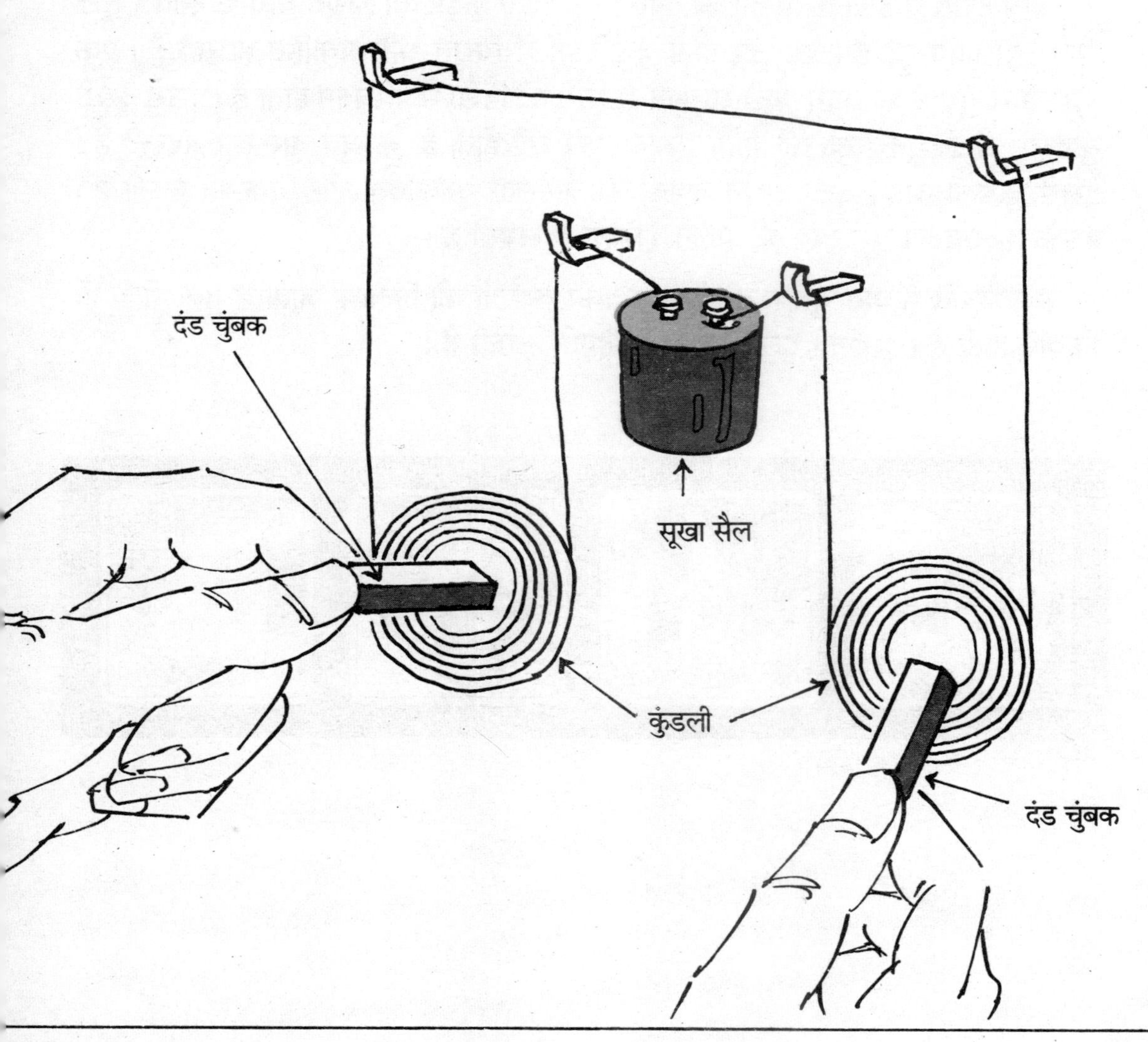
दंड चुंबक
सूखा सैल
कुंडली
दंड चुंबक

फलस्वरूप एक अत्यंत विचित्र घटना होती है। यह धारा उस कारक का 'विरोध' करती है जिसके फलस्वरूप वह उत्पन्न हुई है। कुंडली यह विरोध स्वयं को हिलाकर ही प्रकट करती है। यह हिलना चुंबक की आपेक्षिक हरकत की विपरीत दिशा में होता है।

जब चुंबक और कुंडली दोनों में से किसी को नहीं हिलाया जाता तब चुंबकीय बल रेखाओं में परिवर्तन नहीं होता और दोनों में से कोई भी एक-दूसरे के संदर्भ में हरकत नहीं करती।

अब दूसरी कुंडली के हिलने का कारण — दोनों कुंडलियाँ विद्युत धारा के स्रोत (सूखे सैल) से जुड़ी हुई हैं। इसलिए दोनों कुंडलियों में विद्युत धारा प्रवाहित हो रही है। एक कुंडली में चुंबक को आगे-पीछे सरकाने से धारा की दिशा में परिवर्तन होता है। इससे दूसरी कुंडली, जो विद्युतचुंबक की भाँति व्यवहार कर रही होती है, के ध्रुव बार-बार बदलते हैं। इससे कुंडली अपने अंदर स्थित चुंबक को बार-बार आकर्षित और विकर्षित करती है। इसके फलस्वरूप वह स्वयं भी झूलने (हिलने) लगती है।

उस स्थिति में जब चुंबक को स्थिर रखकर कुंडली को हिलाया जाता है तब भी ये ही क्रियाएँ होती हैं। इसलिए दोनों कुंडलियाँ हिलने लगती हैं।

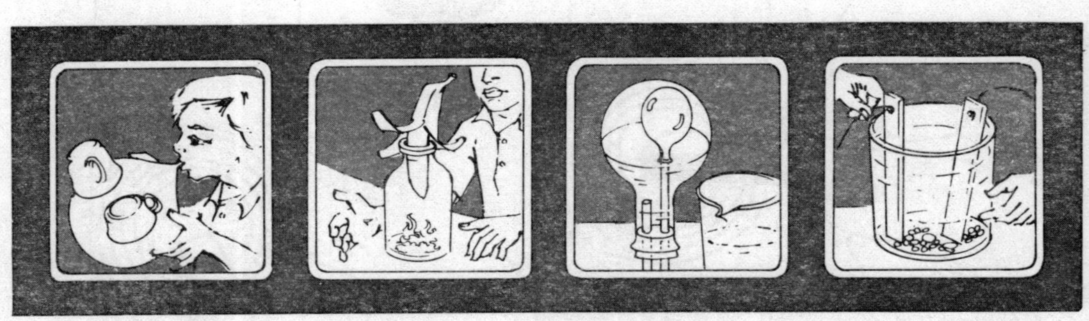

18. किप का उपकरण

अनेक रासायनिक प्रयोगों में हाइड्रोजन, हाइड्रोजन सल्फाइड, कार्बन डाइऑक्साइड जैसी गैसों की जरूरत होती है। इसके लिए प्रयोगशालाओं में किप का उपकरण (किप्स अपरेटस) इस्तेमाल किया जाता है। इस उपकरण में ऐसी व्यवस्था होती है कि गैस थोड़ी-थोड़ी मात्रा में, इच्छानुसार बनाई जा सके।

प्रयोगशाला में इस्तेमाल किया जानेवाला उपकरण महँगा होता है और उससे एक पूरी कक्षा की, 30-40 विद्यार्थियों की, आवश्यकता पूरी की जा सकती है।

किप के उपकरण में वे गैसें ही बनाई जाती हैं जिनके बनाने के लिए दो वस्तुओं की जरूरत होती है जिनमें से एक ठोस हो और दूसरी तरल, साथ ही गैस बनाने के लिए किसी भी पदार्थ को गरम करने की जरूरत नहीं हो अर्थात् कमरे के ताप पर ही द्रव के ठोस पदार्थ के साथ क्रिया करने से गैस उत्पन्न हो जाए।

उपकरण में ऐसी व्यवस्था होती है कि गैस की जरूरत न होने पर द्रव को ठोस के संपर्क में आने से रोका जा सके। इससे गैस बननी बंद हो जाती है।

इस व्यवस्था को एक उदाहरण द्वारा आसानी से समझाया जा सकता है। रसायनशास्त्र के विद्यार्थी जानते हैं कि जस्त पर नमक अथवा गंधक के तेजाब (हाइड्रोक्लोरिक एसिड या सलफ्यूरिक एसिड) की क्रिया से हाइड्रोजन गैस बनती है। हाइड्रोजन बनाने के लिए न तेजाब को गरम करने की जरूरत होती है और न ही जस्त के टुकड़ों को। पर गैस उस समय तक ही बनती है जब तक तेजाब जस्त के साथ क्रिया करता रहता है। अगर तेजाब जस्त के संपर्क में नहीं आता तो हाइड्रोजन नहीं बनती।

किप उपकरण में यह व्यवस्था होती है कि इच्छानुसार तेजाब को जस्त के टुकड़ों के संपर्क में आने से रोक सकें।

तुम भी घर पर गैस बनाने के लिए किप का छोटा उपकरण बना सकते हो।

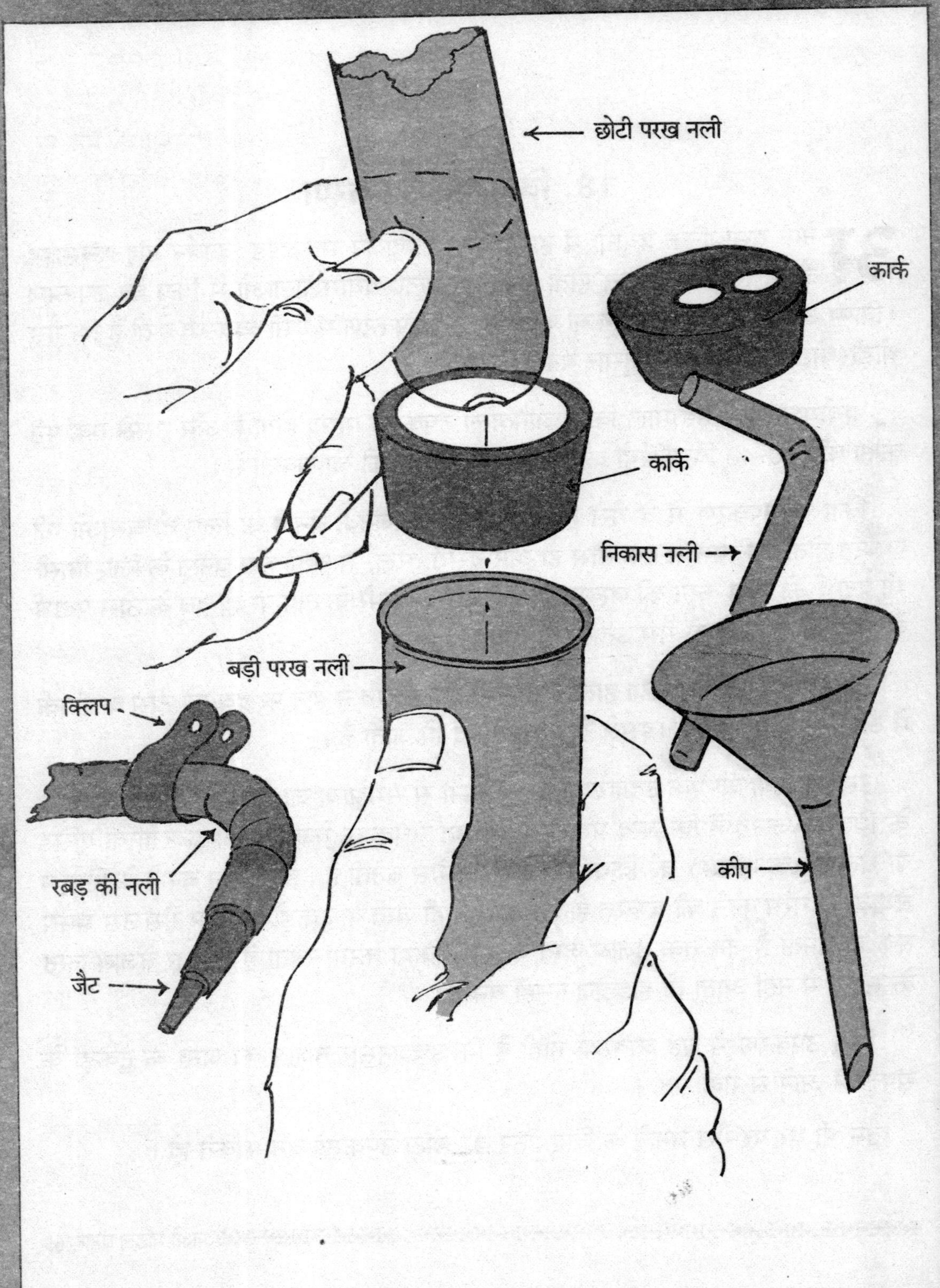
छोटी परख नली
कार्क
कार्क
निकास नली
बड़ी परख नली
क्लिप
रबड़ की नली
कीप
जैट

घर में किप का उपकरण बनाने के लिए जिन वस्तुओं की जरूरत होगी वे हैं : एक छोटी परखनली (व्यास लगभग 1 सेंटीमीटर), एक बड़ी परखनली (व्यास लगभग 2.5 सेंटीमीटर), काँच की नली (लंबाई लगभग 13 सेंटीमिटर), रबर की नली (15 सेंटीमीटर लंबी), एक जैट, एक स्टैंड, रबर के दो कार्क—जिनमें एक बड़ी परखनली के मुँह पर एकदम फिट हो सके और दूसरा छोटी परखनली के मुँह पर,एक क्लिप, काँच की एक कीप तथा एक निकास नली (छोटी, समकोण पर मुड़ी, काँच की नली) ।

पहले छोटी परखनली की पेंदी में सावधानीपूर्वक इतना बड़ा छेद करो जिसमें से काँच की नली सटकर निकल सके—छेद का व्यास काँच की नली के बाहरी व्यास के लगभग बराबर हो। अब बड़ा कार्क लो और उसमें इतना बड़ा छेद करो कि छोटी परखनली उसमें से सटकर निकल सके। इसी प्रकार छोटे कार्क में काँच की नली और निकास नली के बाहरी व्यासों के बराबर अलग-अलग छेद करो।

फिर निकास नली के एक सिरे पर रबर की नली लगा दो। रबर की नली के दूसरे सिरे पर जैट फँसा दो और उससे थोड़ा-सा ऊपर क्लिप लगा दो।

इसके बाद छोटी परखनली के मुँह पर रबर का कार्क लगाकर इसके एक छेद में से काँच की लंबी नली और दूसरे छेद में से निकास नली का दूसरा सिरा निकाल दो। कार्क में से काँच की नली की इतनी लंबाई निकाल दो कि वह परखनली के पेंदे में किए गए छेद में से बाहर निकल जाए पर उसके ऊपरी सिरे का थोड़ा भाग कार्क के ऊपर ही रहे।

अब बड़ी परखनली के मुँह पर कार्क लगा दो। उसके छेद में से छोटी परखनली फँसा दो। फिर छोटी परखनली में लगी काँच की नली को इस प्रकार व्यवस्थित करो कि उसका निचला सिरा बड़ी परखनली के पेंदे से थोड़ा-सा ही ऊपर रहे। काँच की नली के ऊपरी सिरे पर रबर की नली का एक छोटा-सा टुकड़ा लगाकर उसमें काँच की कीप फिट कर दो। लो, बन गया उपकरण।

इस उपकरण से तुम कोई गैस बनाना चाहोगे? मान लो तुम हाइड्रोजन सल्फाइड गैस बनाना चाहते हो। तुम जानते हो कि यह गैस किसी धात्विक सल्फाइड पर गंधक के तेजाब की क्रिया से बनती है। आमतौर से धात्विक सल्फाइड के रूप में आयरन सल्फाइड लिया जाता है।

हाइड्रोजन सल्फाइड बनाने के लिए पहले छोटी परखनली को निकाल कर उसकी कार्क

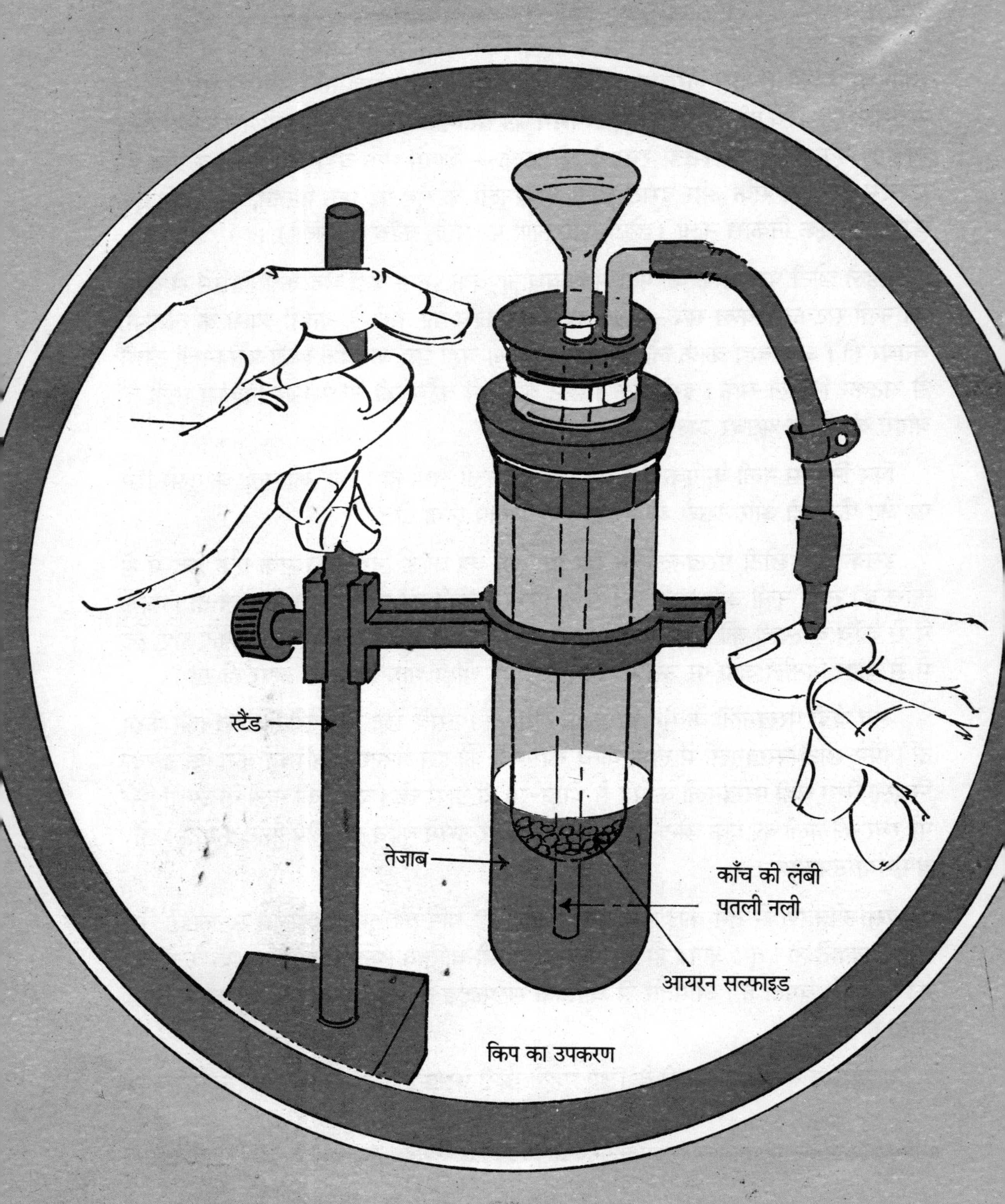

किप का उपकरण

खोल लो। फिर उसमें आयरन सल्फाइड के छोटे-छोटे टुकड़े डालो।

अब परखनली में कार्क लगा दो और उसमें से काँच की नली और निकास नली प्रविष्ट करा दो। फिर छोटी परखनली को बड़ी परखनली के मुँह पर लगे कार्क में से निकाल लो।

कीप में से धीरे-धीरे गंधक के तेजाब की इतनी मात्रा डालो कि वह छोटी परखनली में पड़े आयरन सल्फाइड के टुकड़ों को भली-भाँति ढक-भर ले।

फिर निकास नली में जुड़ी रबर की नली पर क्लिप लगाकर उसे बंद कर दो।

गंधक का तेजाब डालते समय पर्याप्त सावधानी बरतना बहुत जरूरी है। कीप में से तेजाब इस प्रकार डालो कि वह बाहर बिलकुल भी न गिरे। अगर तेजाब की बूँदें बोतल के बाहर लगी रह जाती हैं तब उसे रुई आदि से पोंछ दो। फिर गीले कपँड़े से अच्छी तरह बोतल को साफ कर दो। यदि तेजाब हाथ पर गिर जाए तब उसे अमोनिया के घोल अथवा कपड़े धोने के सोडे के घोल से धो लो। उसके बाद पानी से अच्छी तरह धो लो।

गंधक के तेजाब के आयरन सल्फाइड से क्रिया करने पर हाइड्रोजन सल्फाइड गैस बनती है। पर यह छोटी परखनली में ही भरी रहती है। निकास नली के क्लिप से बंद होने के कारण यह बाहर नहीं निकल पाती। वह तेजाब पर दबाव डालती है। इससे वह बड़ी परखनली में चला जाता है। साथ ही काँच की नली में भी चढ़ जाता है। इस प्रकार तेजाब सल्फाइड के संपर्क में नहीं आ पाता। इससे गैस का बनना रुक जाता है।

जब गैस की जरूरत होती है तो क्लिप खोल दी जाती है। इससे गैस बाहर निकलने लगती है। इससे छोटी परखनली में गैस का दबाव कम हो जाता है और तेजाब फिर से छोटी परखनली में आ जाता है। इससे तेजाब और सल्फाइड के बीच क्रिया फिर से चालू हो जाती है।

इस प्रकार आवश्यकतानुसार गैस प्राप्त की जा सकती है।

19. हवा का रुख बतानेवाला यंत्र

यह युक्ति बहुत सरल है और इसका असली काम यह दर्शाना है कि हवा किस दिशा में बह रही है। इसको बनाने के लिए तुम्हें गत्ता, एक ऐसी पेंसिल जिसके एक सिरे पर रबर चढ़ी हो और एक बड़ी पिन चाहिए।

पहले गत्ते पर तीर का एक चित्र बना लो। हमने एक चित्र बनाया है।(तुम इससे बेहतर चित्र बना सकते हो।) अगर यह लगभग 8-10 सेंटीमीटर लंबा और 2-3 सेंटीमीटर चौड़ा हो तो बेहतर है।

इस चित्र को कैंची से ठीक प्रकार से काट लो। अब इसके लगभग बीच में से एक पिन आर-पार निकाल लो, ऐसा करते समय यह ध्यान रहे कि पिन पर तीर भली-भाँति संतुलित हो, उस पर चारों ओर घूम सके। अब पिन को पेंसिल की रबर में घुसेड़ दो। लो बन गई हवा का रुख बतानेवाली युक्ति।

इस युक्ति को खुले स्थान पर—घर की छत वगैरह पर—रख दो। तीर हवा की दिशा के अनुसार इधर-उधर घूमने लगेगा।

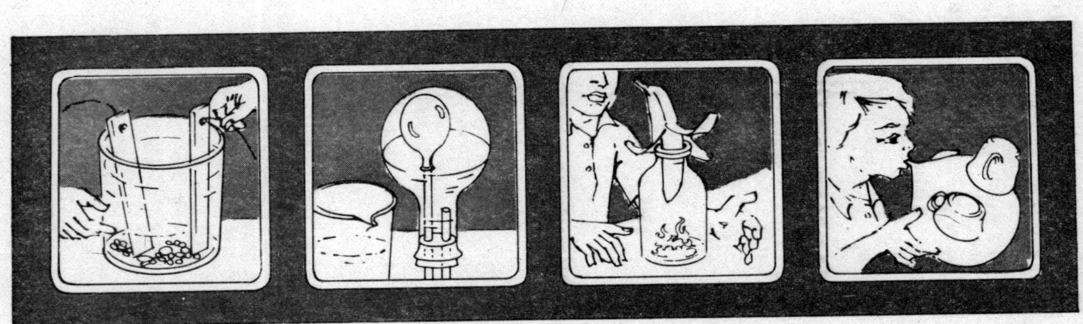

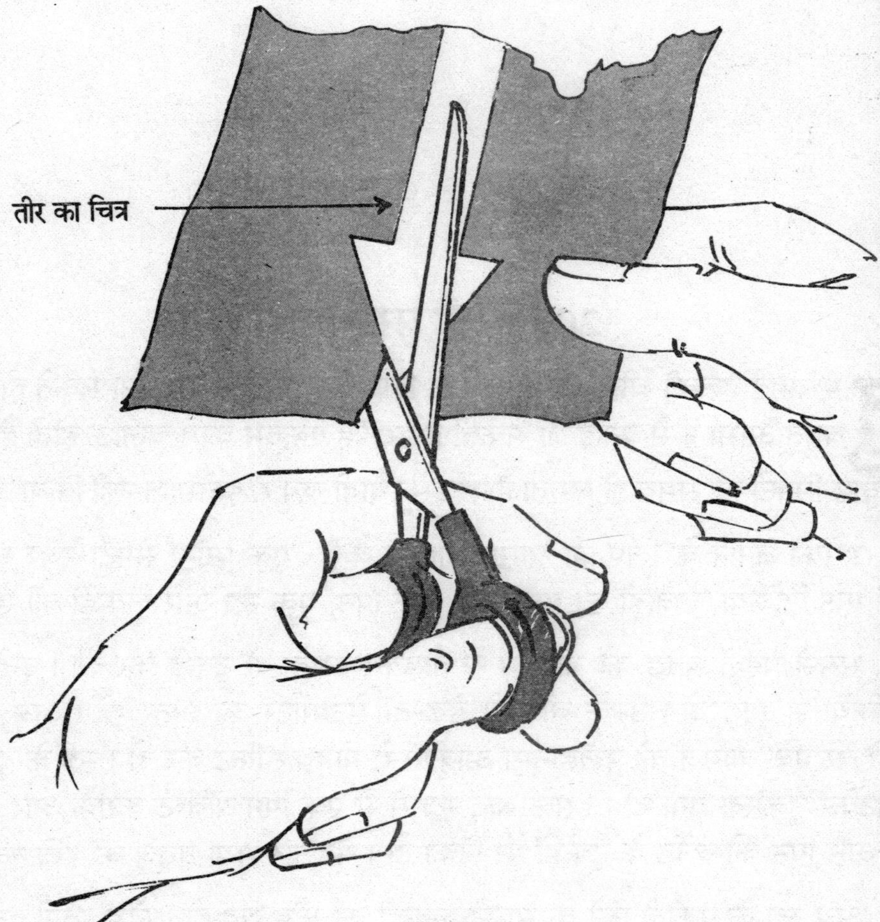

तीर का चित्र

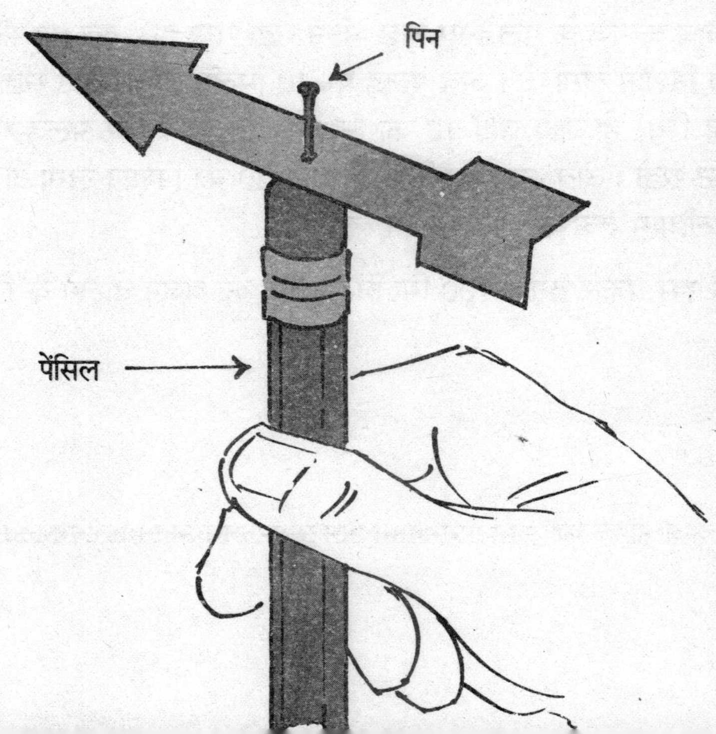

20. सस्ती पर सुग्राही तुला

तुम बहुत हलकी चीजों को तोलने के लिए एक सस्ती तराजू बना सकते हो। यह तराजू बहुत आसानी से बनाई जा सकती है पर यह एकदम काम चलाऊ होती है। इसे बनाने में कुछ मिनटों का समय ही लगता है पर इसे स्थायी रूप से इस्तेमाल नहीं किया जा सकता।

इसको बनाने के लिए जो सामान चाहिए वे हैं : एक पुराना सेफ्टी-रेजर ब्लेड, साबुन की एक टिकिया, लकड़ी का एक स्टैंड, एक पिन, एक स्ट्रा और लकड़ी की एक पटिया।

सबसे पहले ब्लेड को बीच में से तोड़कर उसके दो टुकड़े कर लो। उन्हें साबुन की टिकिया में गाड़ दो। उनके बीच में डेढ़-दो सेंटीमीटर का अंतर रहे। अब स्ट्रा के एक सिरे पर एक कागज को पलड़ानुमा आकृति में मोड़कर फिट कर दो। स्ट्रा के दूसरे सिरे को काटकर नुकीला बना दो। इसके बाद स्ट्रा में से एक पिन प्रविष्ट कराके आर-पार निकाल दो और पिन को ब्लेड के टुकड़ों पर टिका दो। यह बन गया तराजू का संकेतक।

अब स्ट्रा के नुकीले सिरे के सामने लकड़ी का स्टैंड रख दो। स्टैंड इतनी दूरी पर हो कि स्ट्रा उसे छू सके। लो बन गई तुला।

पर अभी स्टैंड पर निशान लगाने बाकी हैं। इसके लिए जब स्ट्रा सामान्य अवस्था में हो (जब कागज के पलड़े पर कुछ भी न रखा गया हो) तब वह स्टैंड को जहाँ छुए वहाँ शून्य का निशान लगा दो। अब पलड़े पर 10 मिलीग्राम का बाट रखो। इससे स्ट्रा हिलेगी। जहाँ वह स्थिर हो जाए वहाँ 10 का निशान लगा दो। फिर पलड़े में 10-10 मिलीग्राम के दो बाट रखो। अब स्ट्रा जहाँ स्थिर हो वहाँ 20 का निशान लगा दो। इस प्रकार स्टैंड पर 100 मिलीग्राम तक के लिए निशान लगा दो।

इस प्रकार तराजू 100 मिलीग्राम तक का वजन तोलने के लिए तैयार हो गई।

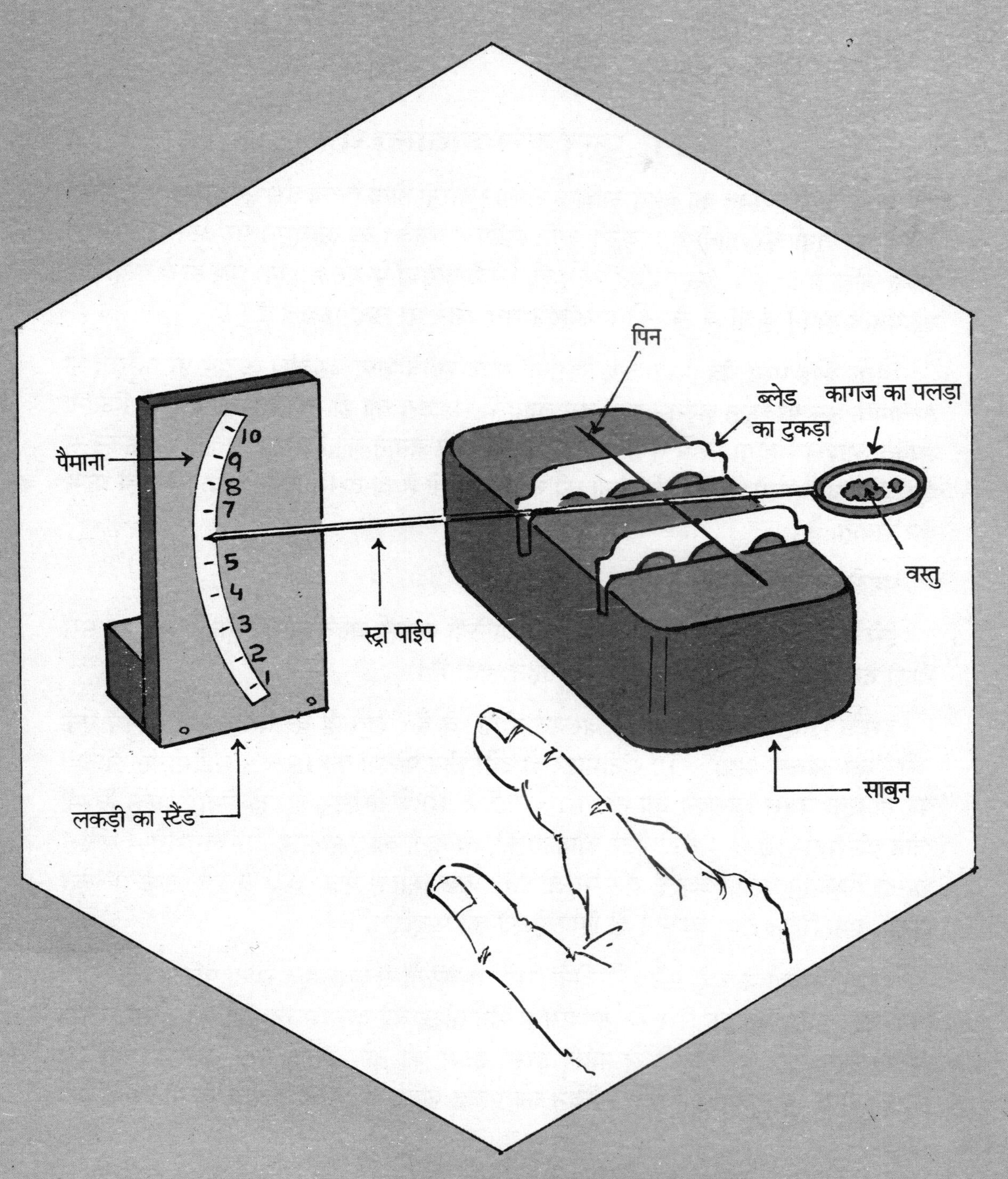
पिन
ब्लेड
का टुकड़ा
कागज का पलड़ा
पैमाना
10
9
8
7
5
4
3
2
1
वस्तु
स्ट्रा पाईप
साबुन
लकड़ी का स्टैंड

21. फूल बरसानेवाला यंत्र

जब किसी व्यक्ति का बहुत अधिक सम्मान करना होता है तब उस पर आमतौर से फूलों की वर्षा की जाती है। किसी अति विशिष्ट व्यक्ति के आगमन पर अक्सर ऐसा ही किया जाता है। दर्शक उस व्यक्ति पर फूलों की पंखुड़ियाँ फेंकते हैं। निश्चय ही वे पंखुड़ियों को पहले अपने हाथों में ले लेते हैं और समय आने पर उन्हें फेंकते हैं।

अगर कोई ऐसा यंत्र मिल जाए जिसकी मदद से विशिष्ट अतिथि के द्वार पर पहुँचते ही अचानक उन पर फूल बरसने लगें तब अतिथि महोदय को ही नहीं दर्शकों को भी कितना सुखद आश्चर्य होगा। हम तुम्हें ऐसे ही दो यंत्रों को बनाने की विधियाँ बताते हैं। इनमें से एक को कार्य करने के लिए बिजली की जरूरत होती है तो दूसरा बिजली के बिना ही काम कर सकता है।

पहले बिजली से कार्य करनेवाला यंत्र—

इसे बनाने तथा कार्य कराने में कुछ सावधानियाँ बरतना बहुत आवश्यक है क्योंकि इसमें थोड़ी देर के लिए बिजली की धारा प्रवाहित होती है।

इसके लिए जिन सामानों की जरूरत होगी, वे हैं : लकड़ी के चार पटिए जिनमें एक पटिए का आकार 100 × 10 सेंटीमीटर हो और तीन पटियों का 15 × 5 सेंटीमीटर; लकड़ी का ही एक बक्स जिसका आकार 10 × 10 × 10 सेंटीमीटर हो; दो स्प्रिंग; एक घिरनी, लोहे की पत्ती 10 × 4 सेंटीमीटर आकार की, बिजली का इंसुलेटेड तार लगभग 4 मीटर, जल्दी पिघलनेवाला बिजली का फ्यूज तार, कुछ कीलें, पेंच, कुछ कब्जे, एक मजबूत रस्सी, एक रिबन तथा बरसाने के लिए फूलों की पंखुड़ियाँ।

पहले लकड़ी के बड़े पटिए के दोनों सिरों पर कीलों से एक-एक छोटा पटिया लगा दो। फिर बड़े पटिए के एक सिरे से लगभग 8 सेंटीमीटर की दूरी पर लकड़ी का तीसरा छोटा पटिया लगा दो। पर लगाने से पहले उसमें ऊपर की ओर इतना बड़ा एक छेद कर लो जिसमें से रिबन गुजारा जा सके। रिबन को पहले पटिए में बाँधकर बीच के पटिए के छेद

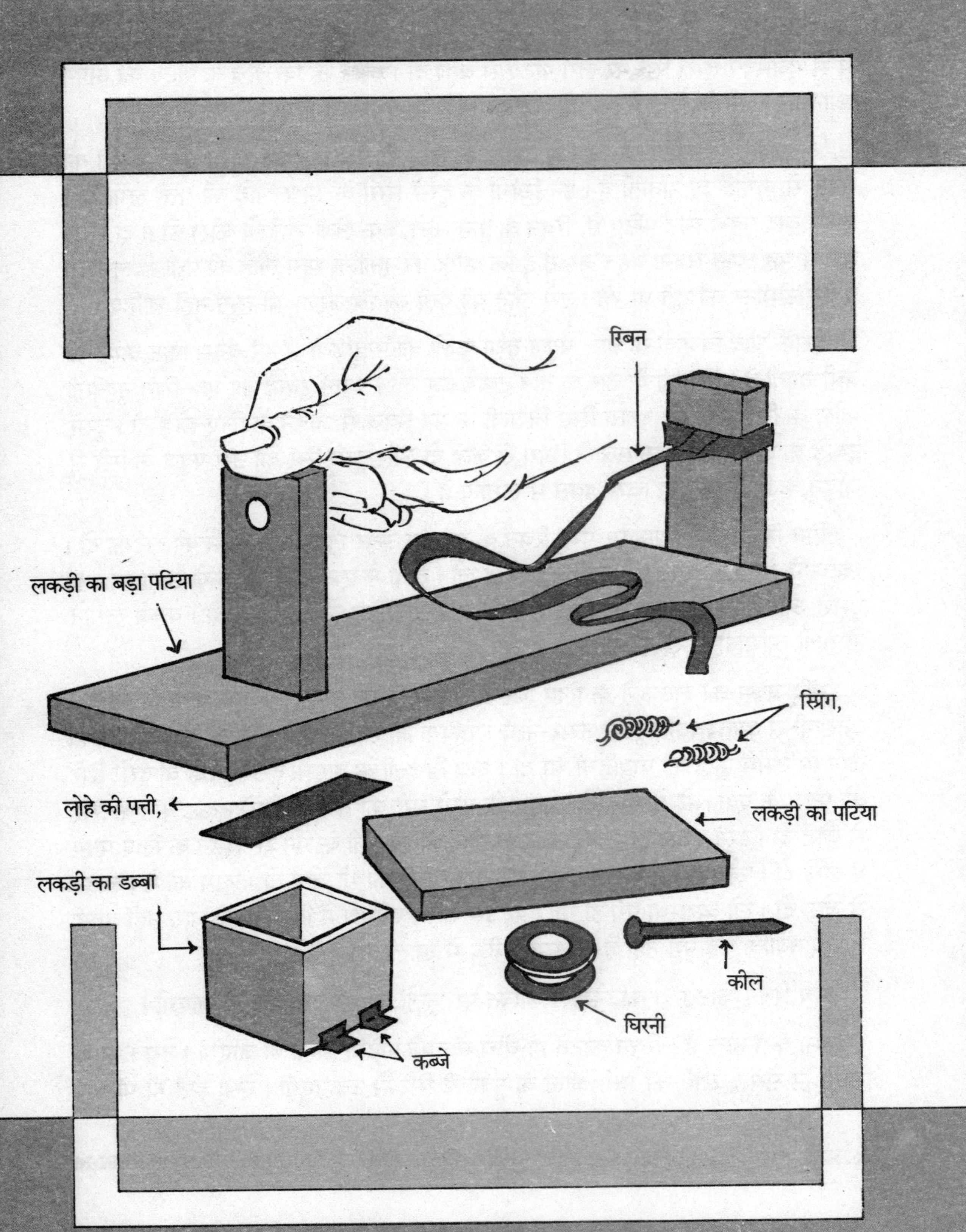
रिबन
लकड़ी का बड़ा पटिया
स्प्रिंग,
लोहे की पत्ती,
लकड़ी का पटिया
लकड़ी का डब्बा
कील
घिरनी
कब्जे

में से गुजारकर दूसरे सिरे पर लगे पटिए से बाँध दो। ध्यान रहे कि बीच के पटिए को अपने स्थान पर रखने के लिए रिबन को कसकर बाँधे रहना जरूरी होगा।

अब बीच के पटिए पर चित्र में दर्शाए अनुसार दो स्प्रिंग लगाओ। ये छोटी कीलों की मदद से लगाई जा सकती हैं। इन स्प्रिंगों के दूसरे सिरों के साथ लोहे की पत्ती लगा दो। इसके बाद पहले छोटे पटिए में, रिबन के कुछ नीचे, एक लंबी नुकीली कील ठोक दो। इस बारे में यह ध्यान रखना बहुत जरूरी है कि कील का नुकीला भाग लोहे की पत्ती से लगभग एक सेंटीमीटर की दूरी पर रहे। उसे लोहे की पत्ती को बिलकुल भी छूना नहीं चाहिए।

इसके बाद बिजली के तार, फ्यूज तथा फूलों की पंखुड़ियों से भरे बक्स फिट करने की बारी आती है। बिजली के तार के तीन टुकड़े कर लो। पहले टुकड़े का एक सिरा नुकीली कील के सिरे से बाँधो, दूसरा सिरा बिजली के मेन स्विच से जोड़ने के लिए छोड़ दो। दूसरे टुकड़े के एक सिरे को ऊपरवाले स्प्रिंग से जोड़ दो और दूसरे सिरे को उस फ्यूज के सिरे से जोड़ने के लिए छोड़ दो जिसे बक्स में लगाना है।

फिर किसी ऊँचे स्थान पर परंतु रिबन के एकदम ऊपर लकड़ी के बक्स को लटका दो। लटकाने से पहले बक्स की तली को खोल लो। तली में एक तरफ दो कब्जे लगाकर तथा दूसरी ओर शीघ्र गलनेवाला फ्यूज तार लगाकर उसे फिर से फिट कर दो। कब्जे लगाने से तली आसानी से खुल और बंद हो सकती है।

यदि बक्स को लटकाने के लिए घिरनी और रस्सी का उपयोग किया जाता है तब उसे आसानी से आवश्यकतानुसार ऊपर-नीचे सरकाया जा सकता है। बक्स की स्थिति ठीक हो जाने पर उसमें फूल की पंखुड़ियाँ भर दो। अब बिजली के तार के दूसरे टुकड़े के दूसरे सिरे को फ्यूज के एक सिरे से जोड़ दो। फ्यूज के दूसरे सिरे को तार के तीसरे टुकड़े के एक सिरे से जोड़ दो। इसी (तीसरे) टुकड़े के दूसरे सिरे को बिजली के मेन से जोड़ने के लिए प्लग में लगा दो। प्लग में तार के पहले टुकड़े के दूसरे सिरे को भी जोड़ दो। प्लग को मेन लाइन से जोड़ दो। लो व्यवस्था पूरी हो गई। पर इस समय परिपथ में बिजली की धारा नहीं बहनी चाहिए क्योंकि वह पूरा नहीं है—उसके बीच में खाली स्थान है।

अब रिबन काटते ही काटनेवाले व्यक्ति पर फूलों की एकदम वर्षा हो जाएगी।

ऐसा कैसे होता है? रिबन काटते ही बीच में लगी पटिया ढीली हो जाएगी। उसके साथ स्प्रिंगों से संबद्ध लोहे की पत्ती कील के नुकीली सिरे से टकराएगी। ऐसा होते ही परिपथ

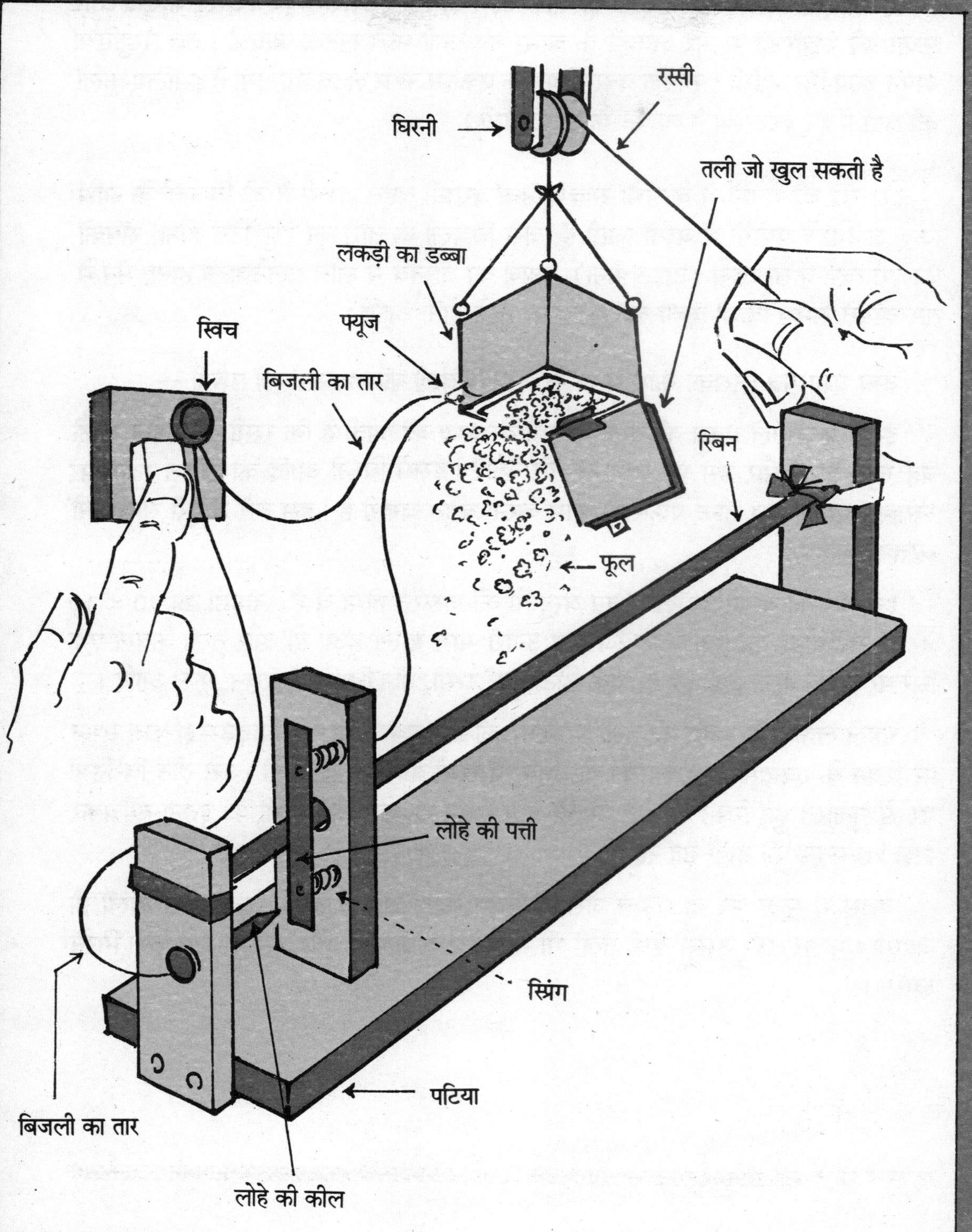

रस्सी
घिरनी
तली जो खुल सकती है
लकड़ी का डब्बा
प्यूज
स्विच
बिजली का तार
रिबन
फूल
लोहे की पत्ती
स्प्रिंग
पटिया
बिजली का तार
लोहे की कील

पूरा हो जाएगा। उसमें से बिजली की धारा बहने लगेगी। उससे फ्यूज पिघल जाएगा और फूलों की पंखुड़ियों से भरे लकड़ी के बक्स की तली नीचे लटक जाएगी। तब पंखुड़ियाँ अपने आप गिर पड़ेंगी। क्योंकि बक्स रिबन के एकदम ऊपर लटकाया गया है इसलिए फूलों की वर्षा रिबन काटनेवाले व्यक्ति के ऊपर होगी।

इस यंत्र को बनाने में वे सभी सावधानियाँ बरतनी बहुत जरूरी हैं जो बिजली के साथ किए जानेवाले प्रयोगों में बरती जाती हैं, जैसे बिजली के तारों का इंसुलेटेड होना, संपर्कों का पूरी तरह कसा रहना (टाइट होना), फ्यूज का वास्तव में शीघ्र गलनेवाला होना; मेन में तार जोड़ते समय किसी कुचालक सतह पर खड़े होना आदि।

अब ऐसा यंत्र जिसको काम करने के लिए बिजली की जरूरत नहीं पड़ती—

इसमें फूलवाले बक्स की तली में ऐसी व्यवस्था की जाती है कि रस्सी ढीले होने से ही वह खुल जाए और उस पर रखे फूल गिर जाएँ। इसमें घिरनी आदि को उचित स्थान पर लगाना और उनका ठीक प्रकार से काम करना बहुत जरूरी है। इस बारे में पूरी सावधानी बरतनी चाहिए।

इस यंत्र को बनाने के लिए जिन वस्तुओं की जरूरत होगी वे हैंः लकड़ी का 10 × 10 × 10 सेंटीमीटर का एक बक्स जिसका ऊपरी भाग खुला हुआ हो और तली केवल एक सिरे पर ही कब्जों से जुड़ी हुई हो, एक छोटा हुक, रस्सी, तीन घिरनियाँ, रिबन, फूल आदि।

पहले लकड़ी के बक्स की तली पर ऊपर की ओर हुक लगा दो। फिर उसे इच्छित स्थान पर रिबन के एकदम ऊपर लटका दो। हुक में रस्सी का सिरा बाँध दो। उसे तीन घिरनियों पर से गुजारते हुए रिबन तक ले आओ और रिबन से जोड़ दो। रस्सी को इतना खींचकर रखो कि बक्स की तली बंद रहे।

बक्स में फूल भर दो। अब जैसे ही रिबन काटा जाएगा उससे जुड़ी रस्सी ढीली हो जाएगी। फलस्वरूप उससे बँधी तली भी नीचे लटक जाएगी और उस पर रखे फूल गिरने लगेंगे।

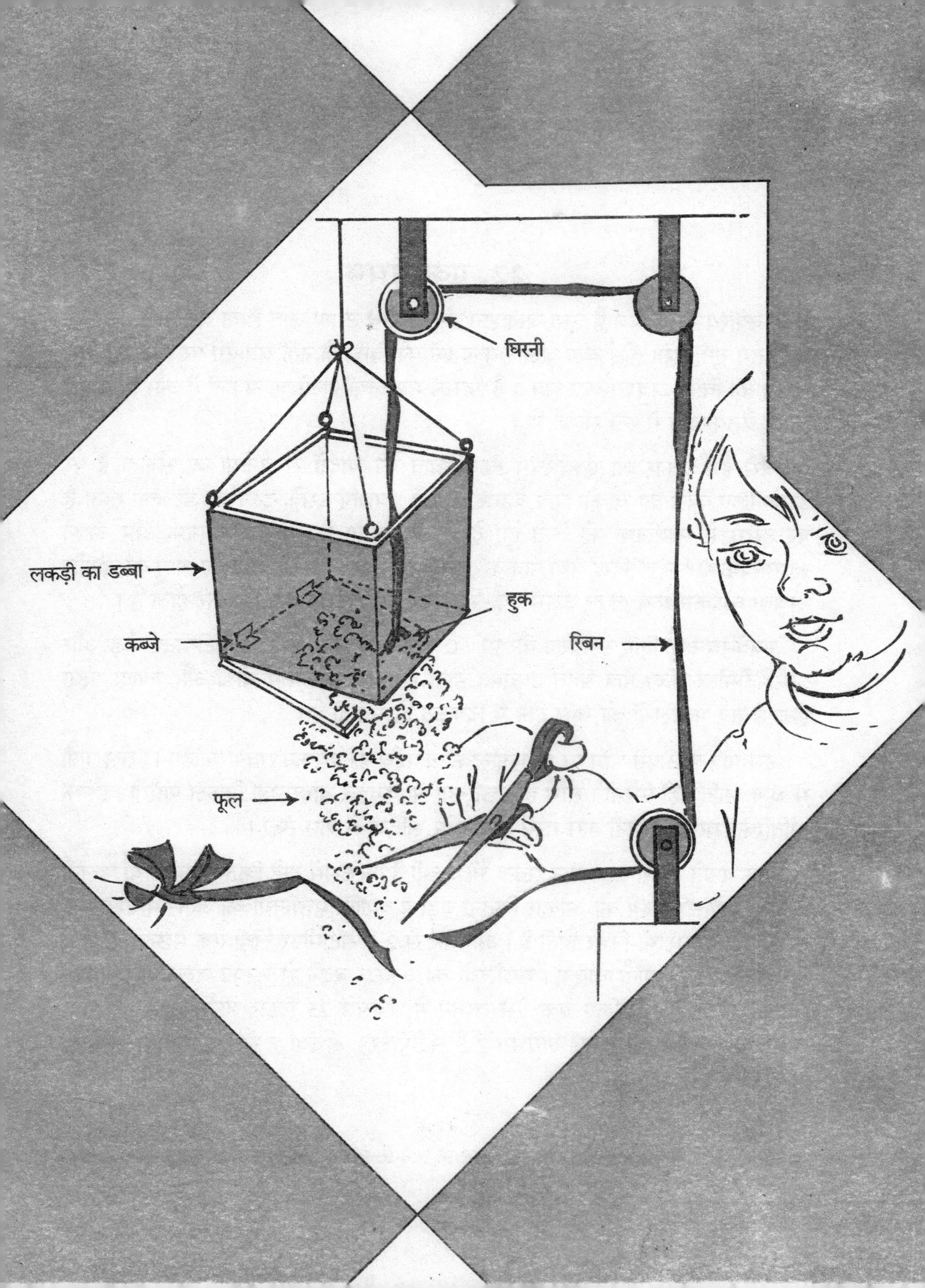
घिरनी
लकड़ी का डब्बा
हुक
कब्जे
रिबन
फूल

22. एक्वेरियम

एक्वेरियम का अर्थ है ऐसा जलाशय जिसमें पौधे उगाए जाते हैं या जंतु पाले जाते हैं। हम तुम्हें ऐसा कोई बड़ा जलाशय बनाने की विधि तो नहीं बताएँगे पर ऐसा शो पीस बनाने की विधि अवश्य बता सकते हैं जिसमें मछलियाँ पाली जा सकती हैं और जिसे तुम अपने बैठकखाने में रख सकते हो।

वैसे इस प्रकार का एक्वेरियम किसी धातु की चादरों से बनाया जा सकता है पर इसके लिए काँच का चौकोर पात्र बेहतर होता है। यद्यपि उसके टूटने का डर बना रहता है पर उसमें से मछलियों को तैरते हुए देखा जा सकता है। मछलियाँ साफ और अपने स्वाभाविक रंगों में ही दिखें तथा पात्र के टूटने का भी खतरा न रहे, इसलिए धातु का चौकोर अथवा घनाकार फ्रेम लेकर उसमें एक-सी मोटाई का काँच लगाना बेहतर होता है।

एक्वेरियम के लिए साधारण तौर पर 60 सेंटीमीटर लंबा और 30 सेंटीमीटर चौड़ा और 30 सेंटीमीटर ऊँचा पात्र बहुत उपयुक्त होता है। यदि पात्र कम चौड़ा और ज्यादा गहरा होता है तब मछलियों को साँस लेने में दिक्कत हो सकती है।

इस पात्र के ऊपरी भाग पर भी प्लास्टिक या काँच का ढक्कन रखना चाहिए। इससे पानी में धूल आदि नहीं गिरेगी। साथ ही मछलियाँ भी कूदकर बाहर नहीं निकल पाएँगी। इसके अतिरिक्त गरमी में पानी कम गरम होगा और सर्दियों में कम ठंडा।

पात्र बनाते समय यह ध्यान रखना भी जरूरी है कि उसमें तुम्हें कितनी मछलियाँ पालनी हैं और प्रत्येक मछली का आकार कितना बड़ा है क्योंकि मछलियों की जल-आवश्यकता उनके आकार पर भी निर्भर होती है। आमतौर से 2.5 सेंटीमीटर लंबी एक मछली के लिए लगभग 5 लिटर पानी चाहिए। मछलियों का आकार बढ़ने से उनकी जल-आवश्यकता भी बढ़ जाती है। इसलिए एक ऐसे बरतन में, जिसमें 25 लिटर पानी आता हो, पाँच मछलियाँ (प्रत्येक की लंबाई लगभग 2.5 सेंटीमीटर) अथवा 7 सेंटीमीटर लंबी 2 गोल्ड फिश ही रखनी चाहिए।

एक्वेरियम में तैरती हुई मछलियाँ

वैसे जब पानी में कार्बन डाइऑक्साइड गैस निकालने की व्यवस्था बेहतर होती है तब मछलियों की संख्या बढ़ाई जा सकती है। इसके लिए पानी में ताजा हवा की पूर्ति की दर बढ़ानी पड़ती है। इससे पानी ठंडा रहता है। साथ ही पूरे पानी का ताप समान बना रहता है।

इस बारे में यह जानना भी उपयोगी है कि पानी का ताप जितना कम होगा मछलियों को उतनी ही अधिक ऑक्सीजन मिलेगी और पानी में उतनी ही अधिक मछलियाँ पाली जा सकेंगी।

एक्वेरियम में पालने के लिए मोली, स्वोड टेल, स्पीयर, टेल, गोल्ड फिश, ऐंजिल फिश, प्लैटी आदि किस्मों की मछलियाँ उपयुक्त होती हैं। इन मछलियों के रंग बहुत लुभावने होते हैं। इसलिए एक्वेरियम में ये बहुत सुंदर लगती हैं।

अपने एक्वेरियम को सुंदर और आकर्षक बनाने के लिए उसकी तली में रंग-बिरंगे पत्थर, संगमरमर के टुकड़े, सीप, खिलौने आदि भी रखे जा सकते हैं।

एक्वेरियम में पौधे भी लगाए जा सकते हैं। ये पौधे मछलियों द्वारा उत्पन्न गंदगी को ग्रहण कर लेते हैं। साथ ही एक्वेरियम को और सुंदर बना देते हैं। ऐसे कुछ पौधे हैं इलोडिया बैलिसनेरिया, हेयर ग्रास, इंडियन फर्न, सलविनिया आदि।

पौधों और मछलियों को प्रकाश तो चाहिए पर बहुत अधिक नहीं। अगर कमरे में, जहाँ एक्वेरियम रखा है, बिजली आदि का प्रकाश पर्याप्त रूप में नहीं आता तब एक्वेरियम को कभी-कभी धूप में रखना जरूरी होता है।

मछलियों को बहुत अधिक भोजन हानि पहुँचाता है। उनको हर दूसरे दिन उतना ही भोजन देना चाहिए जिसे वे 15 मिनट में खा सकें। शेष खाद्य को नली की सहायता से बाहर निकाल लेना चाहिए।

23. पेरिस्कोप

तुम जानते हो कि पनडुब्बी ऐसा जल जहाज है जो इच्छानुसार पानी की सतह के नीचे भी तैर सकता है। अब ऐसी पनडुब्बियाँ बन चुकी हैं जो लगातार कई दिनों तक पानी के नीचे ही नहीं, बर्फ की बड़ी-बड़ी चट्टानों के नीचे भी, तैर सकती हैं। पनडुब्बी में पर्याप्त हवा, पानी, भोजन रहता है और उसके अंदर पानी घुस नहीं सकता। पर उसमें बैठा चालक तथा अन्य लोग पानी के ऊपर की वस्तुओं को कैसे देखते हैं और अपना मार्ग कैसे तय करते हैं?

इसके लिए पनडुब्बी में पेरिस्कोप नामक यंत्र लगा होता है। इससे पानी के ऊपर की वस्तुओं को आसानी से और साफ-साफ देखा जा सकता है।

पेरिस्कोप केवल पनडुब्बी में ही इस्तेमाल नहीं किया जाता वह अन्य अनेक स्थानों पर भी प्रयुक्त किया जाता है। वह उस अवसर के लिए भी बहुत उपयुक्त होता है जब दर्शक अपने सामने घटनेवाली घटना—खेल, जुलूस, झाँकी आदि को भी, बीच में खड़ी भीड़ के कारण अथवा दीवार आदि जैसी किसी रुकावट के कारण, ठीक से नहीं देख पाता।

पेरिस्कोप से तुम घर के अंदर बैठकर सड़क का दृश्य भी आसानी से देख सकते हो।

इसको बनाने के लिए जिन वस्तुओं की जरूरत होती है वे हैं : एक गत्ता जो 40 सेंटीमीटर लंबा और 25 सेंटीमीटर चौड़ा हो, 5 × 5 सेंटीमीटर आकार के दो समतल दर्पण, स्केल, कैंची, गोंद आदि।

पहले गत्ते को चौड़ाई के बल रखो। उस पर 5-5 सेंटीमीटर की दूरी पर खड़ी समानांतर रेखाएँ खींचो। तुम पाओगे कि तुम्हें केवल चार रेखाएँ ही खींचनी होंगी। अब गत्ते पर दोनों सिरों से 5-5 सेंटीमीटर की दूरी पर आड़ी रेखाएँ खींचो। ये खड़ी रेखाओं को काटेंगी।

चित्र में दिखाए गए 'क' और 'ख' हिस्सों को काट लो।

फिर गत्ते को चारों खड़ी रेखाओं पर से मोड़ो। ऐसा हो सकता है कि पहली बार मोड़ने

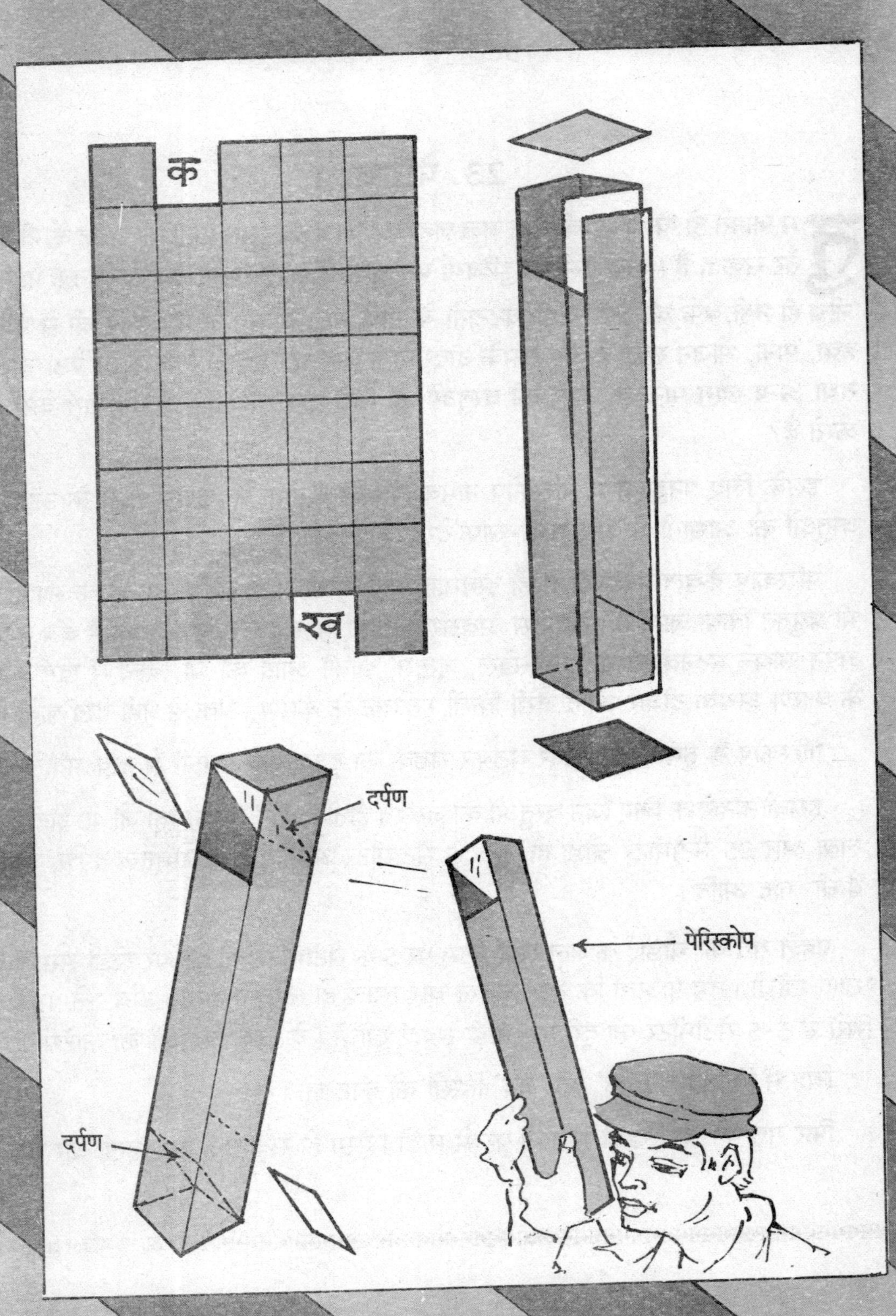
क
ख
दर्पण
पेरिस्कोप
दर्पण

पर गत्ता ठीक तरीके से नहीं मुड़े। इसलिए इन रेखाओं पर कई बार पेंसिल फेरो अथवा कैंची की नोक को हलके से फेरो। कैंची की नोक का उपयोग करते समय यह सावधानी बरतो कि गत्ता कट नहीं जाए। अगर गत्ते को ठीक प्रकार से मोड़ा गया है तो उससे अपने आप एक आयताकार डब्बा बन जाएगा, जिसके हर पहलू की चौड़ाई 5 सेंटीमीटर होगी।

गत्ते की पहली और अंतिम सतहों को गोंद की मदद से आपस में जोड़ देने पर डब्बा खुलेगा नहीं। 'क' और 'ख' स्थानों से 5 × 5 सेंटीमीटर के टुकड़े काटे गए हैं। इससे डब्बे के ऊपरी और निचले सिरों पर इतने ही बड़े छेद हो जाएँगे। इन छेदों में से दोनों सिरों पर एक-एक समतल दर्पण लगा दो। दर्पण लगाते समय यह ध्यान रखना जरूरी है कि उनकी चमकीली (परावर्तक) सतह एक-दूसरे के आमने-सामने हो और वे गत्ते के आधार पर सतह से 45° का कोण बनाएँ। इन दोनों कार्यों पर पूरा ध्यान रखना बहुत जरूरी है। अगर इनमें से कोई भी कार्य ठीक प्रकार से नहीं किया गया है तो पेरिस्कोप काम नहीं करेगा। दर्पणों को ठीक स्थानों पर लगाकर उन्हें गोंद या चिपकानेवाले टेप की सहायता से चिपका दो।

अब क और ख स्थानों से काटे गए टुकड़ों से ऊपर और नीचे के खुले भागों को बंद कर दो। लो बन गया पेरिस्कोप।

इसमें किसी बाहरी वस्तु से आनेवाली प्रकाश की किरणें ऊपरी समतल दर्पण से टकराती हैं। परावर्तन के नियमों के अनुसार उससे परावर्तित होकर वे निचले दर्पण की ओर आती हैं और उससे परावर्तित होकर दर्शक की आँख तक पहुँचती हैं। इस प्रकार निचले दर्पण से बाहरी वस्तु का स्पष्ट प्रतिबिंब दिख जाता है।

कभी-कभी इस मॉडल में कुछ संशोधन कर लिया जाता है। इसके ऊपरी सिरे पर एक ऐसा ही डब्बा, समकोण पर, जोड़ लिया जाता है। उस डब्बे के दूसरे सिरे पर उसके आधार से 45° का कोण बनाता हुआ एक समतल दर्पण लगा होता है। इस दर्पण से टकरानेवाली प्रकाश किरणें परावर्तित होकर ऊपरी दर्पण से टकराती हैं और उससे परावर्तित होकर निचले दर्पण तक आती हैं। इस दर्पण में बननेवाले प्रतिबिंब को दर्शक देखता है।

24. विद्युतदर्शी

स्थिर विद्युत (स्टेटिक इलेक्ट्रिसिटी) संबंधी प्रयोग करते समय तुम विद्युतदर्शी (इलेक्ट्रोस्कोप) का उपयोग करते हो। उसकी मदद से तुम्हें यह मालूम हो जाता है कि किसी वस्तु पर विद्युत आवेश है अथवा नहीं। तुम जानते हो कि किसी आवेशित वस्तु को विद्युतदर्शी की ऊपरी घुंडी के पास लाने से पत्तियाँ फैल जाती हैं।

तुम्हें यह भी मालूम है कि विद्युतदर्शी की मदद से तुम आवेशित वस्तु के आवेश की किस्म भी ज्ञात कर सकते हो—यह जान सकते हो कि वस्तु पर धन आवेश है अथवा ऋण आवेश।

विद्युतदर्शी बनाने के लिए तुम्हें जो वस्तुएँ चाहिए, वे हैं : काँच की चौड़े मुँह की एक बोतल (दिल्ली दुग्ध योजना की पुरानी बोतल इस्तेमाल की जा सकती है), लगभग 12 सेंटीमीटर लंबी लोहे की एक पतली छड़ जिसका एक सिरा गोल हो, एलूमीनियम की एक पत्ती 2 × 0.5 × 0.25 सेंटीमीटर आकार की, एक कार्क जो बोतल के मुँह में सटीक आ सके और प्लास्टिक टेप।

सबसे पहले लोहे की छड़ के दूसरे सिरे को (जो गोल नहीं है) हथौड़े से पीटकर इतना पतला कर लो कि उसकी मोटाई 0.25 सेंटीमीटर हो जाए। इस पतले भाग की लंबाई को काटकर 2 सेंटीमीटर कर लो।

अब कार्क के बीच में इतना चौड़ा छेद कर लो जिसमें से लोहे की छड़ फँसकर ही गुजर सके। यदि छेद अधिक चौड़ा होगा तो छड़ कार्क में से नीचे गिर जाएगी।

सही प्रकार का विद्युतदर्शी बनाने के लिए यह जरूरी है कि कार्क के छेद में से निकालने पर छड़ फँसकर किसी भी स्थिति में स्थिर रह सके—नीचे नहीं गिरे।

फिर छड़ के पतले सिरे पर प्लास्टिक टेप के साथ एलूमीनियम की पत्ती के ऊपरी सिरे को चिपका दो। यह ध्यान रहे कि पत्ती का निचला सिरा मुक्त रहे।

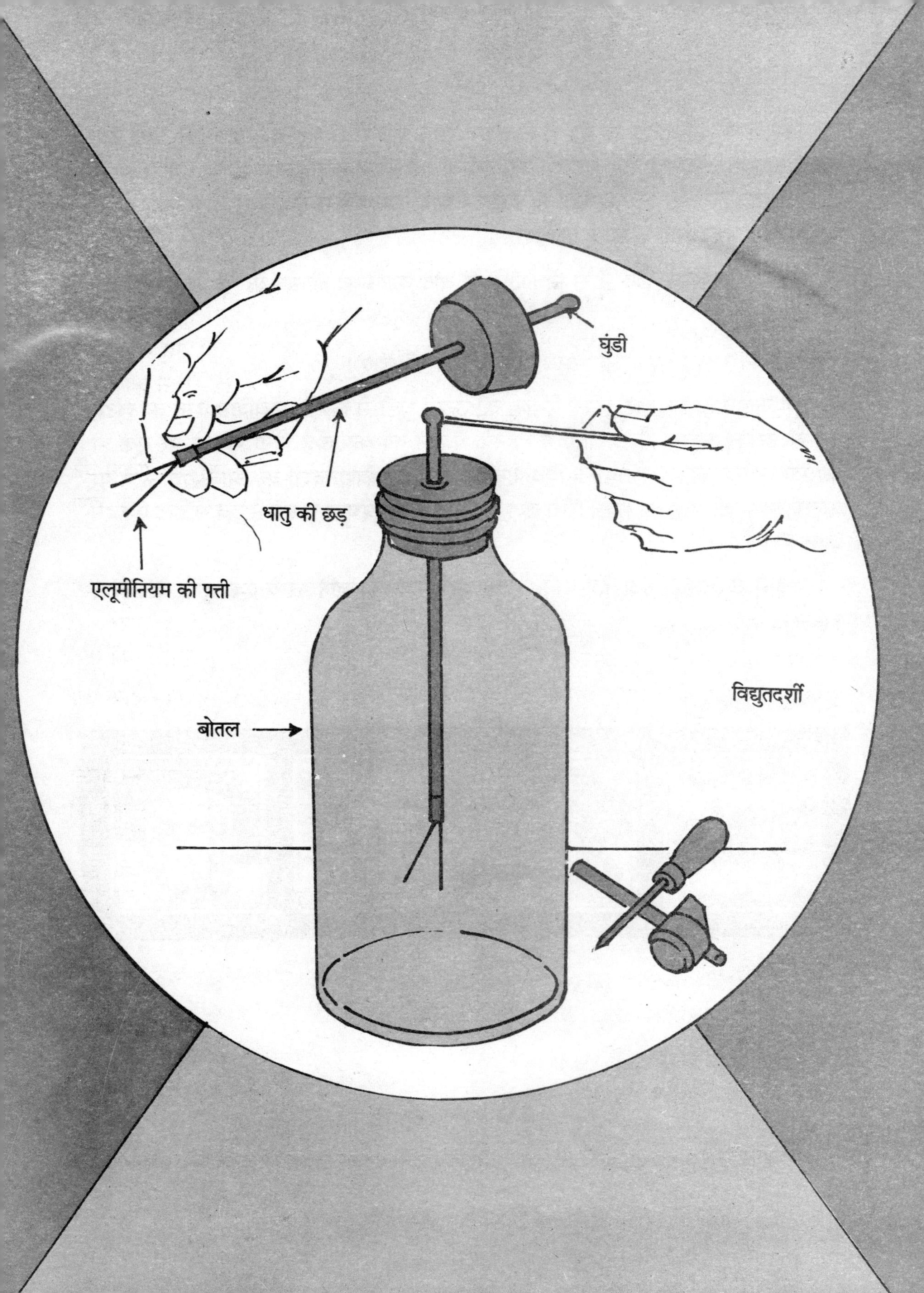
घुंडी
धातु की छड़
एलूमीनियम की पत्ती
विद्युतदर्शी
बोतल

अब कार्क को बोतल के मुँह में लगाकर उसके छेद में से छड़ को, पतले सिरे की ओर से, बोतल के अंदर डालो। छड़ को उस समय तक अंदर डालते जाओ जब तक कार्क के ऊपर उसका लगभग 3 सेंटीमीटर भाग ही रह जाए। इस प्रकार छड़ का पतला सिरा बोतल के लगभग मध्य भाग तक चला जाएगा।

छड़ को कार्क के छेद में से निकालने के बाद कार्क को बोतल के मुँह में लगाया जा सकता है।

लो, बन गया विद्युतदर्शी। अब इसकी जाँच की जाए।

तुम जानते हो कि विद्युतदर्शी में छड़ की ऊपरी घुंडी से किसी आवेशित वस्तु को छुआ देने से उसकी पत्तियाँ फैल जाती हैं। इनके फैलने का कारण है दोनों पत्तियों पर एक ही आवेश के फलस्वरूप होनेवाला विकर्षण। यदि तुम्हारे विद्युतदर्शी को आवेशित करने पर एलूमीनियम की पत्ती का मुक्त सिरा छड़ से दूर जाने का प्रयास करता है तब मॉडल एकदम ठीक बना है।

पत्तियों से आवेश हटा दिए जाने, उनके आवेशहीन हो जाने पर वे एक-दूसरे के निकट आ जाती हैं।

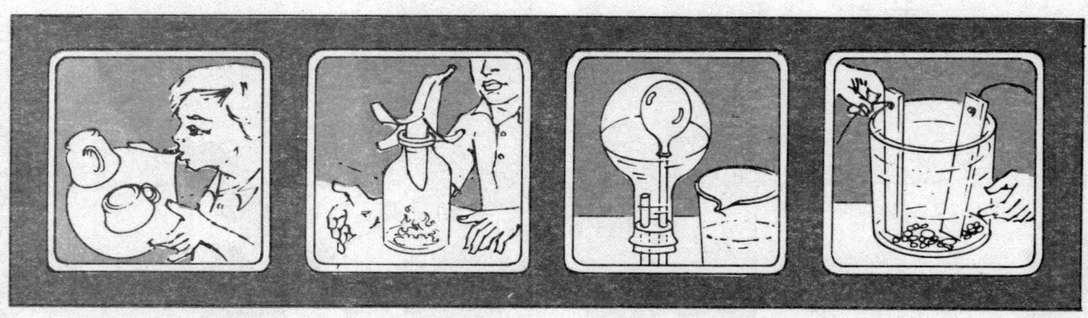

25. गुड़िया का झूला

बिजली से चलनेवाले एक झूले (झूलनेवाली कुंडलियों) के बारे में तुम पढ़ चुके हो। वह झूला गुड़िया या खिलौने के झूलने के लिए था। ऐसा ही एक और झूला बनाने के बारे में तुम्हें बता दें। इसको चलाने के लिए बिजली की जरूरत नहीं होती। साथ ही यह 'सी-सॉ' झूले के समान झूलता है। तुम जानते हो कि सी-सॉ झूले में लकड़ी की एक लंबी पटिया, आड़े रूप में, एक धुरी पर कसी रहती है। इस पटिया के दोनों सिरों पर एक-एक बच्चा बैठता है। ये बच्चे एक-दूसरे को संतुलित करने का प्रयत्न करते हैं।

खिलौने को झुलानेवाले सी-सॉ झूले को बनाने के लिए तुम्हें चाहिए : एक लंबी मोमबत्ती, एक लंबी और मजबूत सूई, लकड़ी के दो आयताकार टुकड़े और दो छोटी कटोरियाँ। लकड़ी के टुकड़े अगर छोटे (6 × 6 × 6 सेंटीमीटर जैसे छोटे) हों तो बेहतर होगा।

सबसे पहले मोमबत्ती के निचले सिरे—उस सिरे को, जिस पर से धागा बाहर नहीं निकला रहता है—थोड़ा-सा काट लो और उसमें से लगभग उतना ही लंबा धागा निकाल लो जितना ऊपरी सिरे पर है। ऊपरी और निचले—दोनों सिरों पर काफी लंबे धागे निकले रहें तो बेहतर होगा। अब आड़ी मोमबत्ती के बिलकुल मध्य में से सूई आर-पार निकाल लो। मोमबत्ती के दोनों ओर सूई की लंबाई बराबर रहे। इस बारे में यह सावधानी बरतनी जरूरी है कि सूई मोमबत्ती की मोटाई में से बीचों-बीच में से जाए। फिर सूई के सिरों को लकड़ी के टुकड़ों पर टिका दो।

सूई को लकड़ी के टुकड़ों पर टिकाने के बाद मोमबत्ती का धरती के समानांतर रहना बहुत जरूरी है। अगर टुकड़े एकदम बराबर आकार के हैं तब ऐसा अपने आप हो जाएगा। अन्यथा उनमें से किसी के नीचे कागज लगाना पड़ेगा।

इसके बाद मोमबत्ती के दोनों सिरों के एकदम नीचे एक-एक कटोरी रख दो और दोनों सिरों को जला दो। जलाने के बाद मोमबत्ती खुद ही हिलने लगेगी। एक बार उसका एक

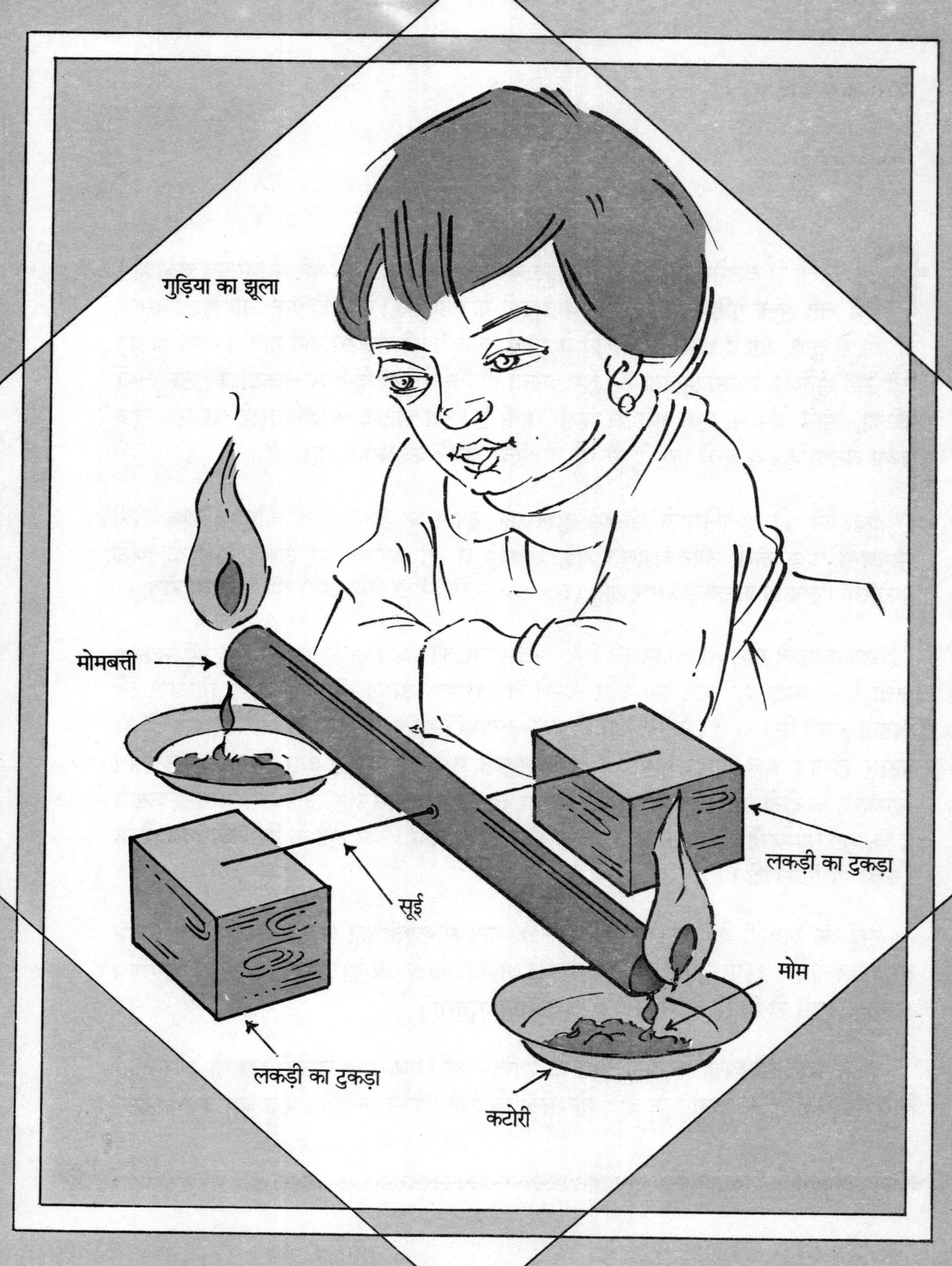
गुड़िया का झूला
मोमबत्ती
लकड़ी का टुकड़ा
सूई
मोम
लकड़ी का टुकड़ा
कटोरी

सिरा नीचे जाएगा और दूसरा सिरा ऊपर उठेगा। जब दूसरा सिरा ऊपर जाएगा तब पहला सिरा नीचे की ओर जाएगा। जब तक मोमबत्ती के जलने से मोम टपकता रहेगा यह क्रम चलता रहेगा।

अगर तुम चाहो तो मोमबत्ती के दोनों सिरों के पास, पर जलती हुई बत्तियों से दूर, बहुत हलकी, छोटी गुड़ियाँ रख सकते हो।

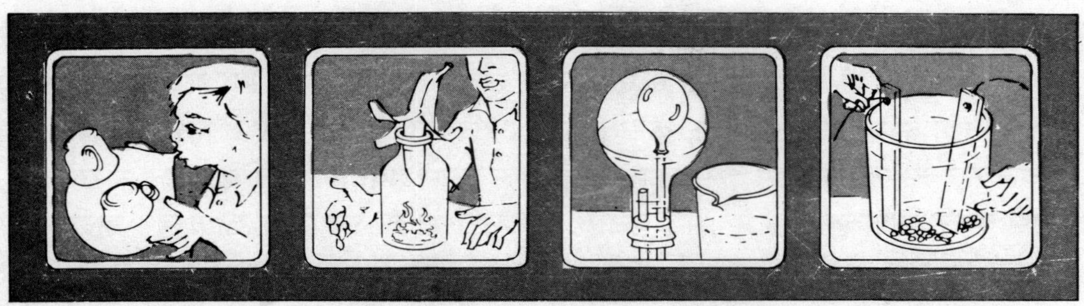

26. बैरोमीटर

तुम जानते हो कि बैरोमीटर एक ऐसा यंत्र है जिससे वायु का दाब मापा जाता है। बैरोमीटर कई प्रकार के होते हैं जैसे एनरायड बैरोमीटर, फार्टिन बैरोमीटर, टारिसली बैरोमीटर आदि। कक्षा में तुम्हारे शिक्षक ने तुम्हें टारिसली बैरोमीटर बनाकर बताया भी होगा।

तुम जानते हो कि इसके लिए एक मीटर लंबी, एक सिरे पर बंद, मजबूत, काँच की नली तथा काफी मात्रा में पारा, कटोरी, स्टैंड आदि की जरूरत होती है। काँच की नली में बिलकुल ऊपर तक पारा इस प्रकार भरकर कि उसमें हवा का कोई बुलबुला न रह जाए, उसे सावधानीपूर्वक पारे से भरी कटोरी में उलटा खड़ा कर दिया जाता है। नली में से थोड़ा-सा पारा ही नीचे गिरता है बाकी भरा ही रह जाता है। तुम्हें मालूम है कि नली में पारे के स्तंभ की ऊँचाई वायुमंडल के दाब के बराबर होती है। वास्तव में वायु का दाब ही नली में पारे के स्तंभ को थामे (संतुलित) रखता है।

हम तुम्हें उपर्युक्त बैरोमीटर को बनाने की विस्तृत विधि नहीं बताएँगे क्योंकि वह मोटे रूप से तुम्हें मालूम ही है। साथ ही उसके बनाने के लिए पारे की जरूरत होती है और पारा काफी महँगी वस्तु है। इसलिए हम तुम्हें एक ऐसा बैरोमीटर बनाना बताएँगे जिसके लिए काफी सस्ती और आसानी से उपलब्ध वस्तुओं की ही जरूरत होती है और जिसे बनाया भी बहुत सरलता से जा सकता है।

इसको बनाने के लिए तुम्हें चाहिए चौड़े मुँहवाली काँच की एक बोतल, रबर का एक टुकड़ा जो साइकिल की पुरानी पर मजबूत ट्यूब में से काटा जा सकता है, एक स्ट्रा, एक मोटी सूई, थोड़ी-सी लेई (या सैलोटेप) और लकड़ी का एक स्टैंड (जैसाकि चित्र में दिखाया गया है)।

खाली बोतल के मुँह पर रबर के टुकड़े को मजबूती से बाँध दो। इसके लिए रबर बैंड का इस्तेमाल भी किया जा सकता है। यह ध्यान रहे कि रबर का टुकड़ा मजबूती से तो बँधा हो पर वह खिंचा हुआ न हो।

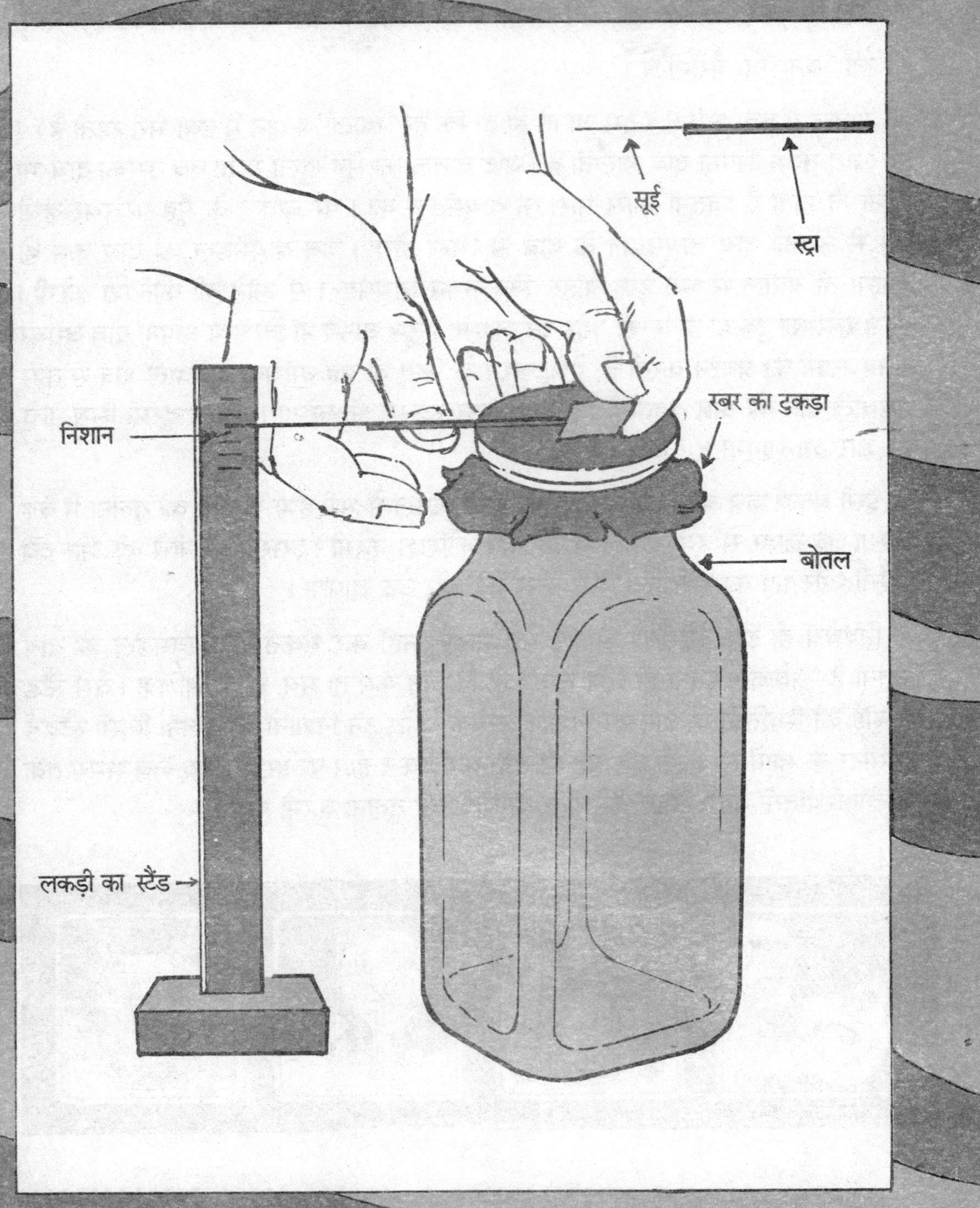
सूई
स्ट्रा
रबर का टुकड़ा
निशान
बोतल
लकड़ी का स्टैंड

अब लेई अथवा सैलोटेप की मदद से स्ट्रा के एक सिरे को रबर के टुकड़े से चिपका दो। स्ट्रा के दूसरे सिरे पर सूई को चिपका दो और सिरे के पास लकड़ी का स्टैंड रख दो।

लो बन गया बैरोमीटर।

बोतल में हवा भरी है (तुम जानते ही हो कि हर 'खाली' स्थान में हवा भरी रहती है)। वह चारों तरफ अपना दाब डालती है। यदि बोतल का मुँह खुला रहता तब उसका दाब भी उतना ही होता है जितना आस-पास के वायुमंडल का। पर बोतल के मुँह पर रबर बँधी होने से उसका दाब वायुमंडल के दाब से भिन्न होगा। जब वायुमंडल का दाब कम हो जाएगा तो बोतल में भरी हवा बाहर निकलकर वायुमंडल में आने की कोशिश करेगी। इससे रबर का टुकड़ा ऊपर की ओर उठ जाएगा। तुम जानते हो कि हवा अपना दाब बराबर बनाए रखने का प्रयत्न करती है, ऐसा करने के लिए ही वह अधिक दाबवाले क्षेत्र से कम दाबवाले क्षेत्र की ओर बहती है। इसका असर स्ट्रा पर भी पड़ेगा। उसका दूसरा सिरा नीचे की ओर आ जाएगा।

इसी प्रकार जब बाहरी वायुमंडल का दाब बोतल में भरी हवा के दाब की तुलना में बढ़ जाएगा तब बाहर से हवा बोतल में जाने की कोशिश करेगी। इससे रबर नीचे की ओर दब जाएगी और स्ट्रा का सूईवाला सिरा ऊपर की ओर उठ जाएगा।

निश्चय ही इस बैरोमीटर से तुम यह मालूम नहीं कर सकते कि वायुमंडल का दाब कितना है—केवल इतना ही जान सकते हो कि वह कम हो गया है या अधिक। वैसे स्टैंड पर सूई की स्थितियों के अनुसार निशान लगाकर और उन निशानों की तुलना किसी स्टैंडर्ड बैरोमीटर के मापों से करके तुम यह भी ज्ञात कर सकते हो। पर इसके लिए लंबे समय तक सूई की स्थितियों और स्टैंडर्ड बैरोमीटर के मापों की तुलना करनी पड़ेगी।

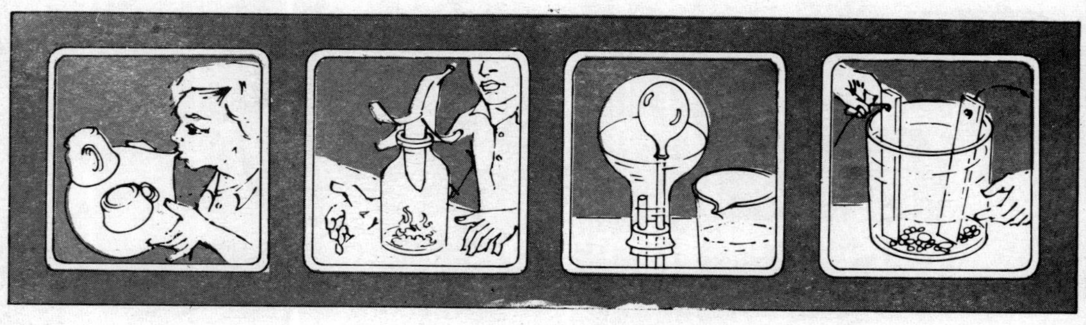

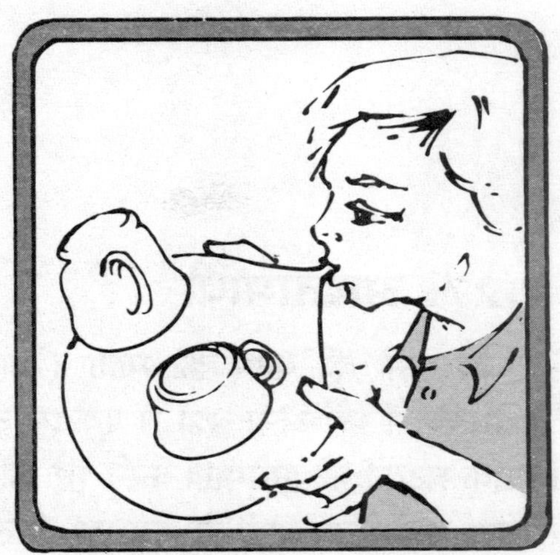

27. आर्द्रतामापी

आर्द्रतामापी वायु में मौजूद पानी की वाष्प की मात्रा (आर्द्रता अथवा नमी) दर्शानेवाला यंत्र है। वास्तव में यह अन्य यंत्रों से एकदम अलग होता है। इसे बनाने की जरूरत नहीं होती। इसके घटकों को इस्तेमाल करने भर की जरूरत होती है। ये घटक हैं—दो साधारण सैल्सियस थर्मामीटर, पानी से भरा एक गिलास और कपड़े का छोटा-सा टुकड़ा। कपड़े के टुकड़े के स्थान पर लालटेन या स्प्रिट लैंप अथवा स्टोव की बत्ती भी इस्तेमाल की जा सकती है। थर्मामीटरों के साथ एक स्टैंड भी रहे, जिसमें दोनों थर्मामीटरों को लगाया जा सके, तो बेहतर होगा।

पहले एक थर्मामीटर के बल्ब पर बत्ती का एक सिरा लपेट दो। बत्ती का दूसरा सिरा पानी भरे गिलास में डुबो दो। पानी बत्ती को गीला कर देगा और वह केशाकर्षण बल के फलस्वरूप दूसरे सिरे तक पहुँच जाएगा। इस प्रकार बल्ब के इर्द-गिर्द लिपटा सिरा गीला हो जाएगा। ऐसा उस समय तक होता रहेगा जब तक दूसरा सिरा पानी में डूबा रहेगा।

थोड़ी देर बाद दोनों थर्मामीटरों के माप ले लो। निश्चय ही दोनों थर्मामीटरों के मापों में अंतर होगा। उस थर्मामीटरों का माप, जिसके बल्ब पर कपड़ा नहीं लिपटा है अधिक होगा। दोनों के मापों का अंतर वायु में नमी की मात्रा का द्योतक है। अंतर जितना कम होगा वायु में जलवाष्प उतनी ही अधिक मात्रा में मौजूद होगी, अंतर जितना अधिक होगा वायु उतनी ही सूखी होगी उसमें नमी की मात्रा उतनी ही कम होगी। अगर उस समय वर्षा हो रही होगी तब अंतर बहुत कम होगा।

दोनों थर्मामीटरों के तापों में अंतर क्यों होता है? थर्मामीटर के बल्ब के इर्द-गिर्द लिपटी हुई बत्ती में से पानी निरंतर वाष्प बनता रहता है और इसके लिए वह अपने आसपास की वस्तुओं से, जिसमें थर्मामीटर का बल्ब भी शामिल है, ऊष्मा ग्रहण करता रहता है। इसलिए बल्ब अपेक्षाकृत अधिक ठंडा हो जाता है और थर्मामीटर का ताप गिर जाता है।

उस समय पानी अधिक तेजी से वाष्प में बदलता है जब हवा अपेक्षाकृत अधिक सूखी होती है—उसमें जलवाष्प की कमी होती है।

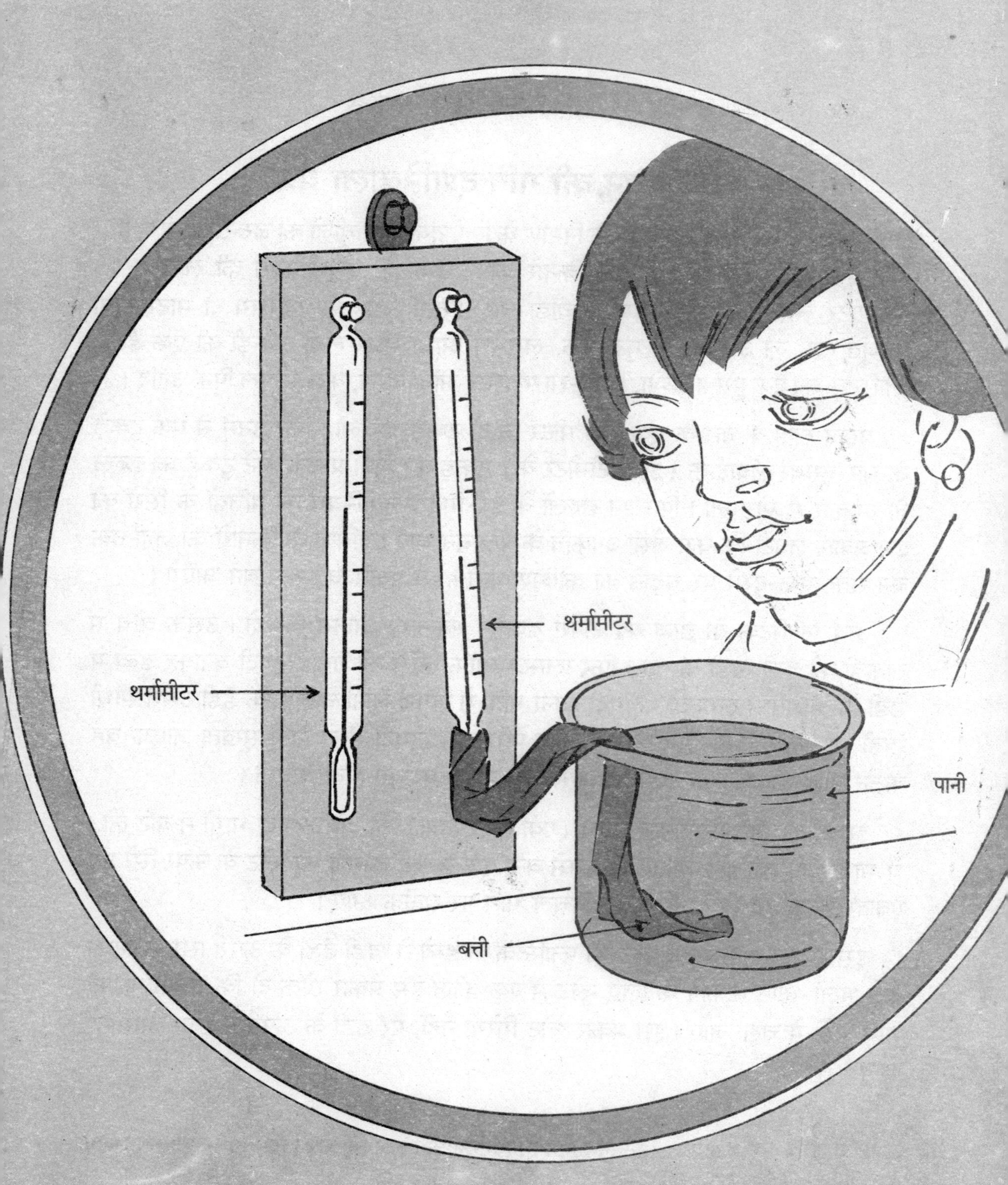
थर्मामीटर
थर्मामीटर
पानी
बत्ती

28. पवन की गति दर्शानेवाला यंत्र

पवन की गति दर्शानेवाले यंत्र के निर्माण के लिए तुम्हें जिन चीजों की जरूरत होगी वे हैं : एक मोटी पेपर प्लेट जिसके किनारे काफी ऊँचे हों, एलूमीनियम की लगभग 15 सेंटीमीटर लंबी और 15 सेंटीमीटर चौड़ी चार पत्तियाँ, लोहे का लगभग दो मीटर लंबा मजबूत तार जो आसानी से मुड़ सके, लगभग आधा मीटर लंबी लकड़ी की एक डंडी, प्लास्टिक का एक पुराना डब्बा, थोड़ा-सा प्लास्टर ऑफ पेरिस, कुछ स्टेपल पिन आदि।

पहले लोहे के तार के एक-एक मीटर के दो टुकड़े कर लो। फिर उनमें से एक टुकड़े के चार बराबर लंबाई के (25 सेंटीमीटर के) टुकड़े कर लो। प्रत्येक छोटे टुकड़े को छल्ले के आकार में मोड़ लो। फिर इन छल्लों के इर्द-गिर्द एलूमीनियम की पत्तियों के सिरों को इस प्रकार लपेटो कि कप जैसी आकृति के पात्र बन जाएँ। पत्तियों के किनारों को जहाँ तक बन सके, एक-दूसरे पर चढ़ाने की कोशिश करो। इस प्रकार चार कप बन जाएँगे।

अब प्लास्टिक के डब्बे का ऊपरी ढक्कन खोलकर अलग कर दो। उसके बीच में लकड़ी की डंडी खड़ी कर दो। फिर प्लास्टर ऑफ पेरिस की गाढ़ी लुगदी बनाकर डब्बे में डंडी के आसपास लगा दो। लुगदी इतनी मात्रा में लगाई जानी चाहिए कि डंडी उसमें सीधी खड़ी रह सके। जैसे-जैसे प्लास्टर ऑफ पेरिस की लुगदी में से पानी सूखता जाएगा वह कठोर होती जाएगी और डंडी पर लुगदी की पकड़ मजबूत होती जाएगी।

इसके बाद तार का दूसरा टुकड़ा (एक मीटर लंबा) लो और उसे दो भागों में बाँट लो। ये भाग इतने बड़े होने चाहिए कि इनसे बना एक छल्ला कागज की प्लेट के ऊपर सिरे पर एकदम ठीक आ जाए और दूसरा निचले भाग पर सटीक आए।

इसके बाद कागज की प्लेट को प्लास्टिक के डब्बे में खड़ी डंडी के ऊपरी सिरे पर टिका दो। भली-भाँति टिकाने के लिए प्लेट में एक कील इस प्रकार ठोक दो कि उसका काफी भाग डंडी में चला जाए। इस प्रकार प्लेट गिरेगी नहीं, पर डंडी के ऊपरी सिरे पर आसानी से घूम सकेगी।

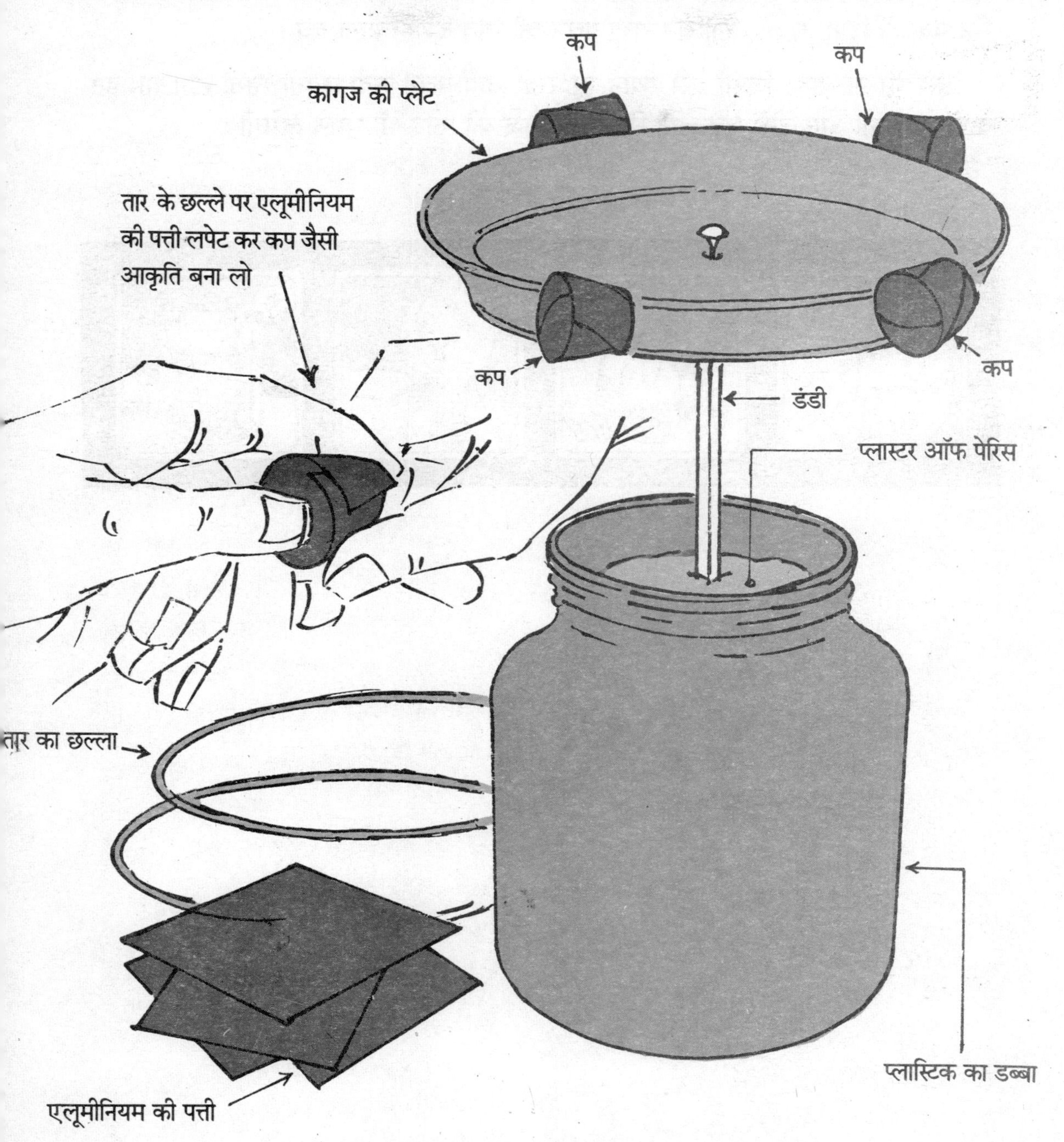
कप
कप
कागज की प्लेट
तार के छल्ले पर एलूमीनियम
की पत्ती लपेट कर कप जैसी
आकृति बना लो
कप
कप
डंडी
प्लास्टर ऑफ पेरिस
तार का छल्ला
प्लास्टिक का डब्बा
एलूमीनियम की पत्ती

फिर प्लेट के किनारों पर, बाहर की ओर, एक-दूसरे से समान दूरी पर एलूमीनियम की पत्तियों से बने चारों कप स्टेपल कर दो। कपों को स्टेपल करते समय ध्यान रखो कि उनके मुँह एक ही दिशा में हों। लो बन गया पवन की गति दर्शानेवाला यंत्र।

इसे घर से बाहर किसी ऐसे स्थान पर रखो जहाँ पवन सदा बहती रहती हो। वह इन कपों में भरेगी और उन्हें धकेलेगी जिससे कागज की प्लेट भी घूमने लगेगी।

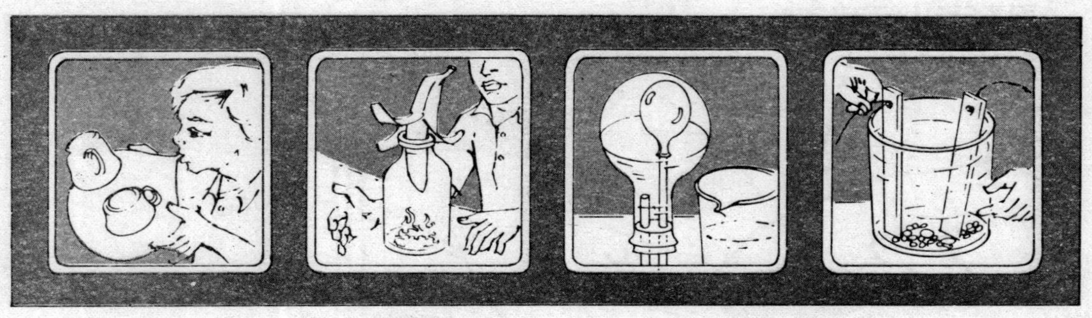

29. टेलीग्राफ सैट

जब तुम्हें अपने किसी मित्र या संबंधी को, जो किसी दूर के शहर में रह रहा हो, कोई सूचना जल्दी भेजनी होती है, तब तुम उससे टेलीफोन पर बात करते हो अथवा उसे तार देते हो। यद्यपि पिछले कुछ वर्षों में टेलीफोन सुविधाओं में बहुत प्रगति हुई पर अब भी ऐसे अनेक शहर हैं, जिनके बीच यह सुविधा उपलब्ध नहीं है। पर जहाँ तक तार देने का संबंध है तुम अपने देश के अथवा अन्य देशों के भी किसी शहर को भिजवा सकते हो।

जब तुम अपना संदेश तारघर ले जाते हो तब वहाँ क्या होता है? उस संदेश को मोर्स कोड के संकेतों की मदद से वांछित स्थान को भेज दिया जाता है। वहाँ उन संकेतों को सुननेवाला व्यक्ति इन्हें पुनः 'भाषा' प्रदान करता है और इस प्रकार तुम्हारा संदेश वांछित स्थान पर पहुँच जाता है।

मोर्स कोड से संदेश भेजने के लिए एक विशेष यंत्र इस्तेमाल करना पड़ता है। इससे दो ध्वनियाँ निकलती हैं—एक लघु और दूसरी दीर्घ। लघु ध्वनि 'डाट' को दर्शाती है और दीर्घ 'डैश' को। इन ध्वनियों के विभिन्न संयोजनों से ही अलग-अलग अक्षर, संख्याएँ और अर्द्ध विराम, पूर्ण विराम जैसे चिह्न बनते हैं।

हम तुम्हें मोर्स कोड से संदेश भेजनेवाला परिष्कृत यंत्र बनाना तो नहीं बता सकते पर ऐसे यंत्र की निर्माण विधि बता सकते हैं जिससे तुम कोशिश करके लघु और दीर्घ ध्वनियाँ उत्पन्न कर सकते हो।

इस प्रकार के टेलीग्राफ सैट बनाने के लिए तुम्हें एक विद्युतचुंबक, लकड़ी का लगभग 15 × 10 × 2.5 सेंटीमीटर बड़ा एक पटिया, एक सूखा सैल, 10 × 2 सेंटीमीटर की धातु की दो पत्तियाँ, लगभग 2 मीटर लंबा बिजली का तार, कुछ कीलें आदि चाहिए। इस काम के लिए 'यू' आकार की नहीं वरन् दंड के आकार की विद्युतचुंबक लेना बेहतर होता है।

पहले लकड़ी के पटिए में, एक किनारे के पास एक छेद करके उसमें विद्युतचुंबक लगा दो। यह छेद एक किनारे से लगभग 3 सेंटीमीटर और कोने से भी लगभग उतनी ही दूर हो

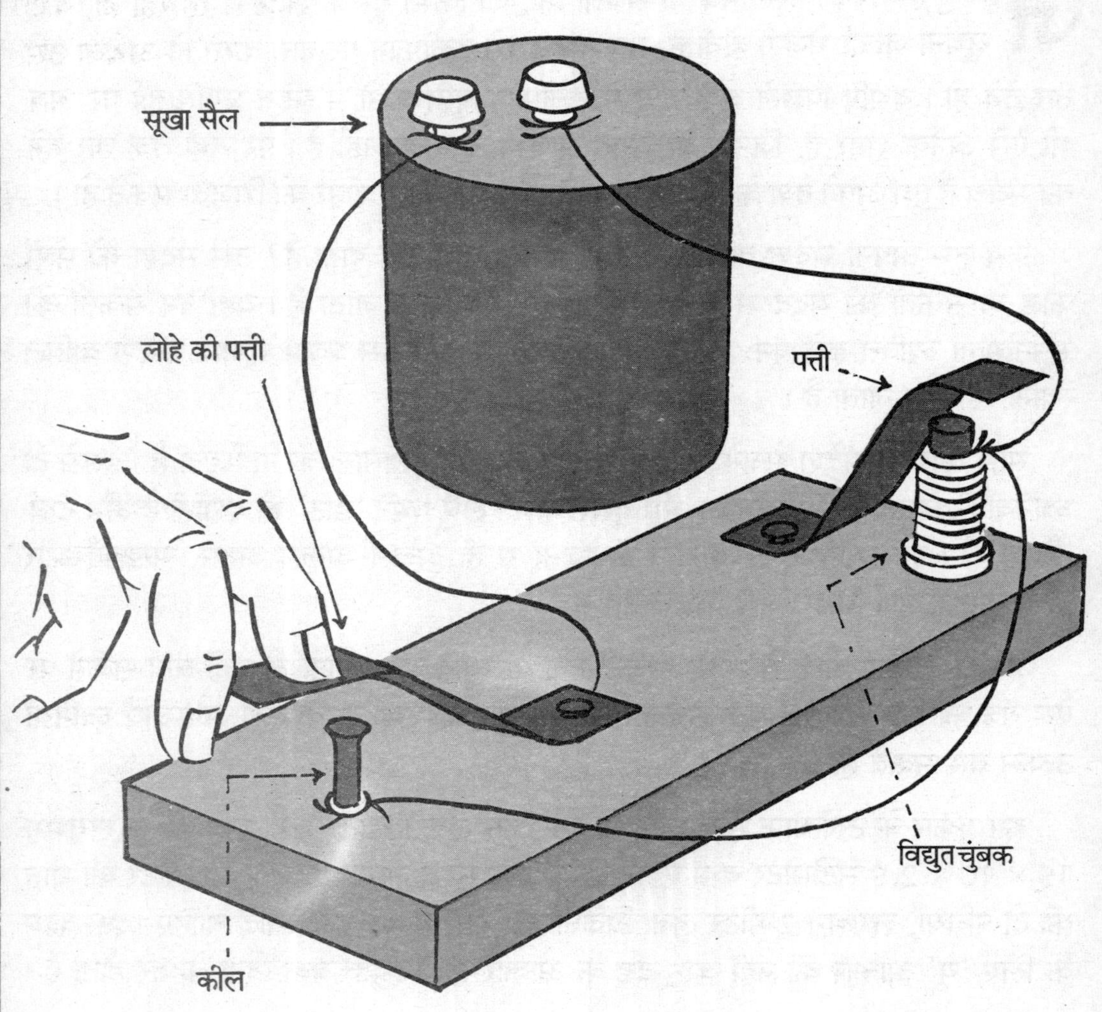

सूखा सैल
लोहे की पत्ती
पत्ती
विद्युत चुंबक
कील

तो बेहतर होगा। उसी किनारे पर दूसरे कोने के निकट धातु की एक पत्ती के एक सिरे को कील से लगा दो। पत्ती के दूसरे सिरे को इस प्रकार मोड़ दो कि वह चुंबक के ऊपरी सिरे के ऊपर आ जाए। पर वह उसे छुए नहीं—ऊपर ही रहे (चित्र में दिखाए गए तरीके के अनुसार)।

अब पटिए के दूसरे किनारे के निकट एक कील इस प्रकार ठोको कि उसका ज्यादा भाग पटिए के ऊपर रहे। उसके निकट दूसरी पत्ती के एक सिरे को जड़कर उसके दूसरे सिरे को उसी प्रकार मोड़ दो जैसे पहली पत्ती के सिरे को मोड़ा था। वह भी कील के ऊपर रहे पर उसे छुए नहीं। यह व्यवस्था स्विच की भाँति कार्य करेगी।

इसके बाद बिजली के तार के तीन टुकड़े लो। एक टुकड़े के एक सिरे को सूखे सैल के एक टर्मिनल से और दूसरे सिरे को विद्युतचुंबक के एक सिरे से जोड़ दो। दूसरे टुकड़े के एक सिरे को सूखे सैल के दूसरे टर्मिनल से और दूसरे सिरे को धातु की दूसरी पत्ती के उस सिरे से जोड़ दो जो कील की मदद से पटिए पर जड़ दिया गया है। अब रहा तीसरा टुकड़ा। उसके एक सिरे को पत्ती के नीचे लगी कील से तथा दूसरे सिरे को विद्युतचुंबक के दूसरे सिरे से जोड़ दो। बन गया परिपथ। अगर तुमने तारों के सिरे उचित तरीके से जोड़े हैं तब परिपथ चित्र के अनुसार दिखाई देगा।

जैसे ही धातु की (दूसरी) पत्ती पर तुम उँगली रखोगे वह नीचे दबेगी और कील के संपर्क में आ जाएगी। इससे परिपथ पूरा हो जाएगा। विद्युतचुंबक में से बिजली की धारा प्रवाहित होने लगेगी। वह सक्रिय हो जाएगी और अपने ऊपर लगी पत्ती को आकर्षित करेगी जिससे वह क्लिक की आवाज करती हुई उससे चिपक जाएगी।

अब अपनी उँगली पत्ती पर से हटा लो। पत्ती ऊपर उठ जाएगी। परिपथ टूट जाएगा। चुंबक निष्क्रिय हो जाएगी और उससे ऊपर लगी पत्ती ऊपर चली जाएगी। जब फिर से तुम पत्ती पर उँगली रखोगे तो परिपथ पुनः जुड़ जाएगा और खट की आवाज के साथ पत्ती विद्युतचुंबक से आ चिपकेगी।

थोड़े से अभ्यास के बाद तुम अपने यंत्र से नियमित तरीके से लघु और दीर्घ ध्वनियाँ निकाल सकते हो।

30. वर्षामापक यंत्र

वर्षा ऋतु में, तुम अक्सर ही समाचार-पत्रों में यह पढ़ते हो या रेडियो पर सुनते हो कि फलाँ जगह इतनी वर्षा हुई। किसी दिन ऐसा भी होता है कि तुम्हारे अनुसार तुम्हारे शहर में बहुत अधिक वर्षा हुई है पर अखबार में उससे काफी कम वर्षा के बारे में बताया जाता है। इससे तुम्हारे मन में यह शंका हो सकती है कि समाचार कहीं गलत तो नहीं है।

वर्षा नापने का क्या तरीका है? वह तरीका काफी आसान है और उसके लिए जो यंत्र इस्तेमाल किया जाता है वह भी बहुत सरल और सस्ता होता है। चाहो तो उसे तुम भी बना सकते हो।

वर्षामापक यंत्र बनाने के लिए तुम्हें चाहिए : चपटे तलेवाला, चौड़े मुँह का, काँच का एक जार, एक ऐसी कीप जिसका मुँह उतना ही चौड़ा हो जितना जार का मुँह और वह जार के मुँह पर भली-भाँति फिट हो सके, एक स्केल पट्टी और काँच पर लिख सकनेवाली पेंसिल तथा एक पुराना कनस्तर। अगर जार के मुँह पर कीप ठीक से फिट नहीं होती—ढीली रहती है—तब इतना बड़ा एक कार्क लो जो जार के मुँह में भली-भाँति फँस सके। उसमें छेद करके उस छेद में से कीप की नली निकाल लो।

फिर जार के साथ स्केल पट्टी खड़ी करके जार पर काँच पर लिख सकनेवाली पेंसिल से हर 0.5 सेंटीमीटर पर निशान लगा दो। निशान काफी स्पष्ट हों। वे फैले हुए भी न हों।

अब पुराने कनस्तर को काटकर उसका ऊपरी भाग और तली अलग कर दो। फिर उसे खड़ा काटकर जार के आसपास लगा दो। साथ ही जार और कटे हुए कनस्तर के निचले भागों के आसपास रेत जमा दो जिससे जार गिरे नहीं।

लो बन गया वर्षामापक यंत्र। अब इसे किसी खुले स्थान पर, जहाँ वर्षा के अतिरिक्त किसी अन्य स्रोत से पानी आने की संभावना न हो, रख दो।

कटा हुआ कनस्तर
कार्क
कीप
जार
निशान
रेत

31. रासायनिक उद्यान

बगीचे में खिले रंग-बिरंगे फूल और उनके आसपास मँडराती अनेक रंगों की तितलियाँ सब बच्चों को बहुत अच्छी लगती हैं। वे उनके पास खेलते रहना चाहते हैं। पर हर बच्चे के घर में इतनी सुविधा नहीं होती कि छोटा-सा भी बगीचा लगाया जा सके अथवा दो-चार गमलों में ही सुंदर फूल उगाए जा सकें। ऐसा बड़े शहरों में, बहुमंजिली इमारतों के छोटे-छोटे कमरों में रहनेवाले परिवारों के साथ अक्सर होता है। पर ऐसे परिवारों के बच्चे भी बिना जमीन और गमलों के सुंदर बगीचा लगा सकते हैं। यह बगीचा देखने में सुंदर फूलोंवाले बगीचे से अधिक मनमोहक लगता है। दरअसल यह बगीचा 'रासायनिक उद्यान' होता है जिसके पेड़-पौधे होते हैं विभिन्न किस्मों के रासायनिक पदार्थ।

इसको बनाने के लिए तुम्हें चाहिए काँच का एक बड़ा, आयताकार बरतन जिसकी बाजुएँ ही नहीं तली भी काँच की हो, थोड़ा-सा वाटर ग्लास, रेत तथा कुछ रासायनिक लवण। ये लवण नीला थोथा (कॉपर सल्फेट), कॉपर क्लोराइड, कॉपर नाइट्रेट, फैरस सल्फेट, एलूमीनियम सल्फेट, कोबाल्ट नाइट्रेट, कोबाल्ट क्लोराइड आदि हो सकते हैं। इनके चयन के लिए यह जरूरी है कि वे कई रंगों के हों, पानी में घुलनशील हों तथा शीघ्र ही घोल में से अलग होकर जम सकें और साथ ही आसानी से उपलब्ध हों। ये नीले, हरे, गुलाबी आदि रंग के होने चाहिए जिससे ऐसा प्रतीत हो मानो रंग-बिरंगे पौधे लगे हैं।

पर ऐसे अधिकांश लवण विषैले होते हैं। इसलिए कभी भी इन्हें चखने की कोशिश न करना। साथ ही इनको छूने के बाद सावधानी से हाथ जरूर धो लेना।

पहले काँच के बरतन को ऐसी जगह, जहाँ उसे कोई छेड़े नहीं और न ही हिलाए-डुलाए, रख दो। उसे धक्के या झटके भी नहीं लगने चाहिए। अब उसमें रेत की मोटी तह बिछा दो। इस तह में थोड़े-थोड़े से अंतर से लवणों के मोटे-मोटे कणों को रख दो। अगर कण एक मिलीमीटर जैसे हों तो बेहतर होगा।

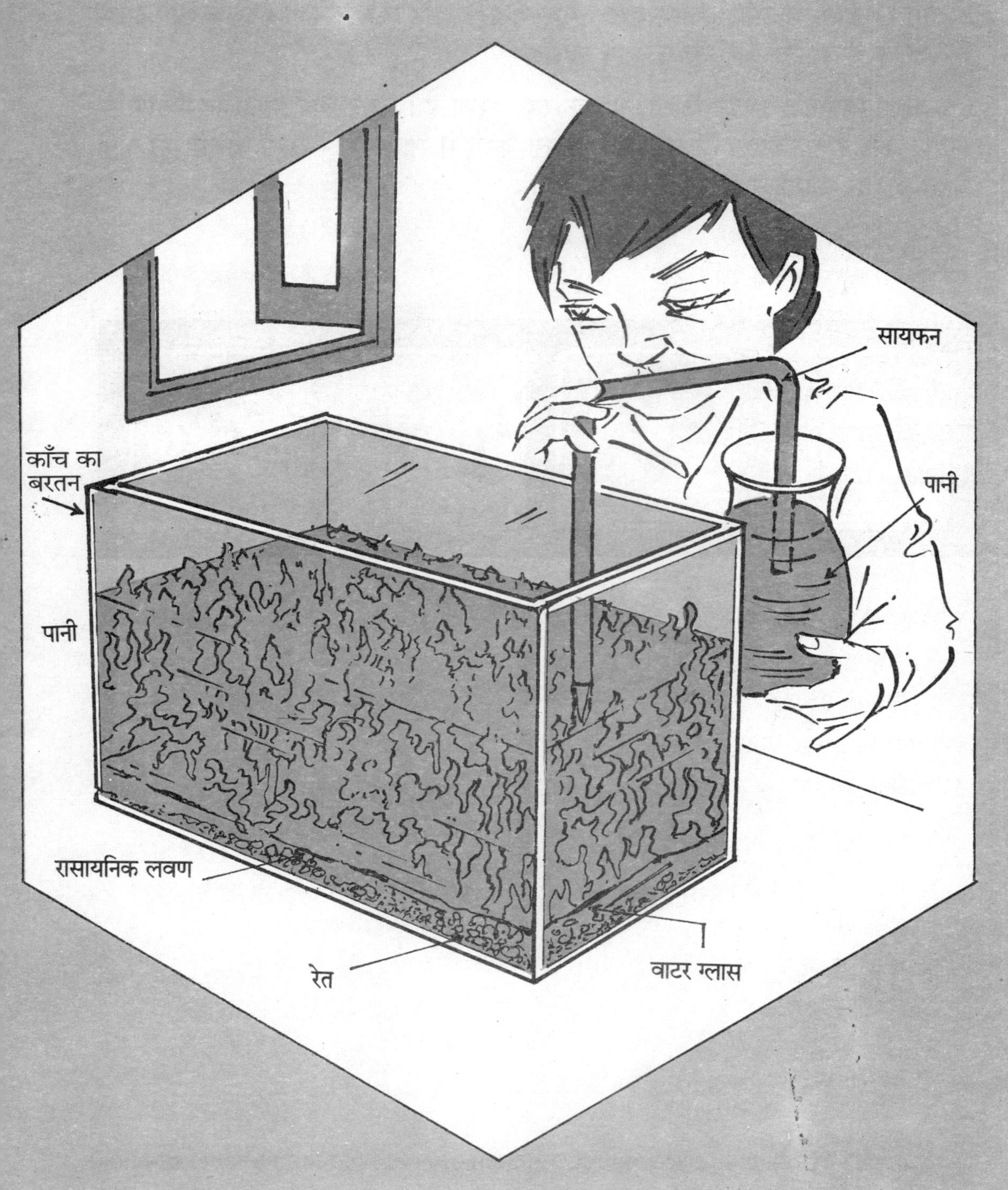
सायफन
काँच का
बरतन
पानी
पानी
रासायनिक लवण
रेत
वाटर ग्लास

फिर वाटर ग्लास बिछाकर ऊपर से पानी भर दो। बरतन का तीन चौथाई भाग ही पानी से भरो। बरतन को बिना हिलाए-डुलाए कुछ घंटों के लिए रखा रहने दो। उसके बाद उसमें लवणों के सुंदर, रंग-बिरंगे पौधे उगने लगेंगे।

वह रासायनिक उद्यान कई दिनों तक रह सकता है। पर इसका पानी वाष्पीकरण के कारण कम होता जाएगा। उस कमी को पूरा करने में सावधानी बरतनी जरूरी है। पानी बहुत धीरे से, सायफन द्वारा, डालना चाहिए।

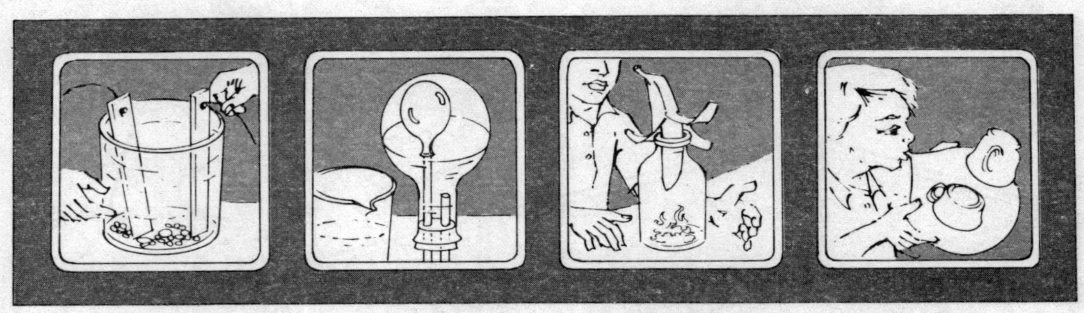

32. बोतल के भीतर बगीचा

तुम काँच के बरतन में बगीचा (रासायनिक उद्यान) बनाने की विधि पढ़ चुके हो। अब तुम्हें बोतल में बगीचा बनाना बताते हैं, पर इस बगीचे में रंग-बिरंगे पौधे नहीं वरन् ऊपर से नीचे लटक रहीं लताएँ होंगी।

इसके लिए तुम्हें चाहिए : चौड़े मुँहवाली काँच की एक बोतल, लैड एसीटेट, एक लिटर आसुत जल (डिस्टिल्ड वाटर), जस्त की 3-4 पतली पत्तियाँ, एक कार्क और मजबूत धागा।

तुम्हें मालूम है कि आसुत जल पानी को भाप बनाकर और भाप को पुनः द्रवीभूत करके बनाया जाता है। ऐसा करने से पानी में से वे अशुद्धियाँ जो अघुलनशील होती हैं तो दूर हो ही जाती हैं साथ ही घुलनशील अशुद्धियाँ भी जिनमें बहुत से रासायनिक ठोस पदार्थ तथा गैसें होती हैं, अलग हो जाती हैं। वास्तव में पानी जब वाष्प (भाप) में परिवर्तित होता है तब सब अघुलनशील और लगभग सब घुलनशील अशुद्धियाँ नीचे रह जाती हैं। उसमें उपस्थित सब कीटाणु भी मर जाते हैं। इसीलिए जब भाप को फिर से पानी में बदला जाता है तब वह बहुत शुद्ध होता है। यही कारण है कि दवाइयों में आसुत जल ही मिलाया जाता है। साथ ही रासायनिक प्रयोगों में आमतौर से यह जल ही इस्तेमाल किया जाता है। वैसे आसुत जल के और भी कई उपयोग हैं।

आसुत जल बाजार में, रासायनिक पदार्थ विक्रेताओं की दुकानों पर, मिल जाता है।

जस्त की पत्तियाँ तुम पुराने बेकार सूखे सैल के खोल को तोड़कर प्राप्त कर सकते हो। इस खोल को निकालने के बाद उसे सीधा करके भली-भाँति धोकर, साफ कर लो। फिर उसमें से पतली-पतली पत्तियाँ काट लो। चाहो तो उन्हें मोड़कर आकर्षक आकृति भी दे सकते हो।

पहले 15 भाग आसुत जल में एक भाग लैड एसीटेट मिलाकर उसका घोल तैयार कर लो। इस घोल को चौड़े मुँहवाली काँच की साफ बोतल में ऊपर तक भर लो। अब जस्त

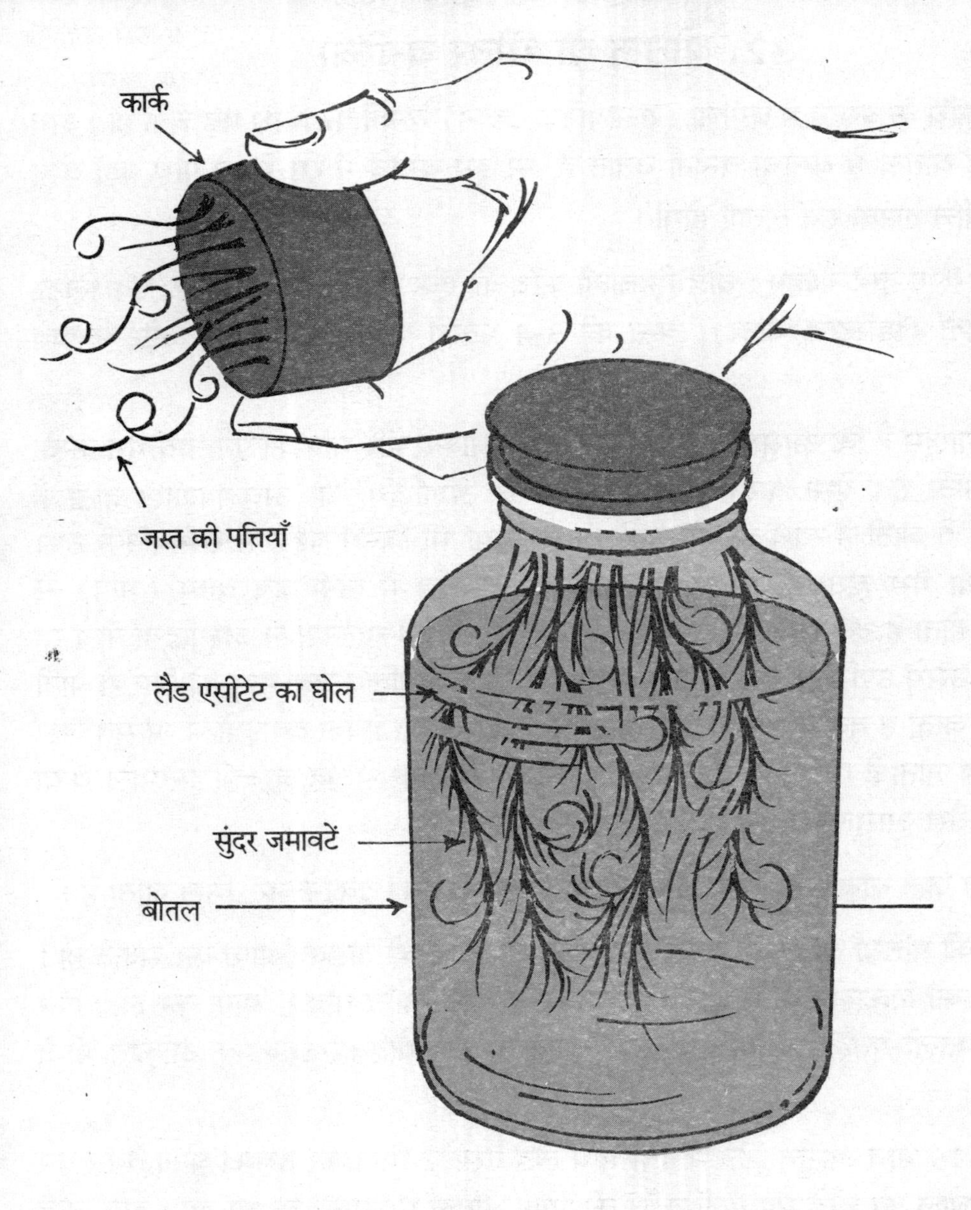
कार्क
जस्त की पत्तियाँ
लैड एसीटेट का घोल
सुंदर जमावटें
बोतल

की पत्तियों को कार्क से, धागों की मदद से, लटका दो और कार्क को बोतल के मुँह पर इस प्रकार लगा दो कि जस्त की पत्तियाँ घोल में पूरी तरह डूबी रहें। अगर इन पत्तियों के बीच एक-सा अंतर होगा तब 'बगीचा' अधिक सुंदर लगेगा।

इसके बाद बोतल को कुछ घंटों के लिए किसी ऐसे स्थान पर रख दो जहाँ उसे कोई छेड़े नहीं। इससे जस्त की पत्तियों पर लैड ऐसीटेट बड़ी खूबसूरत आकृतियों में जम जाएगा। इन जमावटों से पत्तियाँ सुंदर लताओं जैसी दिखने लगेंगी।

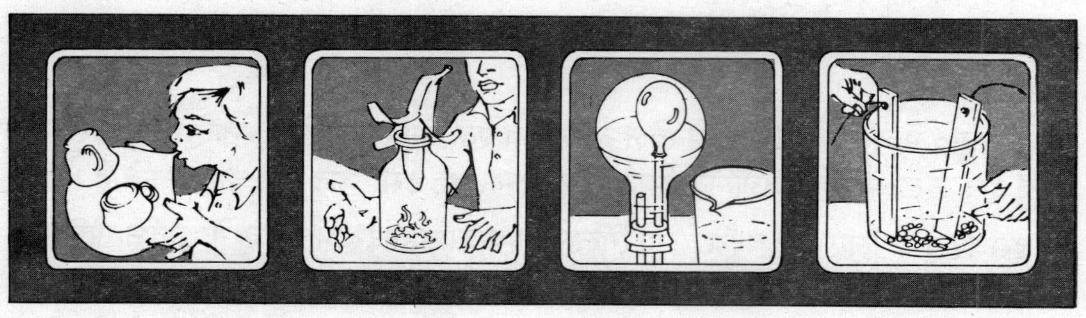

33. नाचती हुई नेप्थलीन गोलियाँ

नेप्थलीन गोलियों का नाम तुमने सुन रखा है। तुम उनका इस्तेमाल भी करते हो। उन्हें अपने गरम (ऊनी) कपड़ों के बीच में रखते हो। इससे पेटियों में रखे या अलमारियों में टँगे कपड़ों को कीड़े नहीं काटते। वे सुरक्षित रहते हैं। वैसे नेप्थलीन गोलियों का उपयोग अन्य वस्तुओं को सुरक्षित रखने के लिए भी किया जाता है। उन्हें मूत्रालयों में भी डाला जाता है।

हम तुम्हें नेप्थलीन गोलियों से खेले जानेवाला एक मनोरंजक खेल बताएँगे। कुछ लोग, जिन्हें इस ख़ेल में छिपा वैज्ञानिक सिद्धांत नहीं मालूम, इसे 'जादू' भी कह सकते हैं।

इस खेल के लिए तुम्हें काँच के दो गिलास, एक सोडावाटर और कुछ नेप्थलीन गोलियाँ और पानी चाहिए।

एक गिलास में पानी भर लो और दूसरे में सोडावाटर। अब दोनों गिलासों में 4-4 नेप्थलीन गोलियाँ डाल दो। पानी से भरे हुए गिलास में ये गोलियाँ एकदम नीचे चली जाती हैं। पर जिस गिलास में सोडावाटर भरा है उसमें वे नाचने लगती हैं। कभी वे गिलास की तली में चली जाती हैं, थोड़ी देर बाद ऊपर आ जाती हैं पर कुछ क्षण बाद फिर नीचे चली जाती हैं। इस तरह वे अपनेआप ही बार-बार नीचे जाती और ऊपर आती रहती हैं।

कुछ मिनट बाद उनका नाचना रुक जाता है और वे उसी प्रकार तली में बैठ जाती हैं जैसे पानी के गिलास में बैठ गई थीं।

अब तुम पूछ सकते हो कि नेप्थलीन गोलियाँ पानी के गिलास में नीचे क्यों बैठ जाती हैं और सोडावाटर से भरे गिलास में नीचे-ऊपर क्यों आती-जाती रहती हैं। फिर कुछ समय बाद तली में क्यों बैठ जाती हैं?

नेप्थलीन गोलियाँ पानी से भारी होती हैं (उनका घनत्व पानी से अधिक होता है)। इसलिए वे पानी से भरे गिलास की तली में बैठ जाती हैं। इसको हम आर्कमिडीज के प्रसिद्ध सिद्धांत के आधार पर इस प्रकार समझ सकते हैं : (इस सिद्धांत का उपयोग आगे भी किया जाएगा) जब कोई ठोस वस्तु किसी द्रव में डुबोई जाती है तब वह अपने आयतन के बराबर

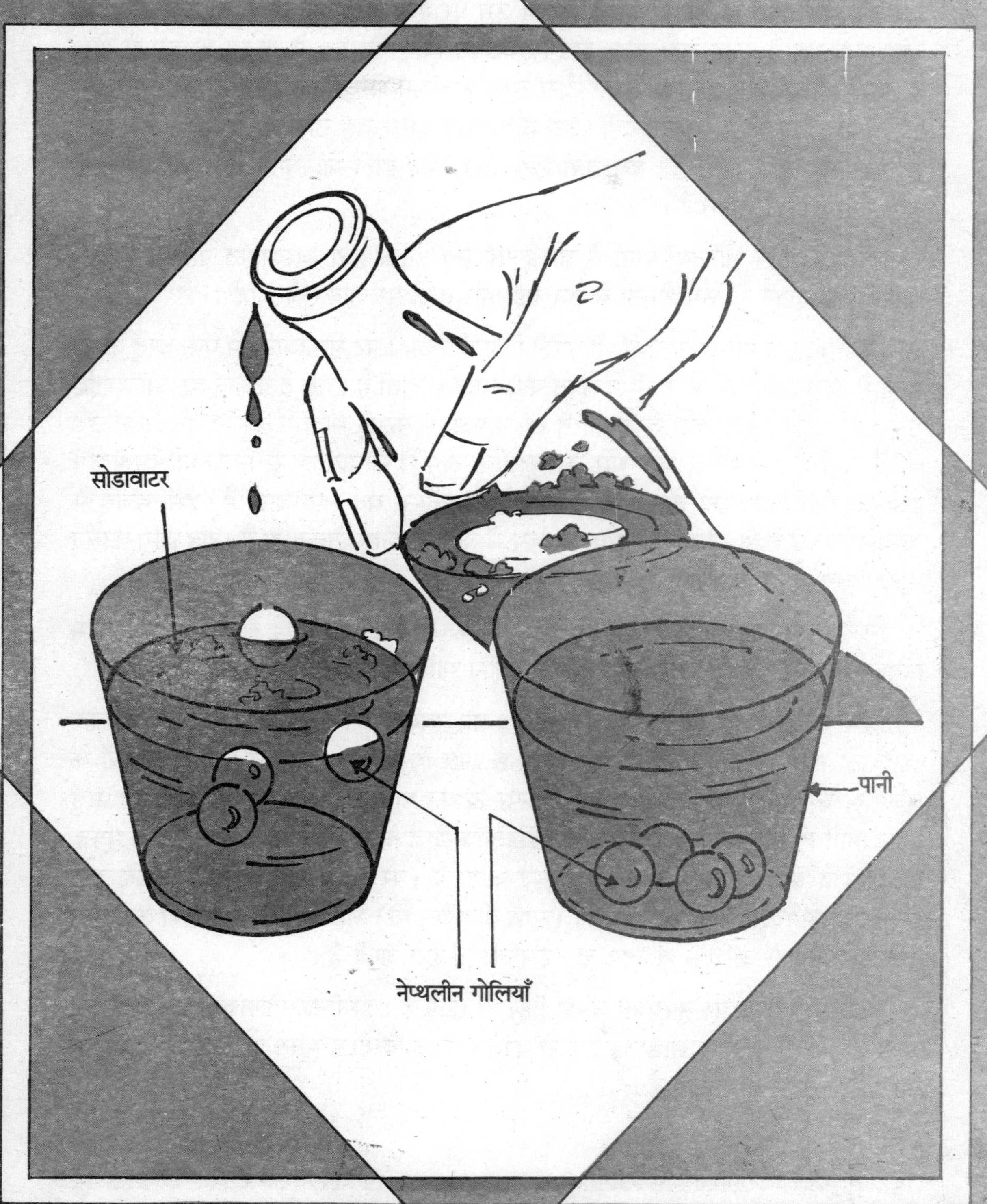
सोडावाटर
पानी
नेप्थलीन गोलियाँ

द्रव को विस्थापित करती है। साथ ही द्रव उस पर ऐसा बल डालता है जो उसे ऊपर की ओर धकेलता है। यह बल ठोस द्वारा विस्थापित किए गए द्रव के वजन के बराबर होता है। अगर विस्थापित द्रव का वजन ठोस वस्तु के वजन से अधिक होता है तब ठोस वस्तु द्रव में तिरती रहती है, डूबती नहीं। इसके विपरीत अगर वह ठोस के वजन से कम होता है तब वस्तु डूब जाती है। द्रव द्वारा ऊपर की ओर डाले जानेवाले बल को उत्प्लावी बल (अपथ्रस्ट) कहते हैं।

जब नेप्थलीन गोलियाँ पानी में डाली गईं तब उनके द्वारा विस्थापित पानी का वजन गोलियों के वजन से कम था तो वे डूब गईं और तली पर जाकर बैठ गईं।

सोडावाटर से भरे गिलास में भी पहले ऐसा ही हुआ। पर सोडावाटर में एक वस्तु काफी मात्रा में मौजूद होती है जो पानी में बहुत कम मात्रा में होती है। वह है कार्बन डाइऑक्साइड गैस। दरअसल सोडावाटर तैयार करते समय पानी में काफी मात्रा में कार्बन डाइऑक्साइड घोली जाती है। यह गैस धीरे-धीरे बुलबुलों के रूप में सोडावाटर से निकलती रहती है। इसीलिए सोडावाटर की बोतल के ढक्कन को सख्ती से बंद रखा जाता है। इसी वजह से ढक्कन के हटाते ही सोडावाटर झाग के रूप में तेजी से बाहर निकलता है। यह झाग कार्बन डाइऑक्साइड के बुलबलों से बनता है।

गिलास में सोडावाटर डालने से उसमें से कार्बन डाइऑक्साइड बुलबुलों के रूप में निकलने लगती हैं। ऐसे कुछ बुलबुले नेप्थलीन गोलियों पर भी जमने लगते हैं।

इससे गोलियों का आयतन बढ़ जाता है। फलस्वरूप इससे उनके द्वारा विस्थापित किए जानेवाले पानी का आयतन भी बढ़ जाता है और विस्थापित पानी का वजन गोलियों के वजन से ज्यादा हो जाता है। इसलिए वे ऊपर उठकर पानी की सतह पर आ जाती हैं। परंतु ऊपर आते ही गोलियों पर चिपटे कार्बन डाइऑक्साइड के बुलबुले फूट जाते हैं; गैस मुक्त हो जाती है और गोलियों का आयतन घट जाता है (पर वज़न नहीं घटता)। उनके द्वारा विस्थापित होनेवाले पानी का आयतन (साथ ही वजन भी) घट जाता है। गोलियों का वज़न उत्प्लावी बल से अधिक हो जाता है। इसलिए वे डूब जाती हैं।

तली में पहुँचने पर उपर्युक्त क्रिया फिर से होती है। इसलिए गोलियाँ पुनः ऊपर आ जाती हैं। थोड़ी देर बाद सोडावाटर में से कार्बन डाइऑक्साइड मुक्त हो जाती है। इसलिए गोलियाँ तली में बैठ जाती हैं।

34. टेलीफोन

तुम में से जो बच्चे नई चीजें, खिलौने आदि बनाने का शौक रखते हैं या जो नए-नए खेल खेलना चाहते हैं उन्होंने माचिस की खाली डब्बियों और धागे से टेलीफोन बनाने की कोशिश जरूर की होगी। इसके लिए तुम माचिस की डब्बी का ऊपरी खोल लेते हो, उसके एक ओर बारीक छेद करके उसमें एक लंबा धागा बाँध देते हो। धागे का दूसरा सिरा डब्बी के उस भाग में, जिसमें तीलियाँ रखी जाती हैं, अथवा एक अन्य डब्बी के ऊपरी खोल में, बाँध देते हो और इस प्रकार बन जाता है तुम्हारा टेलीफोन।

इस में एक बच्चा खोल को अपने मुँह के एकदम पास लाकर जोर से बोलता है जबकि दूसरा बच्चा दूसरे खोल को अपने कान से सटाकर रखता है। इस टेलीफोन से तुम्हें धीमी आवाज सुनाई देती है। क़भी-कभी तो ऐसा लगता है कि तुम्हें अपने साथी की आवाज, बिना टेलीफोन के ही, अधिक साफ सुनाई दे रही है।

हम तुम्हें ऐसा टेलीफोन बनाने का तरीका बताएँगे जो तुम्हारे 'खिलौना टेलीफोन' की तुलना में बहुत बेहतर है। इसीलिए इसको बनाने के लिए तुम्हें कई वस्तुएँ चाहिए।

तुम्हें जिन वस्तुओं की जरूरत होगी वे हैं : एलूमीनियम की एक पतली पत्ती, एक पुराना, बेकार, सूखा सैल और 6 वोल्ट का एक नया सूखा सैल, लगभग 10 मीटर लंबा बिजली का तार, डायफ्राम। डिस्क की जगह तुम पुराना हैडफोन भी इस्तेमाल कर सकते हो। ऐसे हैडफोन पुराना सामान बेचनेवाली (कबाड़ी की) दुकान पर अक्सर मिल जाते हैं। लकड़ी के बक्स के रूप में सिगार रखनेवाला बक्स प्रयुक्त किया जा सकता है।

टेलीफोन के दो मुख्य अंग होते हैं : माइक्रोफोन और हैडफोन। अगर तुम हैडफोन बाजार से खरीद लेते हो तब माइक्रोफोन बनाना और उसे हैडफोन से जोड़ना ही शेष रह जाता है।

माइक्रोफोन बनाने के लिए पहले बेकार सैल को तोड़कर उसका कार्बन दंड और जस्त का ऊपरी खोल अलग कर लो। कार्बन दंड को तोड़कर उसे बारीक पीस लो और खोल

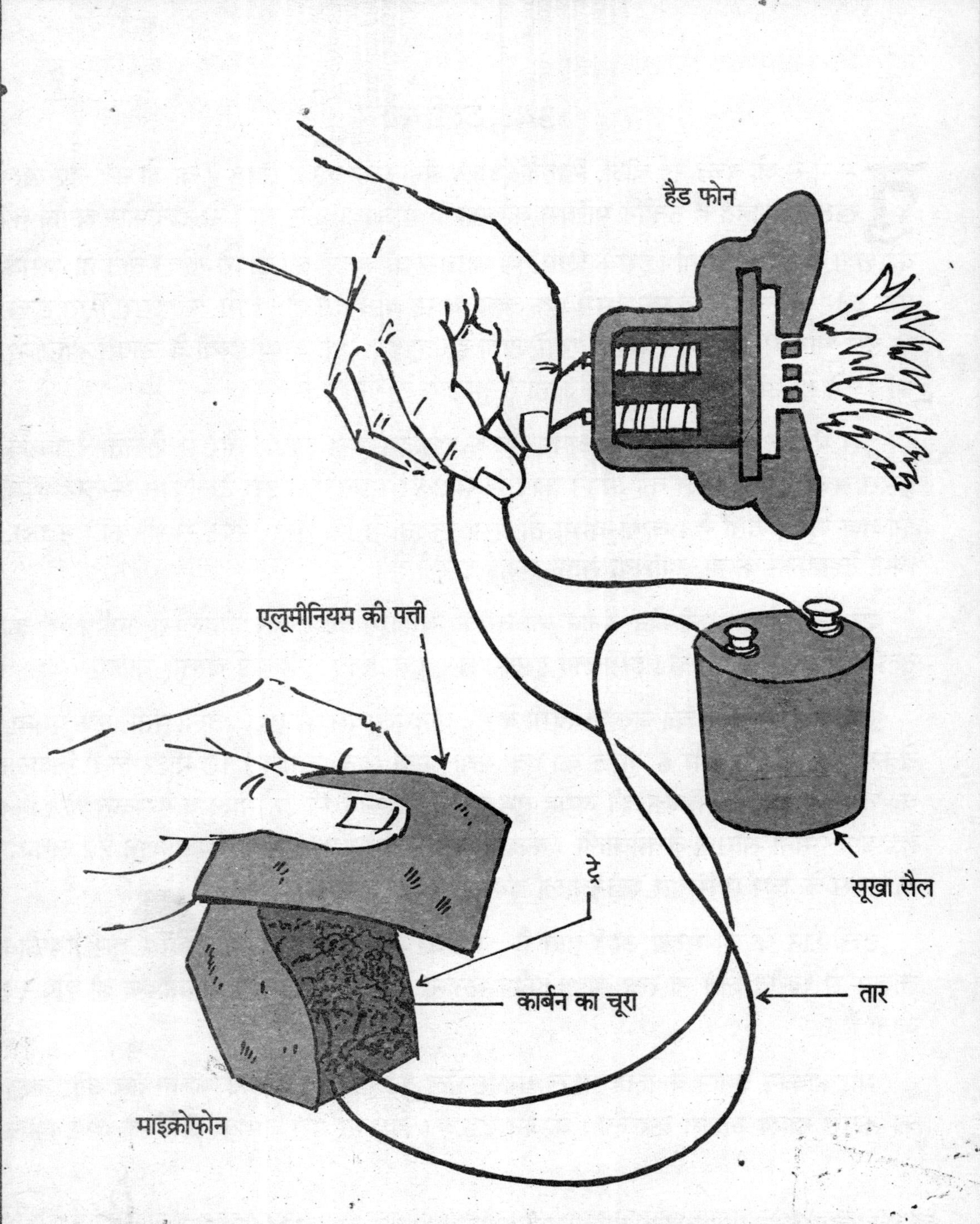
हैड फोन
एलूमीनियम की पत्ती
ट्रे
कार्बन का चूरा
तार
सूखा सैल
माइक्रोफोन

का एक भाग काटकर उसे ट्रे की आकृति में मोड़ लो। इस ट्रे में बारीक पिसा हुआ कार्बन-चूरा भर दो। फिर इसके ऊपर एलूमीनियम की पतली पत्ती, ट्रे की लंबाई-चौड़ाई के अनुसार काटकर रख दो। यह पत्ती अपनी जगह सही तरीके से रखी रहे इसके लिए उसे ट्रे के साथ, एक-दो स्थानों पर सोल्डर करना बेहतर होगा। अब ट्रे के दोनों सिरों को बिजली के तारों से हैडफोन के सिरों से जोड़ दो।

बन गया टेलीफोन।

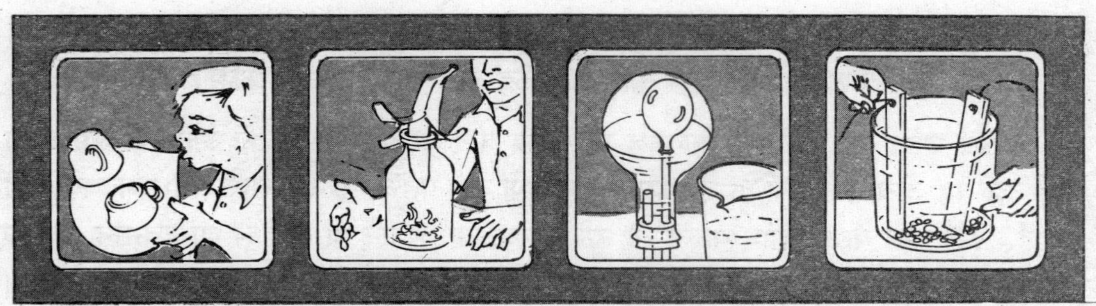

35. अभिकेंद्र और अपकेंद्र बल दर्शानेवाला यंत्र

तुम जानते हो कि पृथ्वी तथा अन्य ग्रह सूर्य के चारों ओर घूमते हैं। इनकी परिक्रमा करने की गति काफी तेज होती है। इतनी तेजी से परिक्रमा करने पर भी पृथ्वी और अन्य ग्रह छिटककर दूर क्यों नहीं चले जाते? वास्तव में उन्हें अथवा परिक्रमा करती हुई किसी भी वस्तु को एक बल केंद्र (उस वस्तु केंद्र की ओर जिसकी परिक्रमा की जाती रही है) खींचता रहता है। भौतिकशास्त्री इस बल को 'अभिकेंद्र बल' (सेंट्रीपीटल फोर्स) कहते हैं।

अब प्रश्न यह उठता है कि जब अभिकेंद्र बल पृथ्वी को सूर्य की ओर खींचता रहता है तब वह अब तक सूर्य के एकंदम निकट क्यों नहीं पहुँच गई अथवा उसमें समा क्यों नहीं गई? इस बल के परिणामस्वरूप तो उसे अरबों वर्ष पहले ही सूर्य से जा टकराना चाहिए था। पर वह तो सूर्य से उतनी ही दूरी पर अब भी स्थित है जितनी.अरबों वर्ष पहले थी। इसका अर्थ हुआ कि कोई अन्य बल इस अभिकेंद्र बल को संतुलित कर रहा है। यह बल है 'अपकेंद्र बल' (सेंट्रीफ्यूगल फोर्स)।

वास्तव में अभिकेंद्र और अपकेंद्र बलों के परस्पर संतुलन बनाए रखने के परिणामस्वरूप ही पृथ्वी और अन्य ग्रह अपनी विशिष्ट कक्षाओं में सूर्य की परिक्रमा कर रहे हैं। जब तक कोई कारक इस संतुलन को बिगाड़ नहीं देता वे इसी प्रकार परिक्रमा करते रहेंगे।

हम तुम्हें एक ऐसा अत्यंत सरल यंत्र बनाना बताएँगे जो इन दोनों बलों को स्पष्ट रूप से दर्शा सकता है। इस प्रकार का यंत्र बनाने के लिए तुम्हें चाहिए : लकड़ी की एक घिर्री, लगभग आधा मीटर मजबूत धागा और दो बराबर के वजन।

घिर्री के नीचे लटकनेवाला वजन धीरे-धीरे ऊपर उठता है। इसंका क्या कारण है?

जब तुम वजन (क) को घुमाते हो तब उस पर धागे के माध्यम से अभिकेंद्र बल कार्य करने लगता है। पर इस अभिकेंद्र बल को संतुलित करने के लिए नीचे लटका वजन (ख) बराबर मात्रा में अपकेंद्र बल डालने लगता है। इससे वजन (ख) ऊपर उठने लगता है।

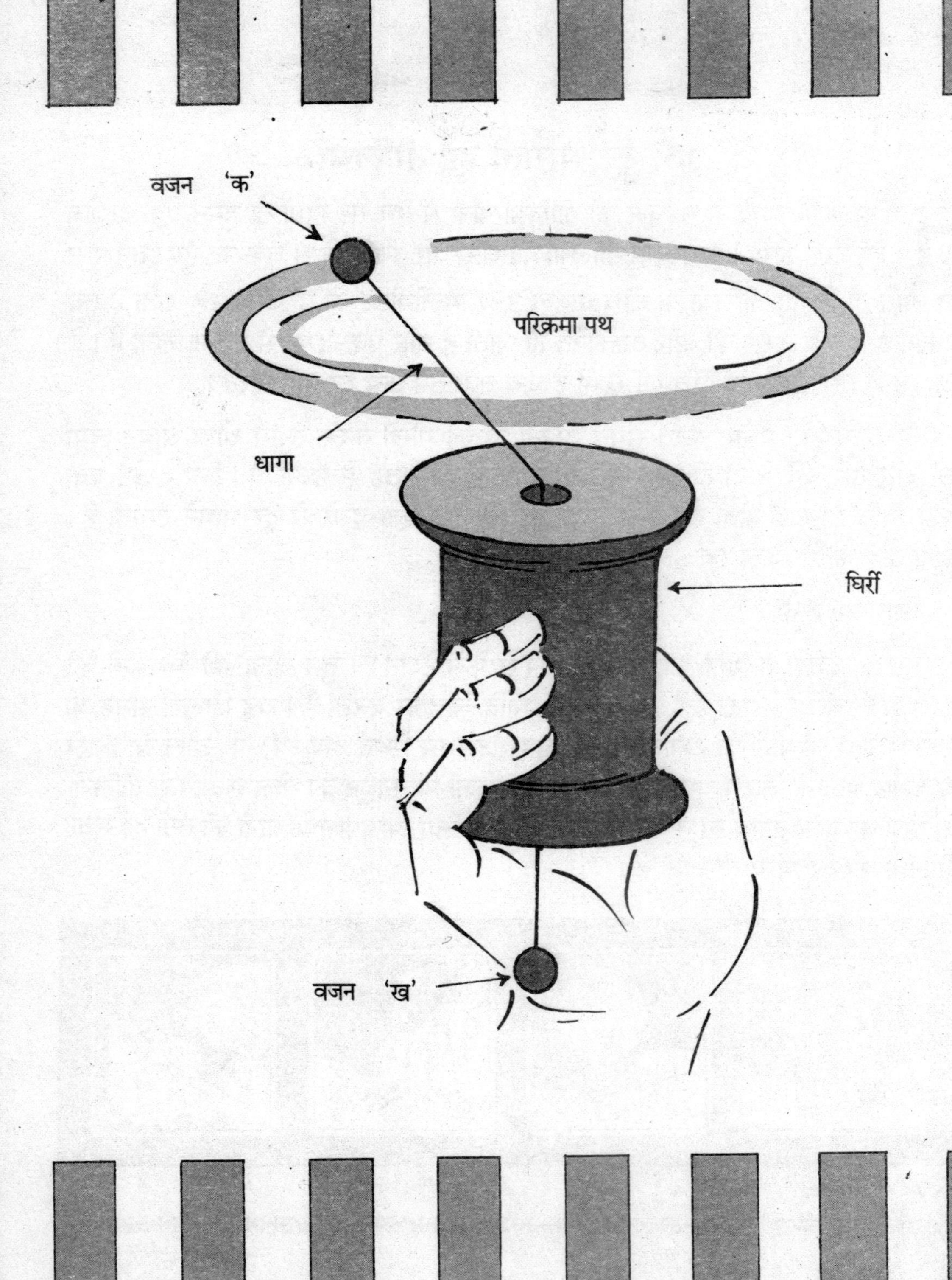
वजन 'क'
परिक्रमा पथ
धागा
घिर्री
वजन 'ख'

36. दूर भागती हुई तीलियाँ

तुम से कभी धोखे से माचिस की तीलियाँ पानी में गिर गई होंगी तो तुमने एक अजीब दृश्य देखा होगा। अगर तुम तीलियों को धीरे-धीरे उँगलियों से धकेलते हुए इतने पास ले आते हो कि दो तीलियों के बीच केवल 3-4 मिलीमीटर का ही अंतर रह जाता है तब एकाएक वे एक-दूसरे की ओर आकर्षित हो जाती हैं और एक-दूसरे से चिपट जाती हैं। वे आपस में उस समय तक चिपटी रहती हैं जब तक तुम उन्हें दूर नहीं करते।

अब उपर्युक्त प्रयोग करते समय अपनी उँगली गीली करके उसमें थोड़ा साबुन लगा लो और उसे धीरे से दो तीलियों के बीच के पानी की सतह से छुआ दो। फिर देखो! एक बड़ी विचित्र घटना होती है। पास आती हुई तीलियाँ एक-दूसरे से दूर भागने लगती हैं। मानो उन्हें कोई धकेल रहा हो।

ऐसा क्यों होता है?

इसका कारण है पानी का पृष्ठ तनाव (सरफेस टेंशन)। तुम जानते हो कि पानी की सतह एक तनी हुई, लचीली, झिल्ली की भाँति व्यवहार करती है। यह झिल्ली सतह के एकदम नीचे के पानी के अणुओं द्वारा सतह (उस पर स्थित अणुओं) पर डाले जानेवाले आकर्षण बल के कारण बनती है। परंतु इस झिल्ली पर साबुन का घोल छुआने से तीलियों के बीच का पृष्ठ तनाव बहुत कम हो जाता है। इसलिए आसपास के पानी की तनी हुई सतह तीलियों को दूर खींच ले जाती है।

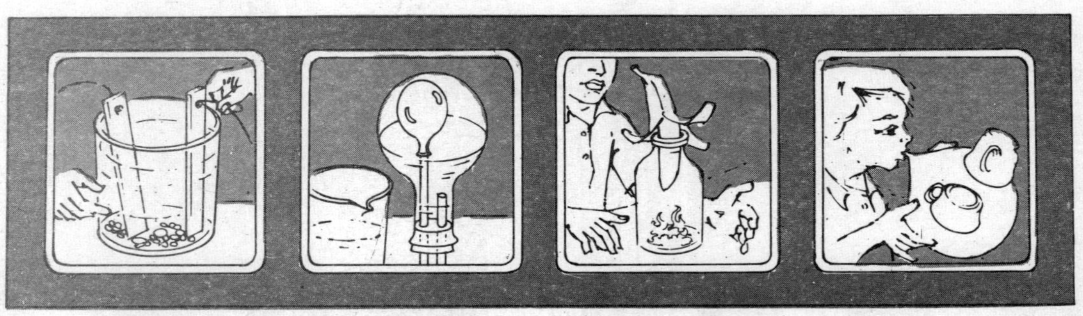

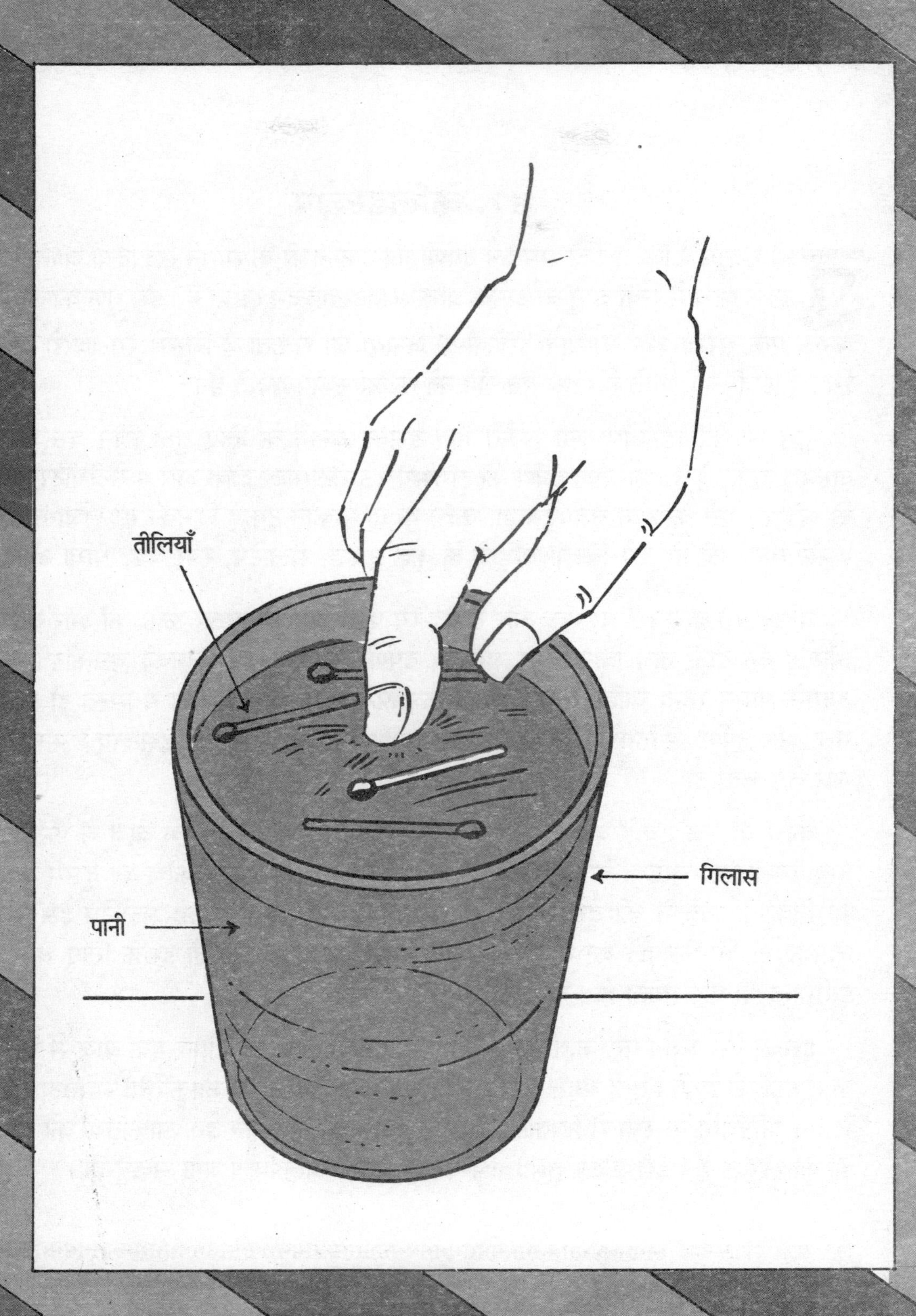
तीलियाँ
गिलास
पानी

37. केलिडेस्कोप

तुम्हें मालूम है कि जब दो समतल दर्पणों को एक-दूसरे के सामने रख दिया जाता है तब उनके बीच में रखी वस्तु के अनेक प्रतिबिंब दिखाई देने लगते हैं। इस गुण का उपयोग करके एक सस्ता और आसान 'खिलौना' बनाया जा सकता है जिसमें रंग-बिरंगे अनेक चित्र (प्रतिबिंब) बनते हैं। इस खिलौने को केलिडेस्कोप कहते हैं।

तुम भी केलिडेस्कोप बना सकते हो। इसको बनाने के लिए तुम्हें जिन वस्तुओं की जरूरत होगी, वे हैं : समतल दर्पण की लगभग 15 सेंटीमीटर लंबी और 4 सेंटीमीटर चौड़ी, दो पट्टियाँ, गत्ते का एक बड़ा टुकड़ा, काँच के दो तिकोने टुकड़े जिनकी हर भुजा लगभग 4 सेंटीमीटर की हो, रंग-बिरंगी चूड़ियों के कुछ टुकड़े, सेलोटेप, रबर बैंड, धागा आदि।

पहले गत्ते के टुकड़े पर एक ओर सफेद रंग पोत लो। यह सतह ऊपर की ओर रख लो और इसके दोनों लंबे किनारों पर समतल दर्पणों को टिकाओ। उनकी चमकीली सतहें आमने-सामने रहनी चाहिए। फिर दर्पणों के ऊपरी किनारों को आपस में मिला दो। इससे गत्ता और दर्पणों से तिकोनी आकृति बन जाएगी। यह बिगड़ न जाए इसलिए उस पर एक रबर बैंड चढ़ा दो।

काँच के एक टुकड़े को दर्पणों और गत्ते से बनी आकृति की एक बाजू में फँसा दो। अब रंग-बिरंगी चूड़ियों के कुछ टुकड़ों को गत्ते पर रख दो और काँच का दूसरा टुकड़ा भी तिकोनी आकृति की दूसरी बाजू में फँसा दो। फिर जगह-जगह सेलोटेप इस प्रकार चिपका दो कि खिलौने का कोई अंग अलग न हो पाए। चाहो तो इसके लिए धागे का इस्तेमाल भी कर सकते हो। लो बन गया केलिडेस्कोप।

इसको ऐसे स्थान पर, जहाँ काफी प्रकाश आता हो, रख दो। फिर एक बाजू से चूड़ियों के टुकड़ों को देखो। तुम्हें बहुत सुंदर आकृतियाँ दिखाई देंगी। ये आकृतियाँ समतल दर्पणों में बने प्रतिबिंबों के रूप में दिखाई देती हैं। टुकड़ों को हिलाकर इन आकृतियों को बदला भी जा सकता है। इस प्रकार तुम विभिन्न किस्मों की आकृतियाँ बना सकते हो।

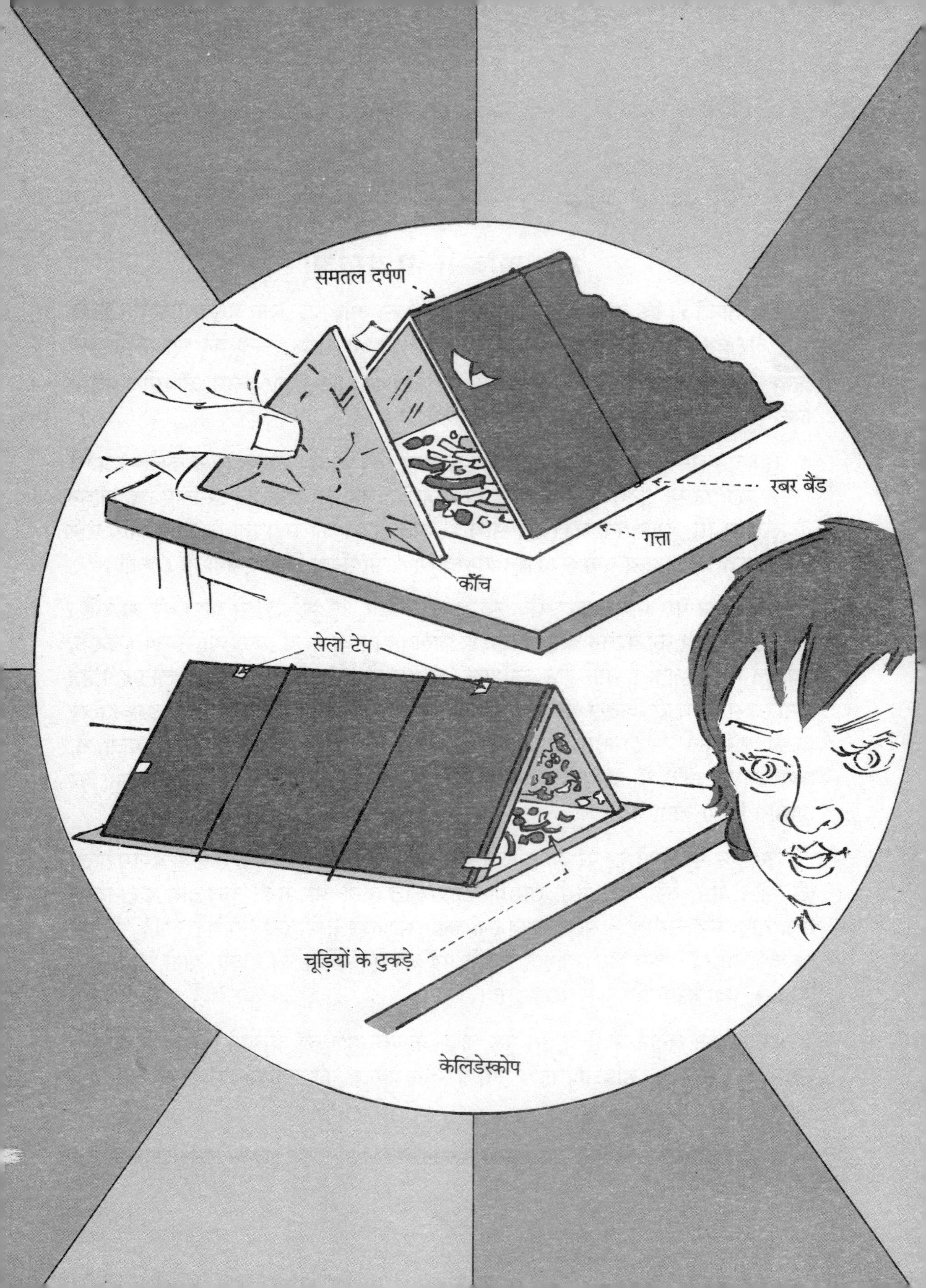

केलिडेस्कोप

38. ऑक्सीजन बनाओ

तुम जानते हो कि हमारे वायुमंडल में ऑक्सीजन और नाइट्रोजन प्रमुख गैसें हैं। इनके अलावा उसमें बहुत थोड़ी मात्रा में कार्बन डाइऑक्साइड, पानी की भाप तथा कुछ अन्य गैसें भी मौजूद होती हैं। वायु गैसों का मिश्रण है। इसलिए उसमें ऑक्सीजन तथा अन्य गैसों आदि की मात्राएँ घटती-बढ़ती रहती हैं।

तुम यह भी जानते हो कि ऑक्सीजन प्राणपद गैस है और उसके बिना कोई भी प्राणी (कुछ जातियों के सूक्ष्मजीवों को छोड़कर) जीवित नहीं रह सकता। इसलिए वह जीवन के लिए सबसे आवश्यक वस्तु है। साथ ही ऑक्सीजन की सहायता के बिना आग नहीं जल सकती और अन्य अनेक अत्यंत महत्त्वपूर्ण रासायनिक क्रियाएँ नहीं हो सकतीं।

बड़े पैमाने पर ऑक्सीजन उसके सबसे बड़े भंडार, वायुमंडल, से प्राप्त की जाती है। इसके लिए वायु को कार्बन डाइऑक्साइड, जलवाष्प तथा अन्य अपद्रव्यों से मुक्त करके, द्रवीभूत किया जाता है और फिर आंशिक आसवन से ऑक्सीजन प्राप्त कर ली जाती है। यद्यपि इस विधि से कितनी भी मात्रा में ऑक्सीजन प्राप्त की जा सकती है पर इसके लिए काफी परिष्कृत और महँगे उपकरणों की जरूरत होती है। इसलिए थोड़ी मात्रा में, प्रयोगशाला आदि में, ऑक्सीजन बनाने के लिए पोटेशियम परक्लोरेट जैसे रसायनों का उपयोग किया जाता है।

वैसे तुम भी अपने घर पर ऑक्सीजन बना सकते हो। इसके लिए तुम्हें न तो प्रयोगशाला की भाँति बर्नर, गैस जार, जैसी सामग्री की जरूरत होगी और न ही उच्च दाब डालनेवाले तथा ताप कम करनेवाले महँगे उपकरणों की। साथ ही तुम्हें कोई रसायन आदि भी नहीं खरीदना पड़ेगा। तुम्हें बस चाहिए, किसी पेड़ की एक छोटी-सी टहनी, पानी, धूप, एक गिलास, एक कीप और एक परखनली।

ऑक्सीजन बनाने के लिए हम पेड़-पौधों के एक गुण का उपयोग करेंगे। वे दिन के समय वायु से कार्बन डाइऑक्साइड लेते हैं और प्रकाश की उपस्थिति में उससे और पानी

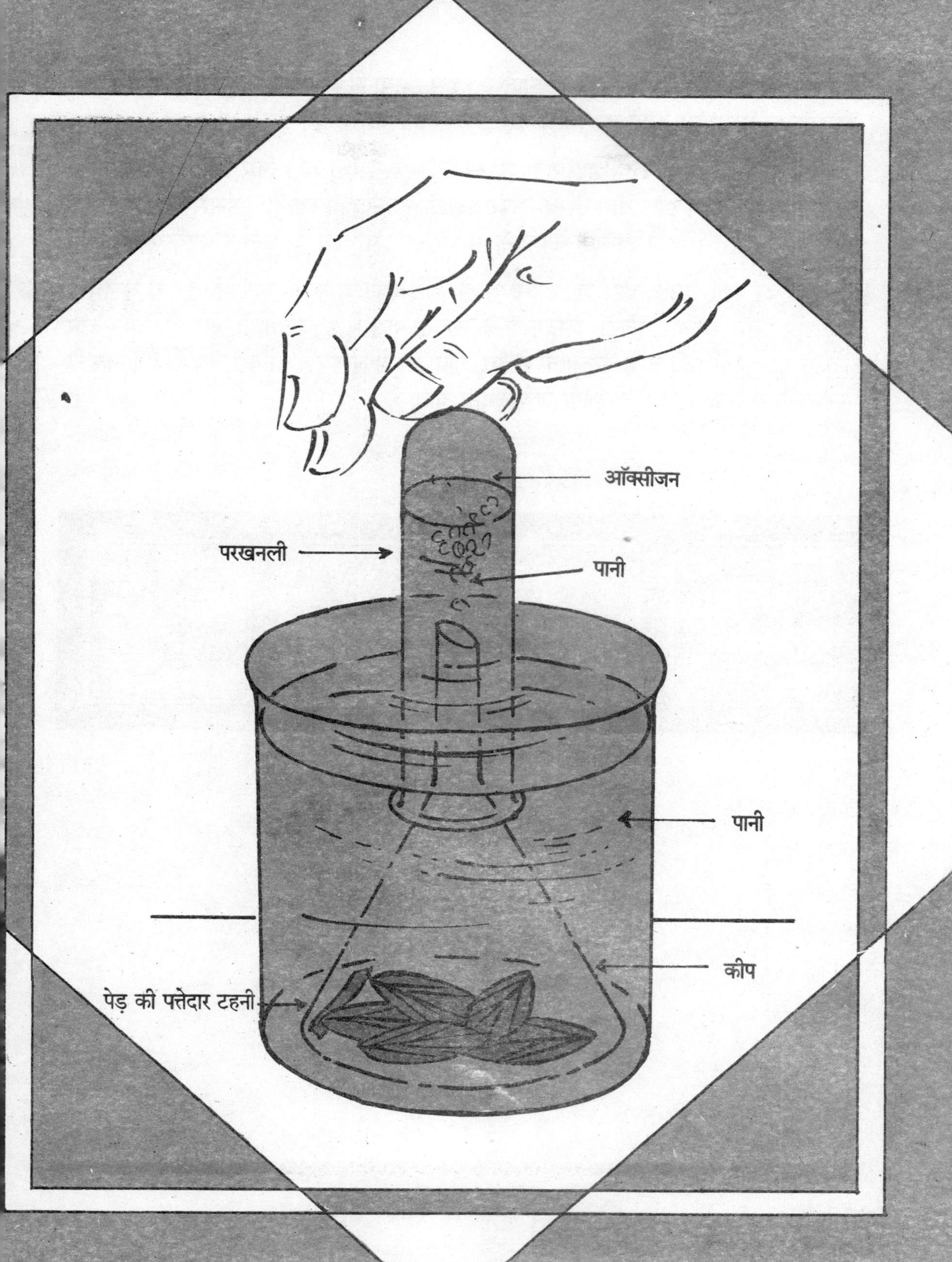
ऑक्सीजन
परखनली
पानी
पानी
कीप
पेड़ की पत्तेदार टहनी

से क्रिया करके अपने लिए भोजन बनाते हैं। इस क्रिया में ऑक्सीजन मुक्त होती है। इसी ऑक्सीजन को प्राप्त करने की विधि हम तुम्हें बताने जा रहे हैं।

तुम गिलास को तीन चौथाई पानी से भरकर धूप में रख दो। फिर किसी पेड़ से ताजी टहनी तोड़कर उसमें डाल दो। उसके ऊपर उलटी करके कीप रख दो। इससे कीप की नली ऊपर की ओर रहेगी। परखनली को पानी से भरकर इस नली पर उलटी करके रख दो।

कुछ देर बाद तुम देखोगे कि टहनी में से छोटे-छोटे बुलबुले उठ रहे हैं। ये बुलबुले धीरे-धीरे ऊपर उठकर उलटी परखनली के ऊपरी भाग में इकट्ठे होते जाते हैं। तीन-चार घंटों में परखनली पूरी तरह बुलबुलों से भर जाएगी। ये बुलबुले ऑक्सीजन के हैं। जब ये परखनली में जमा होते हैं तो पानी नीचे आता जाता है।

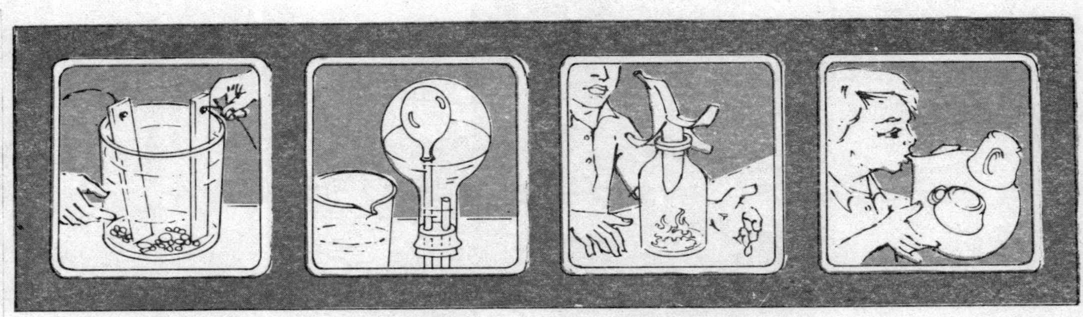

39. ज्वालामुखी का मॉडल

ज्वालामुखी का नाम तुम सब बच्चों ने सुना है। अधिकांश लोग इसे 'ज्वालामुखी पर्वत' कहते हैं। पर भूगर्भशास्त्रियों के अनुसार ज्वालामुखी 'पर्वत' नहीं हैं। उनके अनुसार वे भूतल पर एक ऐसा छेद हैं जिनमें से समय-समय पर (अनेक बार कई हजार/लाख वर्षों बाद) भूगर्भ में बननेवाली भाप, गैस, राख अथवा पिघली हुई चट्टानें निकलती रहती हैं। भाप और गैसें तो वायुमंडल में मिल जाती हैं पर राख और चट्टानें (चाहे वे पिघली हुई ही हों) छेद से ज्यादा दूर नहीं जा पातीं। उसके आसपास ही जमती रहती हैं। इस प्रकार छेद के चारों ओर ऊँचा टीला बन जाता है जो हर विस्फोट के साथ ऊँचा होता चला जाता है। लाखों-करोड़ों वर्षों बाद वह पर्वत जैसा दिखने लगता है। इसके विपरीत पर्वत या विंध्याचल, सतपुड़ा, हिमालय आदि भूतल पर किन्हीं कारणों से 'सिकुड़नें' पड़ जाने अथवा किसी भूखंड के ऊपर उठने से बने हैं।

बहुत प्राचीन काल में हमारे देश में भी अनेक ज्वालामुखी थे। उनमें से निकली चट्टानों के विघटन से ही हमारे देश के पश्चिमी भाग की काली कपासी मिट्टी बनी है। वैसे अंडमान द्वीप समूह में एक ज्वालामुखी हाल ही में विस्फोटित हुआ था। जापान, फिलीपीन तथा प्रशांत महासागर के अनेक द्वीपों में तो ऐसे ज्वालामुखी हैं जिनसे अब भी भाप, राख अथवा लावा (पिघली चट्टानें) निकलती रहती हैं।

हम तुम्हें ज्वालामुखी के दो मॉडल बनाना बताएँगे। पहला निष्क्रिय ज्वालामुखी का, जिसमें से लावा आदि कुछ नहीं निकलता और दूसरा विस्फोटित होते ज्वालामुखी का।

पहले मॉडल के निर्माण के लिए तुम्हें जो चीजें चाहिए, वे हैं : 30 × 30 सेंटीमीटर की एक ट्रे, लगभग 15 सेंटीमीटर ऊँचा टिन का एक डब्बा, थोड़ा-सा प्लास्टर ऑफ पेरिस, लगभग एक मीटर लंबा और एक मीटर चौड़ा कपड़ा।

ट्रे के बीच में टिन का डब्बा रखो। अब प्लास्टर ऑफ पेरिस का पतला पेस्ट बनाकर उसमें कपड़े को लपेट दो। जब कपड़े में अच्छी तरह पेस्ट लग जाए तब उसे डब्बे में ठूँस

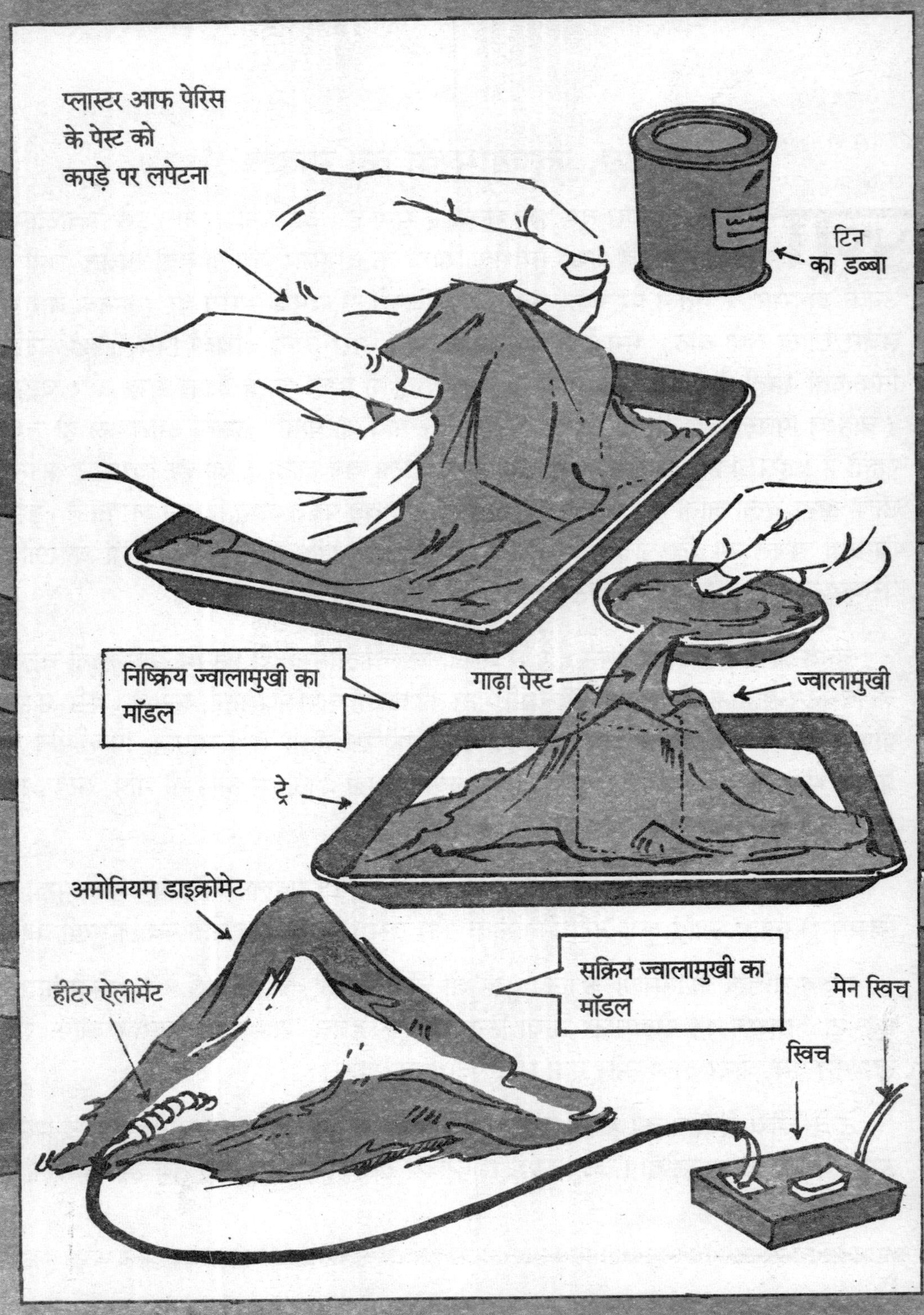
प्लास्टर आफ पेरिस
के पेस्ट को
कपड़े पर लपेटना
टिन
का डब्बा
निष्क्रिय ज्वालामुखी का
मॉडल
गाढ़ा पेस्ट
ज्वालामुखी
ट्रे
अमोनियम डाइक्रोमेट
सक्रिय ज्वालामुखी का
मॉडल
हीटर ऐलीमेंट
मेन स्विच
स्विच

दो तथा उसकी आकृति शंकु जैसी बना दो यानी डब्बे के ऊपर कपड़े का जो भाग रहे वह, ऊपर चोटी जैसे एक बिंदु पर इकट्ठा हो जाए।

मॉडल को इस हालत में कुछ समय के लिए छोड़ दो और प्लास्टर को सूखने दो। जब वह सूख जाए तो प्लास्टर का गाढ़ा पेस्ट बनाकर चोटी पर डालो। वह अपने आप धीरे-धीरे बहकर किनारों पर आ जाएगा और वहाँ जम जाएगा। उसके सूख जाने के बाद फिर गाढ़ा पेस्ट डालो। इस प्रकार प्लास्टर की पुरानी तह सूख जाने के बाद नई तह डालने का क्रम कई बार दोहराओ। इससे जो मॉडल बनेगा वह ज्वालामुखी की भाँति दिखेगा।

निश्चय ही इस मॉडल से ज्वालामुखी की भाँति भाप, राख या चट्टानें नहीं निकलेंगी। यह निष्क्रिय ज्वालामुखी होगा।

अब तुम्हें ऐसे ज्वालामुखी का मॉडल बनाना बताएँगे जो आग उगलता है। पर इसके निर्माण और सक्रिय होने के दौरान तुम्हें बहुत सावधानियाँ बरतनी होंगी। इसमें हानिकर गैसें और अन्य रसायन बनते हैं, इसलिए इस मॉडल को किसी ऐसे कमरे में बनाना चाहिए, जहाँ 1. काफी मात्रा में ताजी हवा बराबर आती रहे और दूषित गैसें बाहर जाती रहें; 2. जहाँ ज्वलनशील पदार्थ बिलकुल न हो; 3. जहाँ तुम स्वयं या अन्य दर्शक दूर खड़े होकर 'विस्फोट' को देख सको।

इनके अतिरिक्त इसमें बिजली के नंगे तार का उपयोग किया जाता है। इसलिए तार को छूने की, विशेष रूप से जब उसमें से बिजली बह रही हो, कोशिश कभी भी नहीं करना। पहले स्विच (अगर हो सके तो मेन स्विच) बंद करके ही तार को छूना।

सक्रिय ज्वालामुखी का मॉडल बनाने के लिए तुम्हें चाहिए : अमोनियम डाइक्रोमेट नामक रासायनिक पदार्थ और कमरा गरम करनेवाले हीटर का ऐलीमेंट । अमोनियम डाइक्रोमेट रसायन बेचनेवाली किसी दुकान से मिल जाएगा।

पहले अमोनियम डाइक्रोमेट की छोटी ढेरी बना लो। फिर उसमें से हीटर का ऐलीमेंट निकालकर उसे बिजली के स्विच से जोड़ दो। बिजली के स्विच से जोड़ते समय तुम्हें वे सब सावधानियाँ अवश्य बरतनी हैं जो हीटर को जोड़ते समय बरतते हो। स्विच चालू करने के कुछ क्षण बाद (इन क्षणों में तुम्हें इस ज्वालामुखी से दूर चले जाना चाहिए।) अमोनियम डाइक्रोमेट में से चिनगारियाँ और धुआँ निकलने लगेगा। ये ऐसे ही निकलेंगे

जैसे वास्तविक ज्वालामुखी के विस्फोट के दौरान निकलते हैं। कुछ देर बाद हरे रंग की राख बच रहेगी। तब स्विच बंद कर दो। यह हरी राख विषैली होती है। इसलिए इसे छूना नहीं। ठंडी हो जाने पर किसी बरतन आदि से कागज/टोकरी में भरकर कचराघर में फेंक देना।

तुम पूछ सकते हो कि अमोनियम डाइक्रोमेट में विस्फोट क्यों हुआ? स्विच चालू करते ही हीटर का ऐलीमेंट गरम होने लगता है। उससे डाइक्रोमेट भी गरम हो जाता है और उसका विघटन शुरू हो जाता है। वह इस प्रकार विघटित होता है :

$$(NH_4)_2Cr_2O_7 \rightarrow N_2 + 4H_2O + Cr_2O_3$$

(अमोनियम डाइक्रोमेट) → (नाइट्रोजन) + (जलवाष्प) + (क्रोमियम ऑक्साइड)

नाइट्रोजन और जलवाष्प तो ऊपर उठकर हवा में मिल जाती हैं पर क्रोमियम ऑक्साइड जब लाल गरम हो जाता है तब उसके कण उचटने लगते हैं। ये चिनगारियों जैसे दिखते हैं।

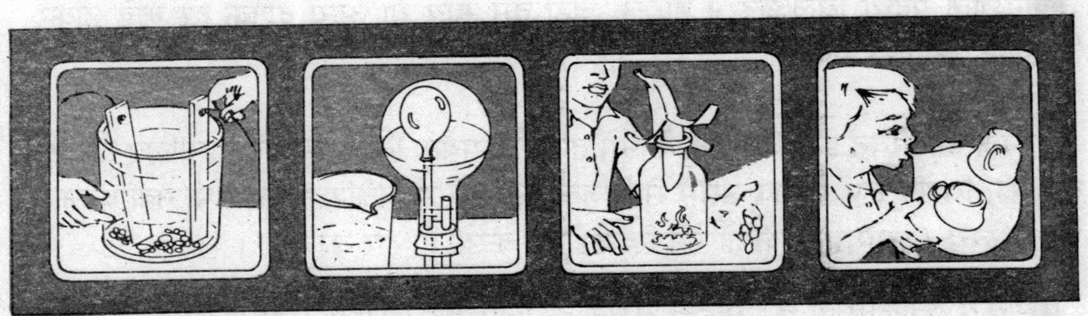

40. नाचे गोताखोर

तुम आर्कमिडीज का सिद्धांत जानते हो। इस सिद्धांत के आधार पर तुम यह आसानी से बता सकते हो कि पानी में लोहे का टुकड़ा क्यों डूब जाता है पर लोहे का बना जहाज क्यों तिरता रहता है। लोहे का टुकड़ा जितना पानी (अपने आयतन के बराबर) हटाता है उसका वजन लोहे के वजन से कम होता है। इसलिए टुकड़ा डूब जाता है। इसके विपरीत लोहे के बने जहाज द्वारा विस्थापित पानी (उसके आयतन के बराबर) का वजन जहाज के वजन से ज्यादा होता है। इसी कारण जहाज तैरता रहता है।

प्रश्न यह उठता है कि अगर किसी ठोस वस्तु द्वारा विस्थापित पानी का वजन वस्तु के वजन के एकदम बराबर हो तब क्या होगा? वह वस्तु पानी में कहीं भी—सतह, बीच में, तली पर—जहाँ उसे छोड़ा जाएगा, रह आएगी। वह न तो नीचे जाएगी और न ऊपर आएगी।

किसी वस्तु के द्रव में तिरने के इस सिद्धांत को लोग इस प्रकार भी समझाते हैं। द्रव में जब कोई वस्तु डाली जाती है तब द्रव का 'उछाल' (उत्प्लावी बल—वह बल जो ऊपर की ओर कार्य करता है) उसे ऊपर फेंकने की कोशिश करता है। अगर उछाल वस्तु के वजन से ज्यादा है तब वस्तु तिर जाती है और कम है तो डूब जाती है।

इसका अर्थ यह भी हुआ कि अगर तिरनेवाली वस्तु पर ऊपर से बल लगाया जाए तब द्रव के उछाल को निरस्त कर वह डूब जाएगी। इसी तथ्य को समझाने के लिए भौतिकशास्त्रियों ने एक सरल युक्ति का आविष्कार किया है जो वैज्ञानिक यंत्र कम और खिलौना अधिक लगती है। इसे 'कार्टिजन गोताखोर' कहते हैं। आओ! तुम्हें भी यह सरल और सस्ती पर मनोरंजक युक्ति बनाना बताएँ।

इसके लिए तुम्हें चाहिए : काँच का एक जार (इसकी जगह लंबा गिलास भी ले सकते हो), मोटे गुब्बारे या साइकिल की ट्यूब से काटा गया रबर का टुकड़ा, एक बड़ा ड्रॉपर, रबर बैंड आदि।

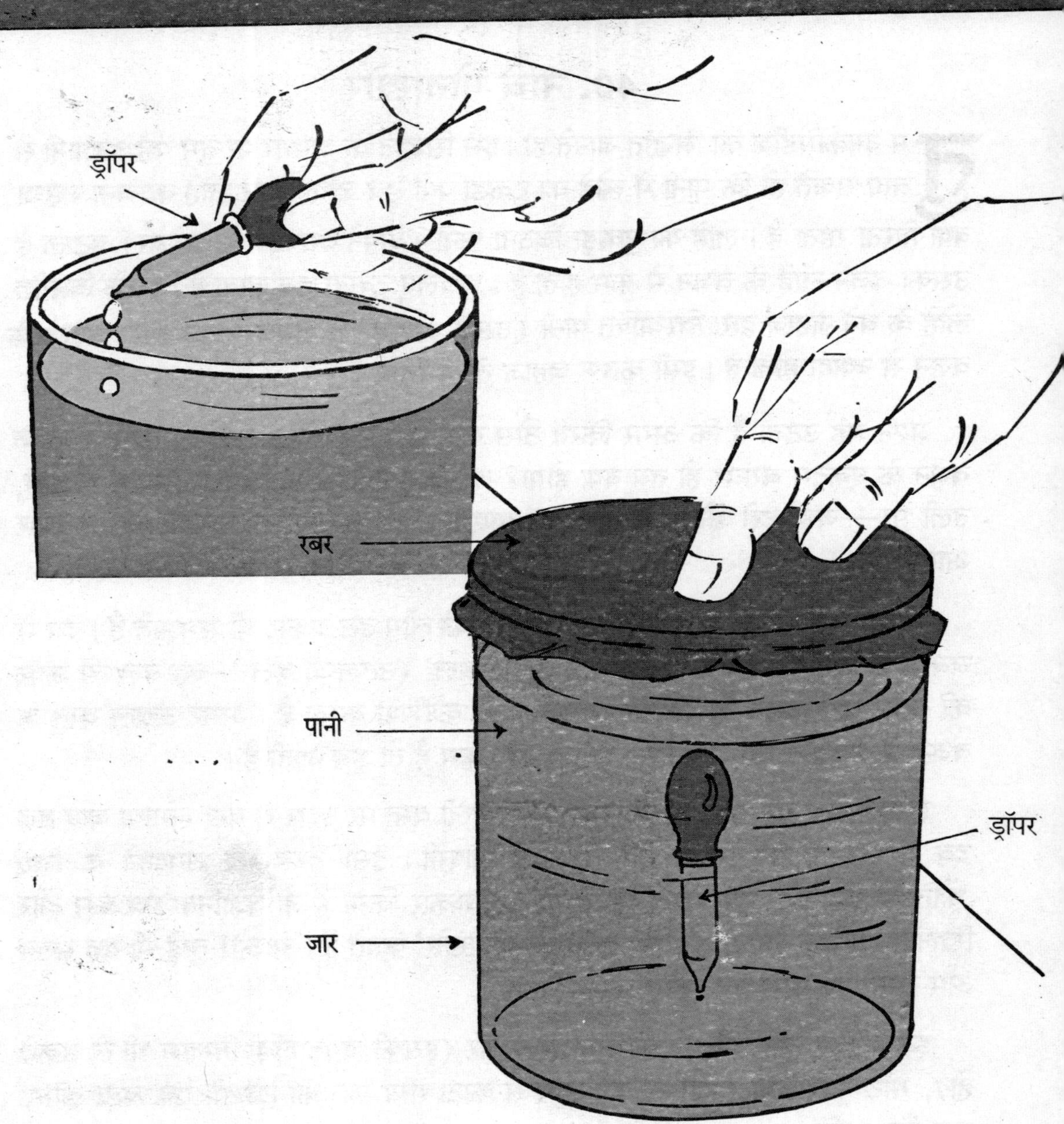
ड्रॉपर
रबर
पानी
ड्रॉपर
जार

जार को पानी से लगभग पूरा भर लो—ऊपर का करीब 3 सेंटीमीटर भाग ही खाली रहे। अब ड्रॉपर में इतना पानी भरो कि वह जार में तिर सके। हो सकता है कि इसके लिए तुम्हें ड्रॉपर में से पानी निकालना पड़े या और डालना पड़े। यह परखने के लिए तुम्हें ड्रॉपर को बार-बार जार में डालना भी पड़ सकता है। जब यह निश्चित हो जाए कि ड्रॉपर पानी में तिर सकेगा तब उसे जार में ही रहने दो। ऐसा करना बहुत जरूरी है। फिर जार पर गुब्बारे की रबर को कसकर बाँध दो। इसके लिए तुम्हें रबर को जार के मुँह पर फँसाना होगा। फिर रबर बैंड से उसे कसना होगा। रबर को कसकर बाँध देने से न तो बाहर की हवा जार में जाएगी और न ही जार की हवा बाहर आएगी। लो बन गई युक्ति।

अब जार के मुँह पर कसी रबर को उँगलियों से थोड़ा-सा दबाओ। ड्रॉपर पानी में नीचे चला जाएगा। पर उँगलियों के हटाते ही वह ऊपर आ जाएगा। इस प्रकार रबर को उँगलियों से दबाने और हटा लेने से ड्रॉपर बार-बार नीचे-ऊपर जाता-आता रहता है। इससे ऐसा लगता है मानो गोताखोर (ड्रॉपर) नाच रहा हो।

गोताखोर नाचता क्यों है? रबर पर उँगलियों का दबाव डालने से रबर और पानी के बीच की हवा पर अधिक दाब पड़ने लगता है। वह पानी को नीचे की ओर दबाती है। यह दाब पानी के उछाल के विपरीत काम करता है और कुछ हद तक उछाल को निरस्त कर देता है। इसलिए गोताखोर नीचे चला जाता है।

उँगलियों के हटाते ही दाब हट जाता है, हवा फैल जाती है, पानी पर उसका दाब कम हो जाता है। इसलिए उछाल पहले जैसा हो जाता है और गोताखोर ऊपर आ जाता है।

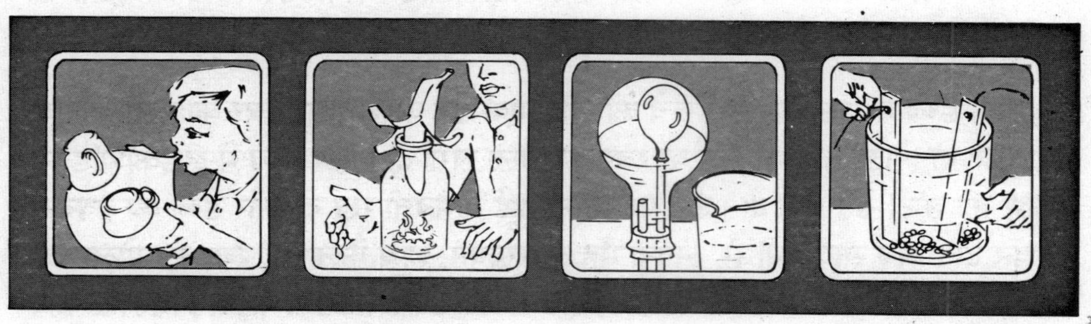

41. कोयले की खानों में विस्फोट

तुम जानते हो कि पत्थर का कोयला धरती के नीचे पाया जाता है और उसे निकालने के लिए काफी गहरी खानें खोदनी पड़ती हैं। इन खानों में सदा अँधेरा रहता है, जहरीली गैसें भरी रहती हैं और पानी निकलता रहता है। इनमें सबसे बड़ा खतरा होता है आग लगने का। आग लगने से भयंकर विस्फोट होते हैं जिनमें खान में काम करनेवाले लोगों की मृत्यु तक हो जाती है।

खान में आग लगने का कारण वहाँ उपस्थित ज्वलनशील गैसों का जल उठना तो है ही कोयले की बारीक धूल का एकाएक आग पकड़ लेना भी एक प्रमुख कारण है। यह धूल कोयले की जमावटों को तोड़ते समय बनती है और खानों के अंदर काफी मात्रा में मौजूद होती है। अगर खान के अंदर अनजाने ही माचिस जला दी जाती है अथवा कोई जलती हुई लौ ले जाई जाती है तो यह धूल एकदम आग पकड़ लेती है और भयंकर विस्फोट पैदा कर देती है। इस विस्फोट की क्रिया को एक मॉडल द्वारा समझा जा सकता है।

इस मॉडल को बनाने के लिए तुम्हें चाहिए : टिन का एक डब्बा जिसका ढक्कन सख्ती से बंद हो सके; लाइकोपोडियम पाउडर, एक मोमबत्ती, लगभग एक मीटर लंबी रबर की नली और रबर का एक ऐसा गोला जैसा पहले मोटर गाड़ियों में हार्न के सिरे पर लगा रहता था और जिसको दबाने से हार्न बजता था। लाइकोपोडियम पाउडर रसायन विक्रेता की दुकान से मिल सकता है।

पहले डब्बे में एक बाजू पर, नीचे की ओर, एक छेद करके उसमें रबर की नली का एक सिरा घुसा दो। नली के दूसरे सिरे पर रबर का गोला लगा दो। फिर डब्बे में लाइकोपोडियम पाउडर की छोटी ढेरी बना दो। उस पर जलती हुई मोमबत्ती रख दो और डब्बे का ढक्कन बंद कर दो। अब सावधानी से, अपना मुँह दूर रखकर, हाथ फैलाकर, रबर का गोला दबा दो। गोले को दबाते ही विस्फोट होगा और डब्बे का ढक्कन उछल पड़ेगा। विस्फोट होने के बाद मोमबत्ती स्वयं बुझ जाएगी। अगर नहीं बुझती तो उसे बुझा दो।

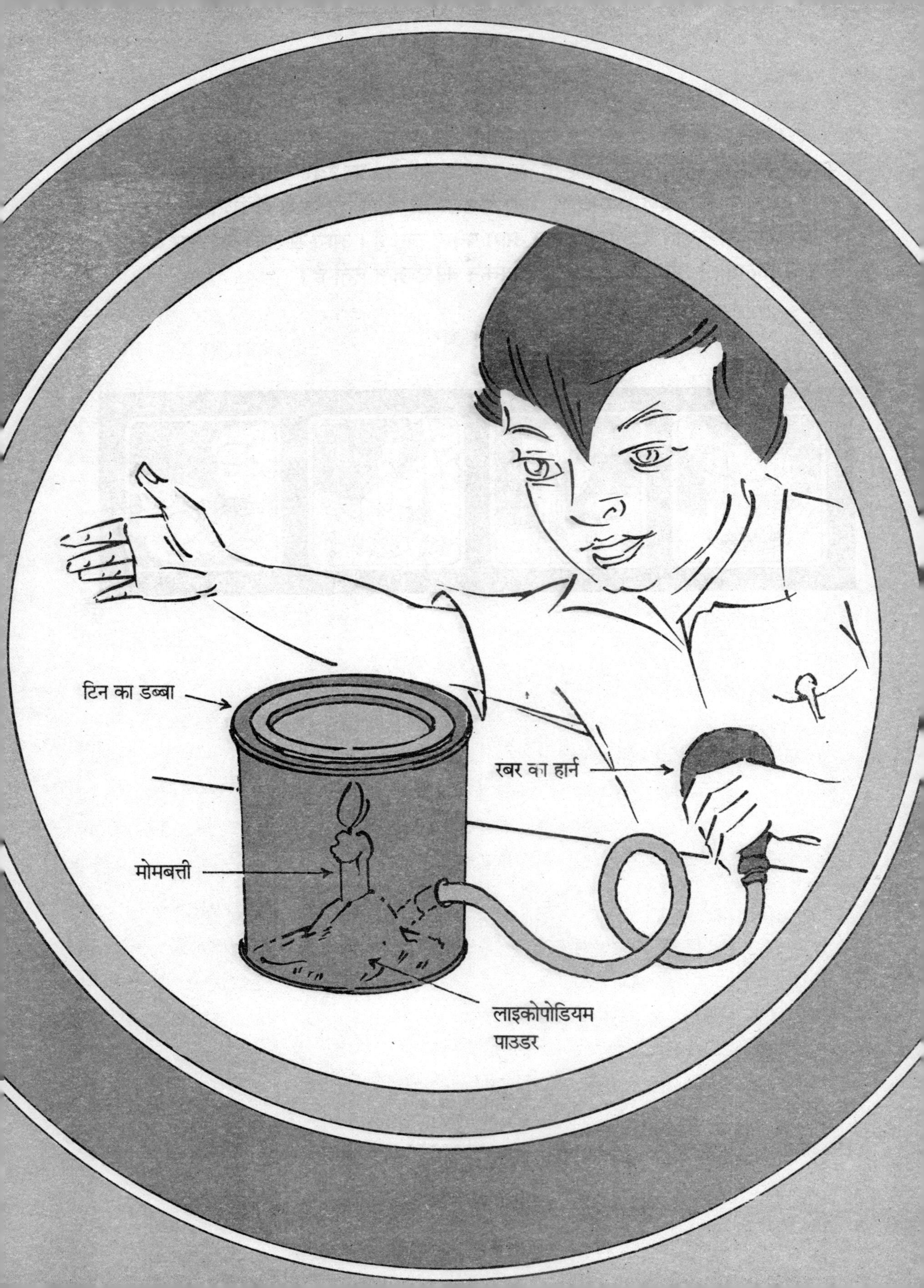
टिन का डब्बा
रबर का हार्न
मोमबत्ती
लाइकोपोडियम
पाउडर

इस बारे में तुम्हें एक मजेदार बात बताएँ कि अगर लाइकोपोडियम पाउडर के ढेर के पास जलती हुई मोमबत्ती ले जाएँ तो वह जलता नहीं है। पर रबर का गोला दबाते ही डब्बे के अंदर तेजी से प्रवेश करनेवाली हवा पाउडर के कणों को डब्बे में छितरा देती है। ये कण ज्वलनशील होते हैं और तेजी से आग पकड़ लेते हैं। आग से डब्बे के अंदर की वायु तेजी से फैलती है और अपने दाब से ढक्कन को उछाल देती है।

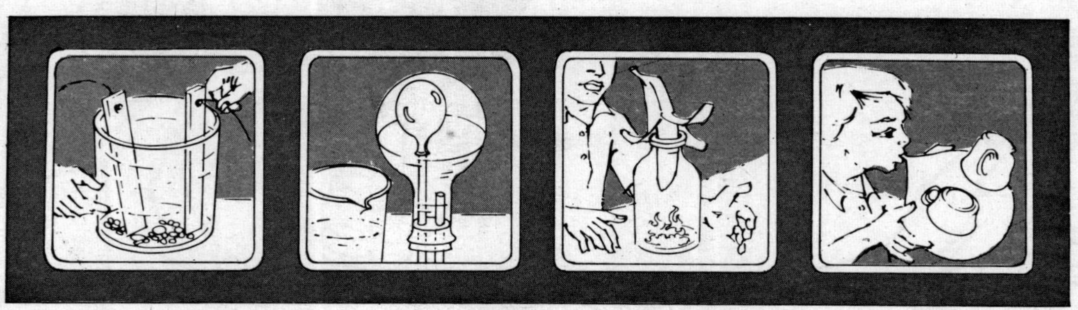

42. ठंडा करने पर पानी उबले

जब पानी को गरम करते हैं तब एक विशेष ताप आने पर वह उबलने लगता है। दूसरे शब्दों में अगर तुम पानी उबालना चाहते हो तो उसे विशेष ताप तक गरम करना पड़ेगा। पर हम तुम्हें एक ऐसा उपाय बताएँगे जिससे गरम पानी को ठंडा करने पर भी वह उबलने लगता है। ऐसा किस प्रकार होता है? इसके लिए तुम्हें चाहिए : काँच की एक फ्लास्क, उसका मुँह भली-भाँति बंद करने के लिए एक कार्क, पानी गरम करने के लिए हीटर या कोई अन्य व्यवस्था और ठंडा पानी।

पहले फ्लास्क को लगभग तीन चौथाई पानी से भर लो। उसे हीटर पर रखकर उस समय तक गरम करते रहो जब तक वह उबलना शुरू न कर दे। अब फ्लास्क को हीटर से उतारकर नीचे रखो और तुरंत ही फ्लास्क के मुँह पर कार्क लगा दो। इससे पानी का उबलना बंद हो जाएगा। फिर फ्लास्क पर बाहर से ठंडा पानी डालो। पानी फिर से उबलने लगेगा। पर जैसे-जैसे वह ठंडा होता जाएगा उसका उबलना कम होता जाएगा।

फ्लास्क को ठंडा करने पर पानी फिर से क्यों उबलने लगा जबकि आग से नीचे उतारने और फ्लास्क के मुँह पर कार्क लगाने से उसका उबलना बंद हो गया था।

सामान्य वायुमंडलीय दाब (760 मिलीमीटर) पर पानी 100° सै. पर उबलने लगता है और उबलते पानी का ताप उस समय तक नहीं बढ़ता जब तक सारा पानी भाप नहीं बन जाता। पानी का क्वथनांक (वह ताप जिस पर पानी उबलने लगता है) उस सतह पर पड़नेवाले दाब का अनुपाती है। अगर दाब बढ़ जाता है तब क्वथनांक ऊँचा उठ जाता है। यदि दाब घट जाता है तब वह नीचे आ जाता है। इसी कारण प्रेशर कुकर में पानी का ताप 100° सै. से काफी अधिक हो जाता है। इसके विपरीत ऊँचे पहाड़ी स्थानों पर जहाँ वायु का दाब कम होता है पानी 100° सै. से कम ताप पर ही उबलने लगता है। इसलिए वहाँ दाल, सब्जी वगैरह अपेक्षाकृत देर में पकती हैं।

जब तुमने उबलते हुए पानी के फ्लास्क को आग से उतारकर उसके मुँह में कार्क लगा दिया तो पानी के ऊपर का स्थान भाप से भर गया। वह पानी पर दाब डालने लगी। इससे

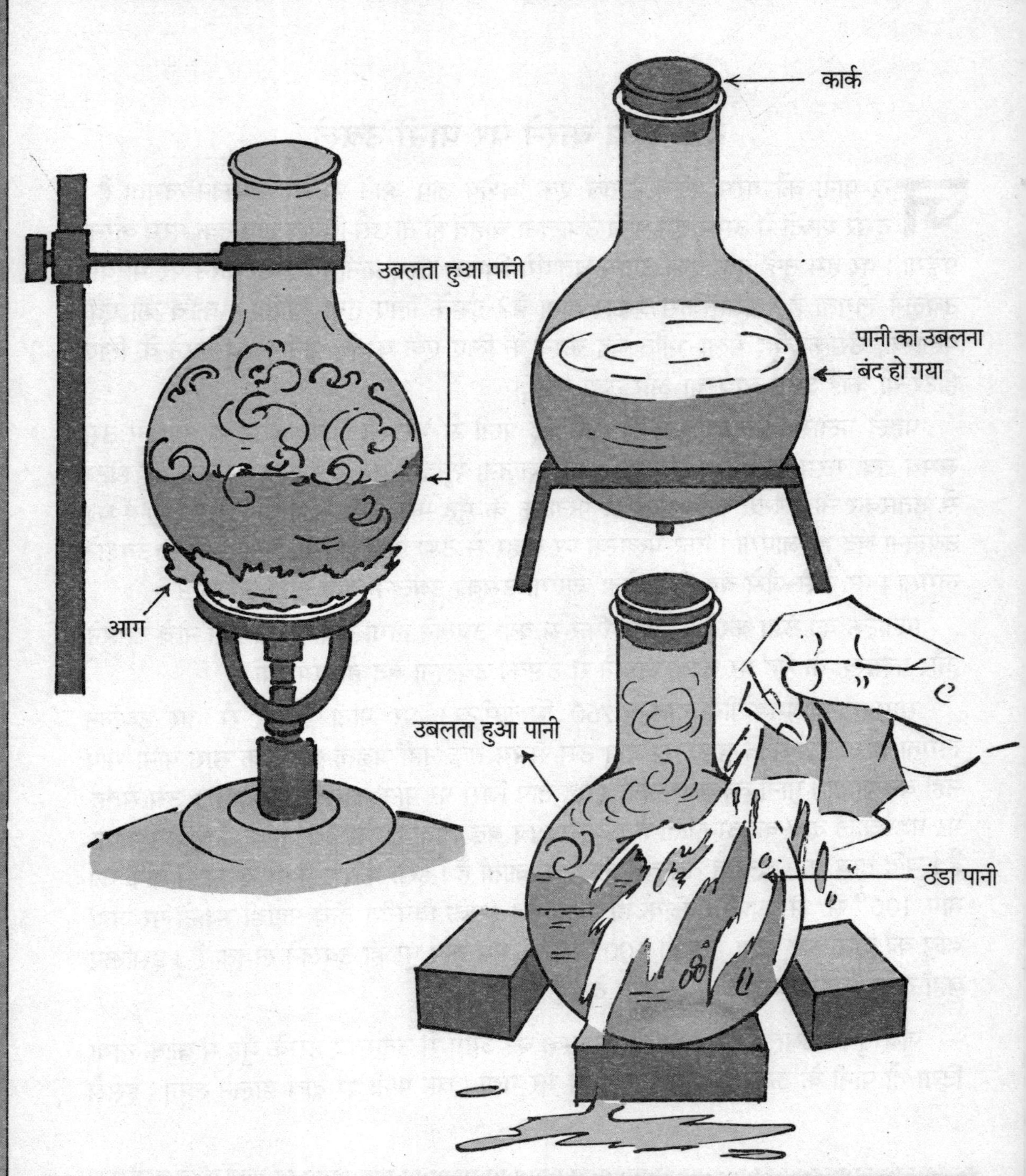
कार्क
उबलता हुआ पानी
पानी का उबलना
बंद हो गया
आग
उबलता हुआ पानी
ठंडा पानी

पानी की सतह पर पड़नेवाला दाब बढ़ गया और फलस्वरूप पानी का उबलना बंद हो गया। फिर फ्लास्क के ऊपर ठंडा पानी डालने से उसके अंदर की भाप द्रवीभूत हो गई। फलस्वरूप पानी के ऊपर पड़नेवाला दाब कम हो गया तो वह फिर से उबलने लगा। उसका उबलना उस समय तक जारी रहा जब तक उसका ताप काफी कम नहीं हो गया।

इस उपर्युक्त क्रिया को वैज्ञानिक ऊष्मा के गतिज सिद्धांत के आधार पर भी समझाते हैं।

43. गुब्बारा कपों को भी ले उड़ा

बच्चों को, विशेष रूप से छोटे बच्चों को, गुब्बारे उड़ाना बहुत अच्छा लगता है। गुब्बारों को उड़ते देखकर बच्चों को भी उनके साथ उड़ने की इच्छा होती है। वैसे तुम जानते ही हो कि पहले लोग गुब्बारे में बैठकर ही आकाश में उड़े थे। बाद में उन्होंने ऐसे यान बनाए जिनमें गैस (हाइड्रोजन या हीलियम) भरी जाती थी। उस गैस के हवा से हलकी होने के कारण ये यान उड़ सकते थे। ये यान 'एयरशिप' कहलाते थे। बाद में हवा से भारी वायुयान बनाए गए।

अब भी कुछ लोग गुब्बारों में ही आकाश की सैर करना पसंद करते हैं। हमारे देश में भी हर वर्ष 14 नवंबर को ऐसी उड़ानें भरी जाती हैं।

हम तुम्हें ऐसा गुब्बारा बनाना तो नहीं बता सकते जिसमें तुम बैठकर उड़ सको। पर हम ऐसी तरकीब बता सकते हैं जिससे गुब्बारे के साथ चिपके चाय पीने के कप कुछ दूरी तक उड़ सकते हैं।

इसके लिए तुम्हें चाहिए : एक बड़ा गुब्बारा और दो हलके कप।

पहले गुब्बारे के दोनों तरफ एक-एक कप रखो और उनके अंदर गुब्बारे के कुछ हिस्से भर दो। अब गुब्बारे को फुला दो और उसका मुँह धागे से मजबूती से बाँध दो। तुम देखोगे कि कप गुब्बारे से चिपके रहते हैं नीचे नहीं गिरते। अगर गुब्बारा काफी बड़ा है तो वह कुछ ऊँचाई तक उड़ भी जाएगा। पर ज्यादा ऊँचाई तक नहीं जाएगा।

गुब्बारे में हाइड्रोजन जैसी गैस भरने से वह काफी ऊँचा उठ जाएगा पर उस समय कपों के गिरने का खतरा रहेगा।

जब तुम गुब्बारे को फुलाते हो तब कपों के अंदर भरे उसके हिस्से कपों की भीतरी दीवारों पर दाब डालते हैं। इससे गुब्बारे और कपों के बीच घर्षण बढ़ जाता है। यह घर्षण ही कपों को गिरने से रोकता है।

अगर कपों को अंदर से साबुन के पानी से गीला कर दिया जाता है तो वे गुब्बारे से टँगे नहीं रहेंगे क्योंकि साबुन घर्षण को कम कर देता है।

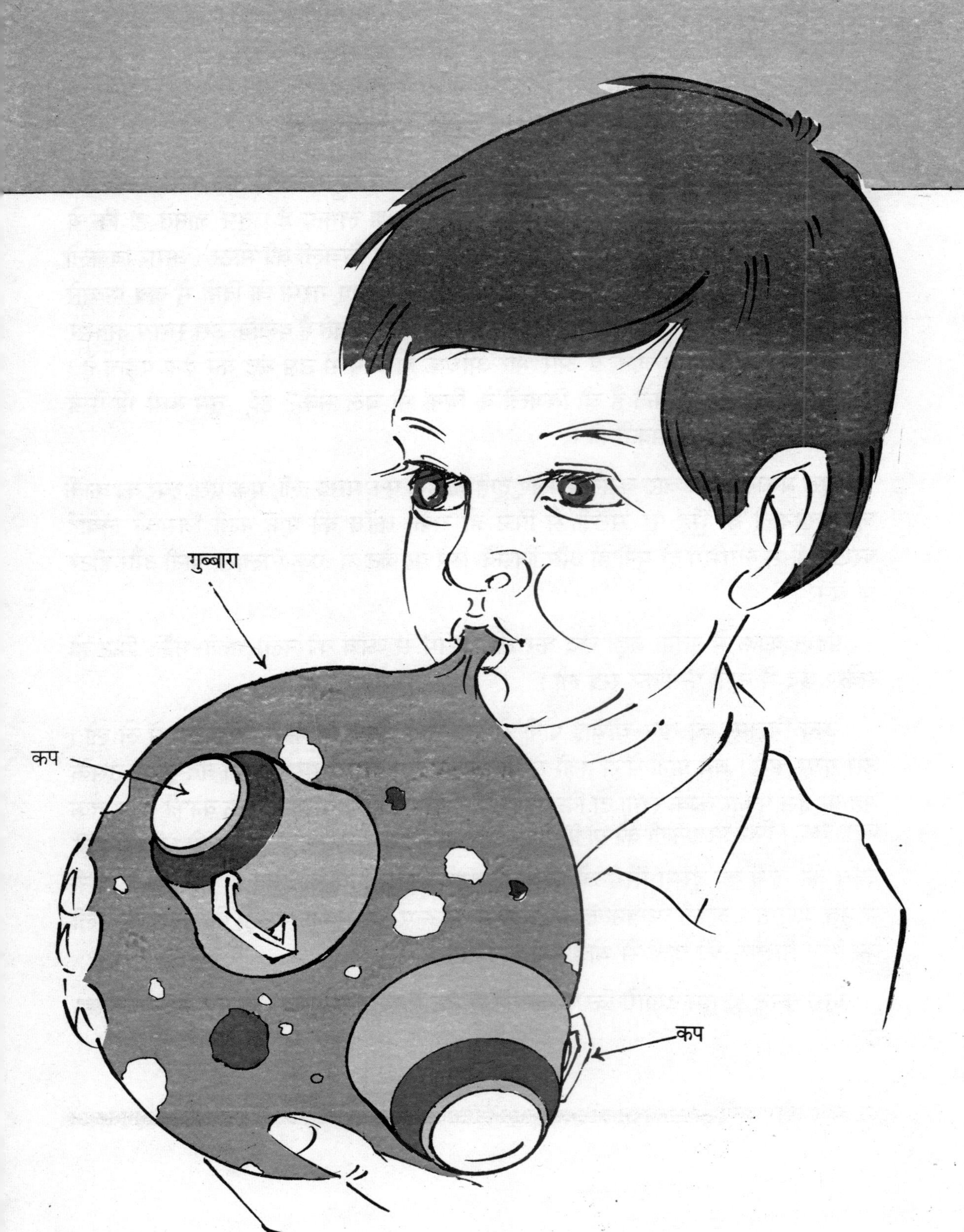
गुब्बारा
कप
कप

44. फव्वारा चले अपनेआप

बड़े शहरों के मुख्य पार्कों में फव्वारे लगे रहते हैं। ये बहुत ऊँचाई तक पानी फेंकते हैं। इनसे फुहारों के रूप में गिरता पानी बहुत अच्छा लगता है। तुम जानते हो कि ये फव्वारे पंप की मदद से चलते हैं और पंप को चलाती है बिजली की मोटर। अगर बिजली बंद हो जाती है तब ये फव्वारे भी बंद हो जाते हैं। इसलिए गरमी के दिनों में जब फव्वारे के पास बैठना अच्छा लगता है तब ये अचानक ही बंद हो जाते हैं क्योंकि उस समय अक्सर ही बिजली की कमी हो जाती है और भार अधिक हो जाने से उसे बंद कर देना पड़ता है। क्या ऐसे फव्वारे बन सकते हैं जो बिजली के बिना भी चल सकें? हाँ, तुम स्वयं भी ऐसा छोटा-सा फव्वारा बना सकते हो।

इस प्रकार का फव्वारा बनाने के लिए तुम्हें चाहिए: एक परखनली, एक ऐसा रबर का कार्क जो परखनली के मुँह पर सख्ती से फिट हो सके, काँच की एक नली जिसकी लंबाई परखनली से लगभग दो गुनी हो और जिसके सिरे पर जैट हो, एक गिलास, पानी और हीटर या बर्नर।

पहले कार्क में इतना बड़ा छेद कर लो जिसमें से काँच की नली भली-भाँति फिट हो सके। छेद में नली फँसाकर रख लो।

अब गिलास को तीन-चौथाई पानी से भर लो। थोड़ा-सा पानी परखनली में ले लो। उसे गरम करो। जब पानी में से तेजी से भाप उठने लगे तो उसे गरम करना बंद करके उसके मुँह पर इस प्रकार कार्क लगा दो कि नली का जैटवाला सिरा परखनली के काफी अंदर तक चला जाए। फिर परखनली को पानी से भरे गिलास में उलटी करके खड़ी कर दो। निश्चय ही काँच की नली का दूसरा सिरा जो कार्क से काफी ऊपर निकला हुआ है, गिलास के पानी में डूब जाएगा। उलटी परखनली को गिलास के ऊपर इस प्रकार पकड़ो कि काँच की नली का सिरा गिलास की तली से थोड़ा-सा ऊपर रहे।

ऐसा करते ही तुम देखोगे कि परखनली में जैट में से पानी फव्वारे के रूप में निकल रहा है।

इस फव्वारे के चलने का कारण क्या है? परखनली को गरम करने से उसमें भरा थोड़ा-सा पानी भाप में बदल गया। कार्क लगाने से वह भाप परखनली से बाहर नहीं जा सकी। जैसे-जैसे नली ठंडी होती गई भाप द्रवीभूत होने लगी। इस प्रकार बननेवाले द्रव का आयतन बहुत कम था। इसलिए परखनली में आंशिक निर्वात बन गया। जब उसे पानी भरे गिलास के ऊपर पकड़ा गया तब काँच की नली के दूसरे सिरे से पानी ऊपर चढने लगा। काँच की नली के सिरे पर जैट होने से पानी फव्वारे के रूप में निकलने लगा।

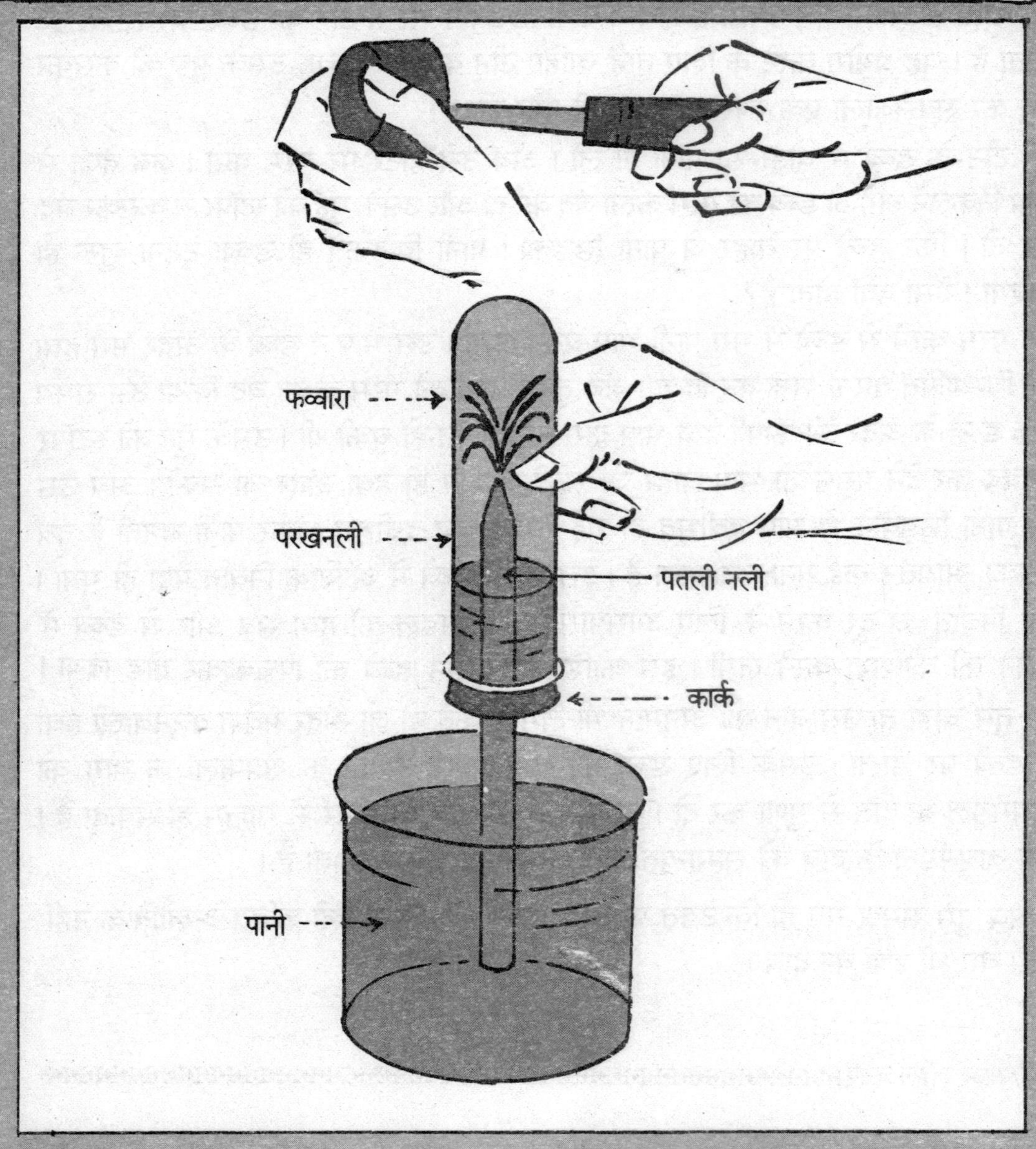

45. पानी छिड़को : डब्बा टूटे

कभी-कभी हमारे आसपास ऐसी घटनाएँ होती हैं जिन्हें देखकर यह आश्चर्य होता है कि इन्हें कौन-सी शक्ति कर रही है। इन घटनाओं में निहित शक्ति (बल) के बारे में ज्ञान न होने के कारण कुछ लोग इन्हें 'अलौकिक' शक्ति का परिणाम भी मान बैठते हैं।

ऐसी ही घटना यह प्रयोग है जिसमें पानी छिड़कने भर से टीन का डब्बा चरमराकर टूट जाता है। यह प्रयोग करने के लिए तुम्हें चाहिए टीन का एक डब्बा, उसके मुँह को कसकर बंद कर सकनेवाला एक रबर स्टॉपर, पानी और हीटर।

टीन के डब्बे मे थोड़ा-सा पानी ले लो। अब उसे हीटर पर गरम करो। जब तेजी से भाप निकलने लगे तो डब्बे को गरम करना बंद कर दो और उसके मुहँ को स्टॉपर से कसकर बंद कर दो। फिर डब्बे पर बाहर से पानी छिड़को। पानी छिड़कते ही डब्बा टूटना शुरू हो जाएगा। ऐसा क्यों होता है?

गरम करने से डब्बे में भरा पानी भाप बनने लगा। उस भाप ने डब्बे के अंदर भरी हवा को विस्थापित करना शुरू कर दिया। जब तुमने डब्बे को गरम करना बंद किया उस समय तक डब्बे के अदर की काफी हवा भाप द्वारा विस्थापित हो चुकी थी। उसके मुँह को स्टॉपर से बंद कर देने पर न तो भाप बाहर जा सकी और न ही हवा अंदर जा सकी। अब उस पर पानी छिड़कने से भाप द्रवीभूत हो गई। भाप जब द्रवीभूत होकर पानी बनती है तब उसका आयतन कई गुना घट जाता है। इस प्रकार डब्बे में आंशिक निर्वात पैदा हो गया। उस निर्वात को दूर करने के लिए आसपास के वायुमंडल की हवा सब ओर से डब्बे में घुसने की कोशिश करने लगी। इस कोशिश में उसने डब्बे को पिचकाकर तोड़ दिया।

तुम चाहो तो उस बल का अनुमानं भी लगा सकते हो जो अंदर प्रवेश करनेवाली हवा ने डब्बे पर डाला। इसके लिए डब्बे की छहों बाहरी सतहों के क्षेत्रफलों के योग को वायुमंडल के दाब से गुणा कर दो। वायुमंडल का दाब बैरोमीटर से मालूम हो सकता है। वैसे वायुमंडल के दाब को सामांन्यतः 760 मिलीमीटर माना जाता है।

अब तुम समझ गए हो कि उक्त प्रयोग में डब्बे को तोड़नेवाली शक्ति अलौकिक नहीं थी। वह थी हवा का दाब।

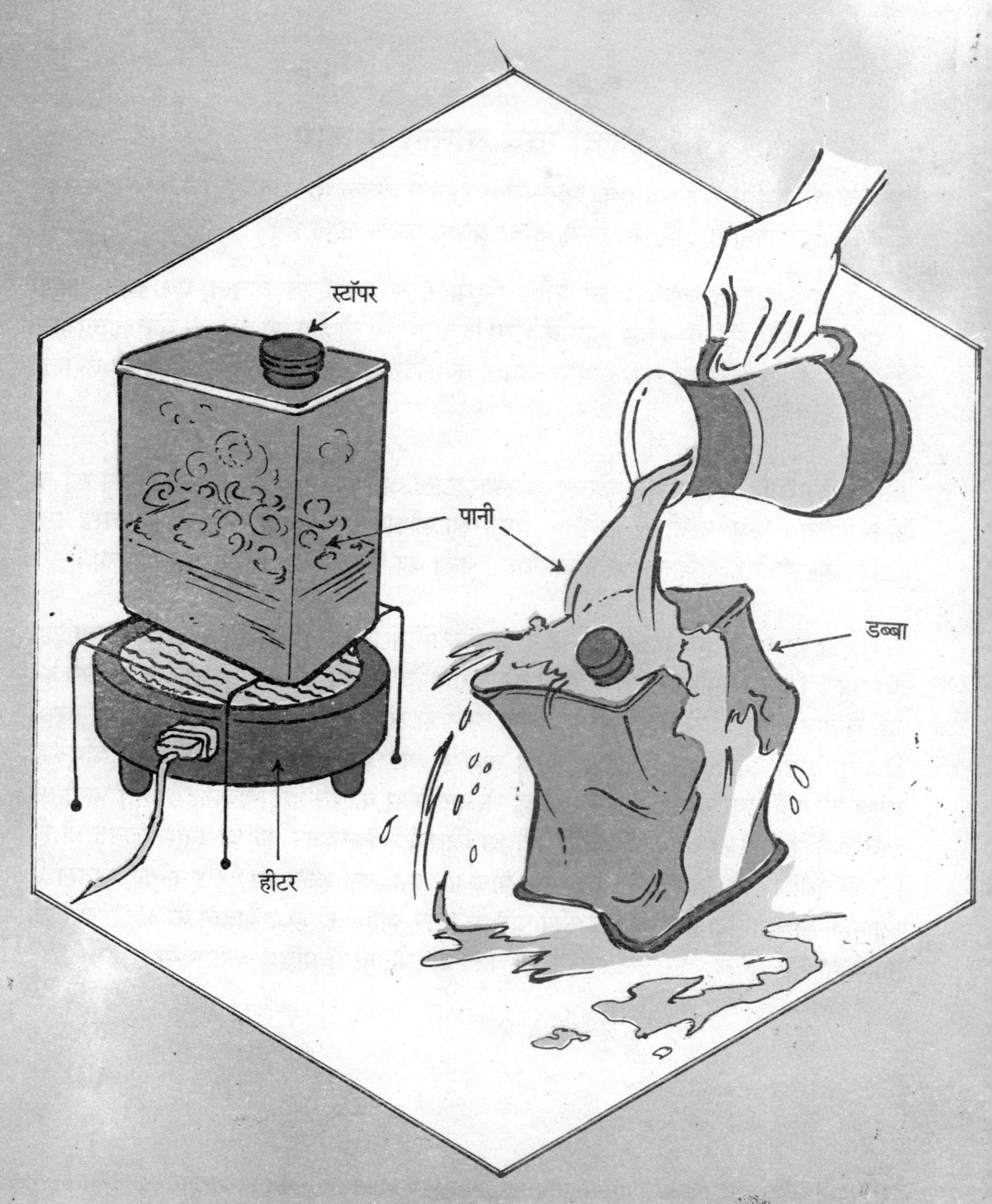
स्टॉपर
पानी
डब्बा
हीटर

46. केला स्वयं बोतल में जाए

हवा के दाब से संबंधित एक और प्रयोग। इसमें बोतल के ऊपर रखा केला अपने आप छिलता जाता है और बोतल के अंदर प्रवेश करता जाता है।

इसके लिए तुम्हें चाहिए : कम चौड़े मुँहवाली काँच की एक बोतल, एक केला, थोड़ी स्प्रिट, रुई और माचिस। इस काम के लिए दिल्ली दुग्ध योजना की दूध की बोतल उपयुक्त रहती है। स्प्रिट और रुई का उपयोग बोतल के अंदर भरी हवा को 'समाप्त' करने के लिए किया जाता है।

रुई को स्प्रिट में भिगोकर बोतल के अंदर डाल दो। फिर एक जलती तीली को रुई के ऊपर डालो। अब जल्दी से केले को थोड़ा-सा छीलकर बोतल के मुँह पर इस तरह रख दो कि बाहर की हवा बोतल में न जा पाए। केले का छिलका बोतल से बाहर रहेगा।

थोड़ी देर बाद तुम देखोगे कि केला अपनेआप छिलता हुआ बोतल के अंदर जा रहा है। क्यों? स्प्रिट में भीगी रुई तेजी से जलने लगती है। जलने के लिए आवश्यक ऑक्सीजन वह बोतल की हवा से ही लेती है क्योंकि केले से बोतल का मुँह बंद हो गया और उसमें से हवा अंदर आने की गुंजाइश काफी कम हो गई (केला बोतल के मुँह को वायुरुद्ध तरीके से नहीं ढक सकता)। यद्यपि रुई के जलने से कार्बन डाइऑक्साइड और पानी की भाप बनी पर उनका आयतन इतना नहीं था जितना ऑक्सीजन का था (तुम जानते ही हो कि ऑक्सीजन से बोतल का लगभग पाँचवाँ भाग भरा हुआ था)। इसलिए बोतल में आंशिक निर्वात पैदा हो गया। उसकी पूर्ति के लिए बाहर की हवा बोतल के अंदर जाने की कोशिश करने लगी और उस हवा ने ही केले को बोतल में प्रविष्ट करा दिया।

केला
बोतल
स्प्रिट से भीगी रुई

47. गुब्बारा फूले फूँके बिना

बच्चों को गुब्बारे फुलाने में, खास तौर पर जब बच्चे छोटे होते हैं, तब, बड़ी कठिनाई होती है। उनमें हवा फूँकते-फूँकते उनका मुँह थक जाता है। इसलिए अक्सर ही उन्हें बड़े लोगों से गुब्बारे फुलाने के लिए बार-बार अनुरोध करना पड़ता है। हम तुम्हें एक ऐसी तरकीब बताएँगे जिससे हवा फूँके बिना ही गुब्बारा फूल जाता है।

इसके लिए तुम्हें चाहिए काँच का एक फ्लास्क, रबर का एक स्टॉपर जो फ्लास्क के मुँह पर एकदम फिट हो सके, काँच की दो नलियाँ, पानी और एक गुब्बारा। काँच की एक नली की लंबाई फ्लास्क की लंबाई की आधी और दूसरी की लंबाई उससे लगभग डेढ़ गुनी होनी चाहिए।

पहले स्टॉपर में दो छेद कर लो। उनमें से दोनों नलियों को निकाल लो। ऐसा करते समय ध्यान रखो कि स्टॉपर के एक ओर नलियों का थोड़ा-सा भाग ही निकला रहे। बड़ी नली के एक सिरे में गुब्बारा बाँध दो।

अब फ्लास्क को पानी से आधा भर लो। फ्लास्क पर स्टॉपर लगा दो। नलियों के वे भाग जो लंबे हैं फ्लास्क में रहेंगे। गुब्बारा भी उस सिरे में बँधा हुआ है जो पानी में डूबा हुआ है।

फिर फ्लास्क को उलटा कर दो। तुम देखोगे कि छोटी नली में से पानी गिरने लगता है। साथ ही बड़ी नली में बँधा गुब्बारा धीरे-धीरे फूलने लगता है।

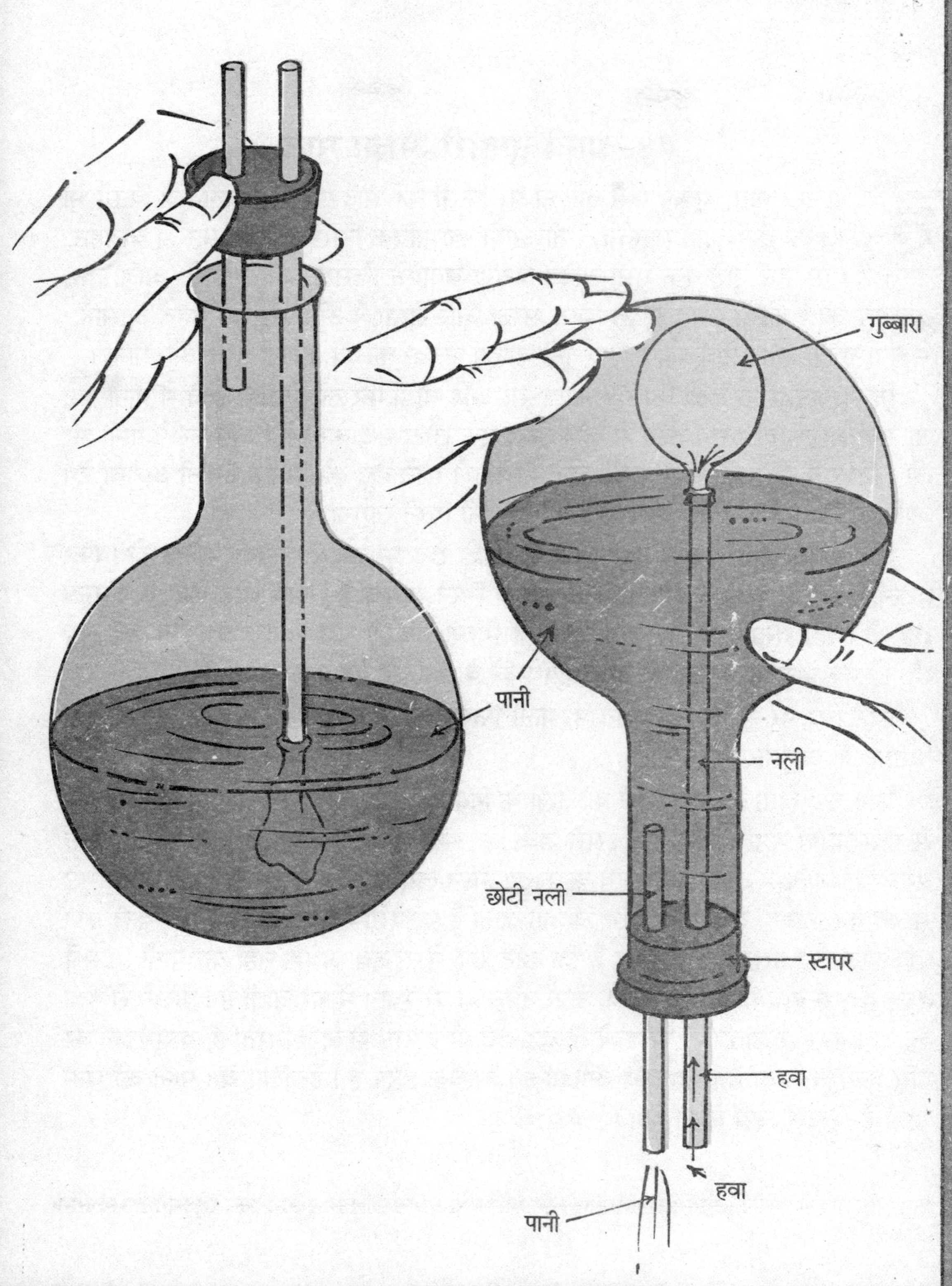
गुब्बारा
पानी
नली
छोटी नली
स्टापर
हवा
हवा
पानी

48. पानी तुम्हारी आज्ञा माने

हवा, पानी, आग, भूकंप जैसे कारकों पर किसी का आदेश नहीं चलता। वे किसी भी व्यक्ति का हुक्म नहीं मानते। वे तो अपने स्वाभाविक नियमों के अनुसार ही व्यवहार करते हैं। पर हम तुम्हें एक ऐसी युक्ति बनाना बताएँगे जिससे पानी तुम्हारी 'आज्ञा' के अनुसार कार्य करेगा। यह युक्ति बहुत सरल और सस्ती है और इसे तुम बहुत आसानी से बना सकते हो। इसे बनाने के लिए तुम्हें चाहिए पाउडर का एक खाली डब्बा और पानी।

पहले पाउडर के डब्बे का मुँह थोड़ा-सा और चौड़ा कर लो जिससे डब्बे में पानी भरा जा सके। साथ ही उसमें तली से कुछ ऊपर एक छोटा छेद कर लो। अब उसमें पानी भर लो। निश्चय ही पानी भरते समय तुम्हें नीचेवाले छोटे छेद को अपनी उँगली अथवा टेप आदि से बंद करना पड़ेगा अन्यथा इसमें से पानी गिरने लगेगा।

जब डब्बा पानी से भर जाए तो उसके चौड़े छेद पर हथेली रखकर उलट दो। फिर हथेली हटा लो। हथेली हटाते ही पानी नीचे गिरने लगता है। अब छोटे छेद पर अँगूठा रख दो। तुम देखोगे कि डब्बे में से पानी गिरना बंद हो गया। जब तक वह छेद बंद रहेगा डब्बे में से पानी नहीं गिरेगा यद्यपि डब्बे के मुँह का छेद खुला हुआ है।

छोटे छेद पर से अँगूठा हटाते ही पानी फिर गिरने लगता है। इस तरह पानी तुम्हारी 'आज्ञा' के अनुसार ही गिरेगा।

ऐसा क्यों होता है? जब डब्बे की तली के निकट का छोटा छेद खुला होता है तब उसमें से हवा प्रवेश करती रहती है। इससे डब्बे के अंदर हवा का दाब वायुमंडलीय दाब के बराबर हो जाता है और पानी गुरुत्व के कारण गिरने लगता है। जब तुम छोटे छेद को अँगूठे से बंद कर लेते हो तब पानी गिरना बंद हो जाता है पर ऐसा एकदम नहीं होता—कुछ क्षण बाद होता है। इसका कारण यह है कि छोटे छेद में से हवा प्रवेश नहीं कर पाती। इससे डब्बे में भरी हवा फैलकर पानी के ऊपर उपलब्ध पूरे स्थान में भर जाती है। फैलने से हवा का दाब कम हो जाता है। पर डब्बे के बड़े छेद पर जिसमें से पानी गिरता है, वायुमंडल का दाब कार्यरत रहता है। यह दाब अपेक्षाकृत अधिक होता है। इसलिए वह पानी को थामे रहता है—नीचे नहीं गिरने देता।

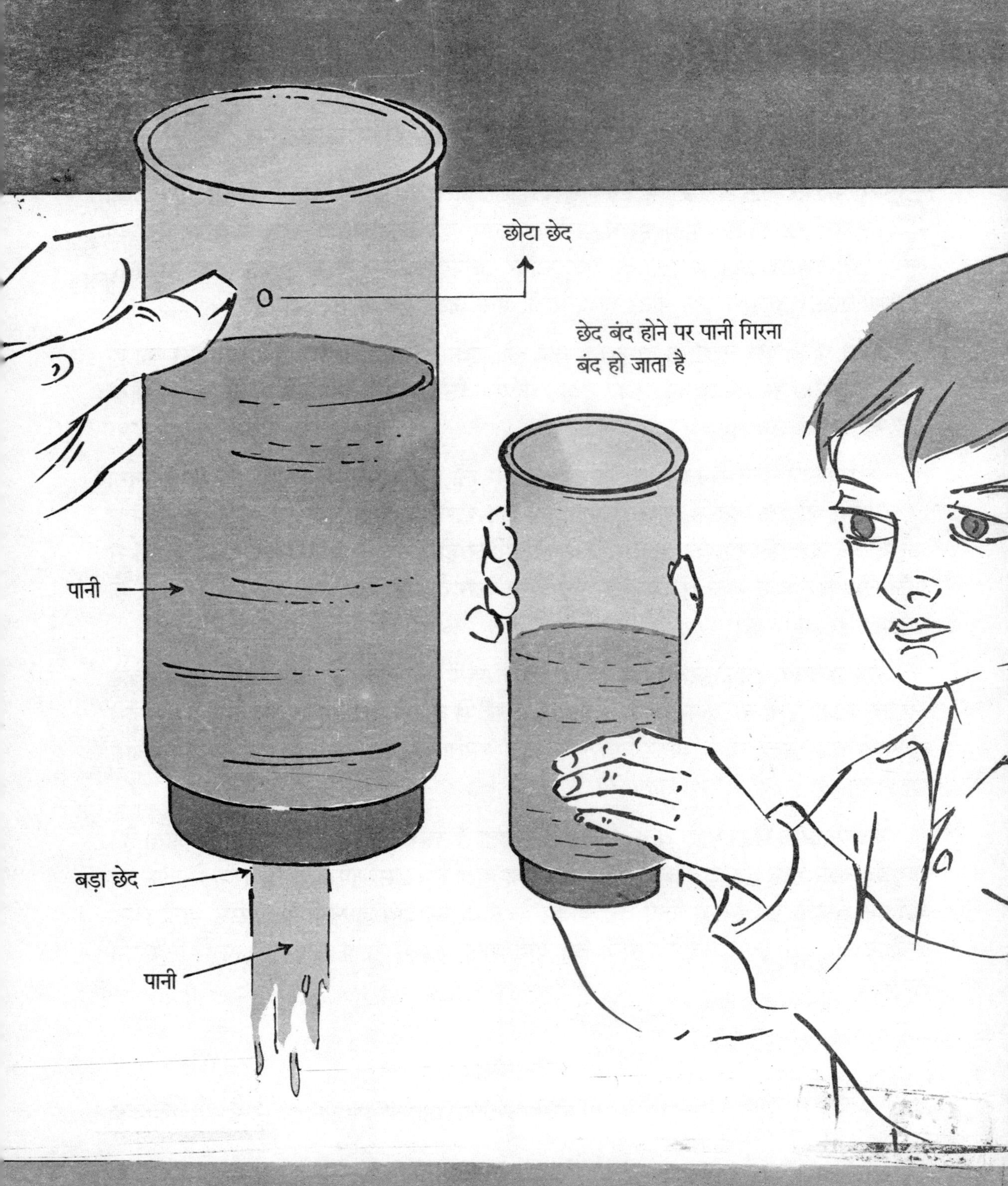
छोटा छेद
छेद बंद होने पर पानी गिरना
बंद हो जाता है
पानी
बड़ा छेद
पानी

49. अपनेआप चलनेवाला एक और फव्वारा

इस फव्वारे को चलाने के लिए तुम्हें हीटर जैसी गरम करनेवाली किसी युक्ति की जरूरत नहीं होती क्योंकि इसमें पानी को गरम नहीं करना पड़ता। इसको बनाने के लिए तुम्हें चाहिए काँच की एक फ्लास्क, एक स्टॉपर जो फ्लास्क के मुँह में एकदम फिट हो सके, पॉलीथीन की लगभग एक मीटर लंबी नली, एक जैट, एक बीकर और पानी।

पहले पॉलीथीन नली के दो टुकड़े कर लो, एक टुकड़ा लगभग 20 सेंटीमीटर का हो और दूसरा 80 सेंटीमीटर का। छोटे टुकड़े के एक सिरे पर जैट लगा दो। फिर स्टॉपर में दो छेद कर लो।

फ्लास्क को पानी से लगभग तीन चौथाई भर लो। अब फ्लास्क के मुँह पर स्टॉपर लगा दो। स्टॉपर के एक छेद में से छोटी नली का जैट-लगा सिरा अंदर डालो। उसे इतना अंदर कर दो कि वह फ्लास्क की तली से 2-3 सेंटीमीटर ही ऊपर रहे। स्टॉपर के दूसरे छेद में से पॉलीथीन की बड़ी नली का एक सिरा प्रविष्ट करा दो, पर वह केवल 5-6 सेंटीमीटर ही फ्लास्क के अंदर जाए।

अब फ्लास्क को सावधानी से उलटा करके पानी भरे बीकर के ऊपर इस प्रकार पकड़ लो कि छोटी नली का दूसरा सिरा पानी की सतह से काफी नीचा रहे। तुम देखोगे कि जैसे ही पानी बड़ी नली में से बाहर निकलना शुरू करता है छोटी नली के जैट में से फव्वारा चलने लगता है। ऐसा क्यों होता है?

जब फ्लास्क में से पानी बाहर निकलने लगता है उसमें भरी हवा का दाब गिर जाता है। वायुमंडल में हवा का दाब अपेक्षाकृत अधिक होता है। इसलिए हवा फ्लास्क में जाने की कोशिश करती है। इसके लिए वह बीकर के पानी पर दाब डालती है। इससे पानी छोटी नली में तेजी से ऊपर चढ़ने लगता है। यही पानी जैट में से फव्वारे के रूप में निकलने लगता है।

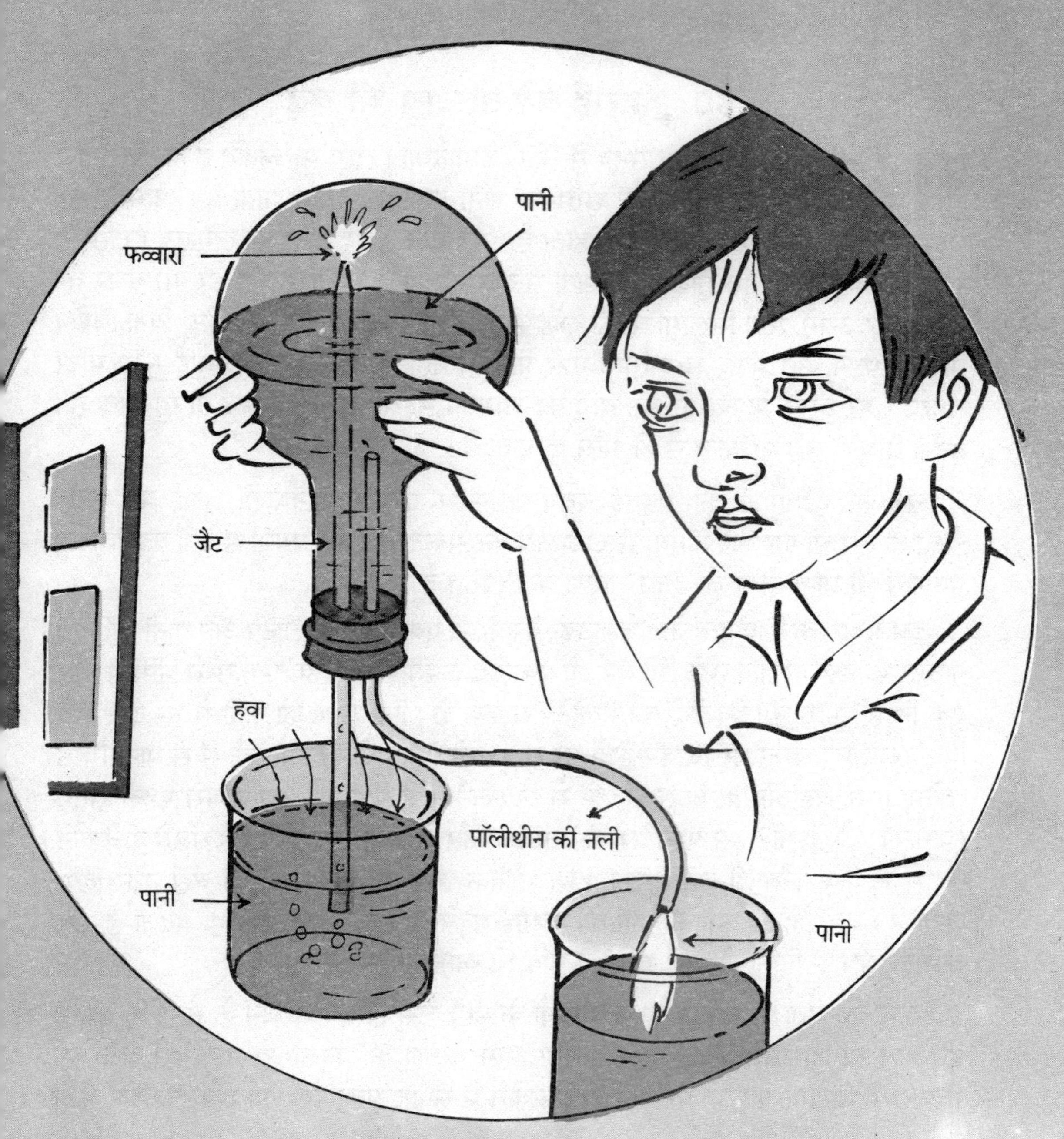
पानी
फव्वारा
जैट
हवा
पॉलीथीन की नली
पानी
पानी

50. गहराई बढ़े तो दाब भी बढ़े

गहरे पानी में, खासतौर से समुद्र में, गोता लगानेवाले लोग यह बताते हैं कि जैसे-जैसे वे गहराई में जाते हैं, उनके शरीर पर पानी का दाब बढ़ता जाता है। आमतौर पर वायुमंडल का दाब 760 मिलीमीटर होता है। यह दाब हमारे शरीर पर लगभग हर समय पड़ता रहता है। पर 10 मीटर गहरे पानी में दाब दोगुना हो जाता है और हर 10 मीटर की गहराई पर उसमें 760 मिलीमीटर की वृद्धि होती जाती है। इसीलिए गोताखोर, बिना विशेष पोशाक पहने, 30 मीटर से अधिक गहरे पानी में नहीं जा पाता। उस गहराई (30 मीटर गहराई) पर उसके फेफड़ों में भरी वायु का आयतन भी घटकर एक तिहाई ही रह जाता है। इतनी वायु में वह मुश्किल से ही साँस ले पाता है।

यह तो हुई पानी की गहराई बढ़ने के साथ दाब में होनेवाली वृद्धि की बात। चाहो तो तुम भी इस बारे में एक सरल प्रयोग कर सकते हो। उस प्रयोग में तुम्हें एक विचित्र परिणाम भी प्राप्त होगा जो आम धारणा के विपरीत है।

इस प्रयोग के लिए तुम्हें केवल पाउडर का पुराना एक डब्बा, सैलोटेप और पानी चाहिए। पाउडर के डब्बे में तीन छोटे छेद कर लो एक छेद ऊपरी भाग में हो, एक मध्य भाग में और एक निचले भाग में। इन छेदों को सैलोटेप से ढक दो। फिर डब्बे को पानी से भर दो। अब किसी समतल जगह पर रखकर छेदों पर से सैलोटेप हटा दो। तीनों छेदों में से पानी गिरने लगेगा। पर बताओ कि किस छेद में से निकलनेवाली पानी की धार सबसे पहले सतह (जमीन) को छुएगी? इस प्रश्न का जो उत्तर आमतौर से दिया जाता है वह है सबसे नीचेवाले छेद में से निकलनेवाली धार (चित्र 1)। भौतिकशास्त्र की पुस्तकों में भी यही उत्तर दिया जाता है। यह सही है क्योंकि पानी की गहराई बढ़ने के साथ-साथ दाब भी बढ़ता है और अधिक दाब से निकलनेवाली धार की गति भी अधिक तेज होगी।

अब यह बताओ कि इन तीनों धाराओं के मार्ग कैसे होंगे? धाराओं के मार्गों के बारे में ही आम धारणा गलत सिद्ध हो जाती है। आम धारणा के अनुसार ये मार्ग वैसे होंगे जैसे चित्र-1 में दिखाए गए हैं। पर वास्तविक प्रयोग में सपाट सतह रखे गए डब्बे के छेदों में से

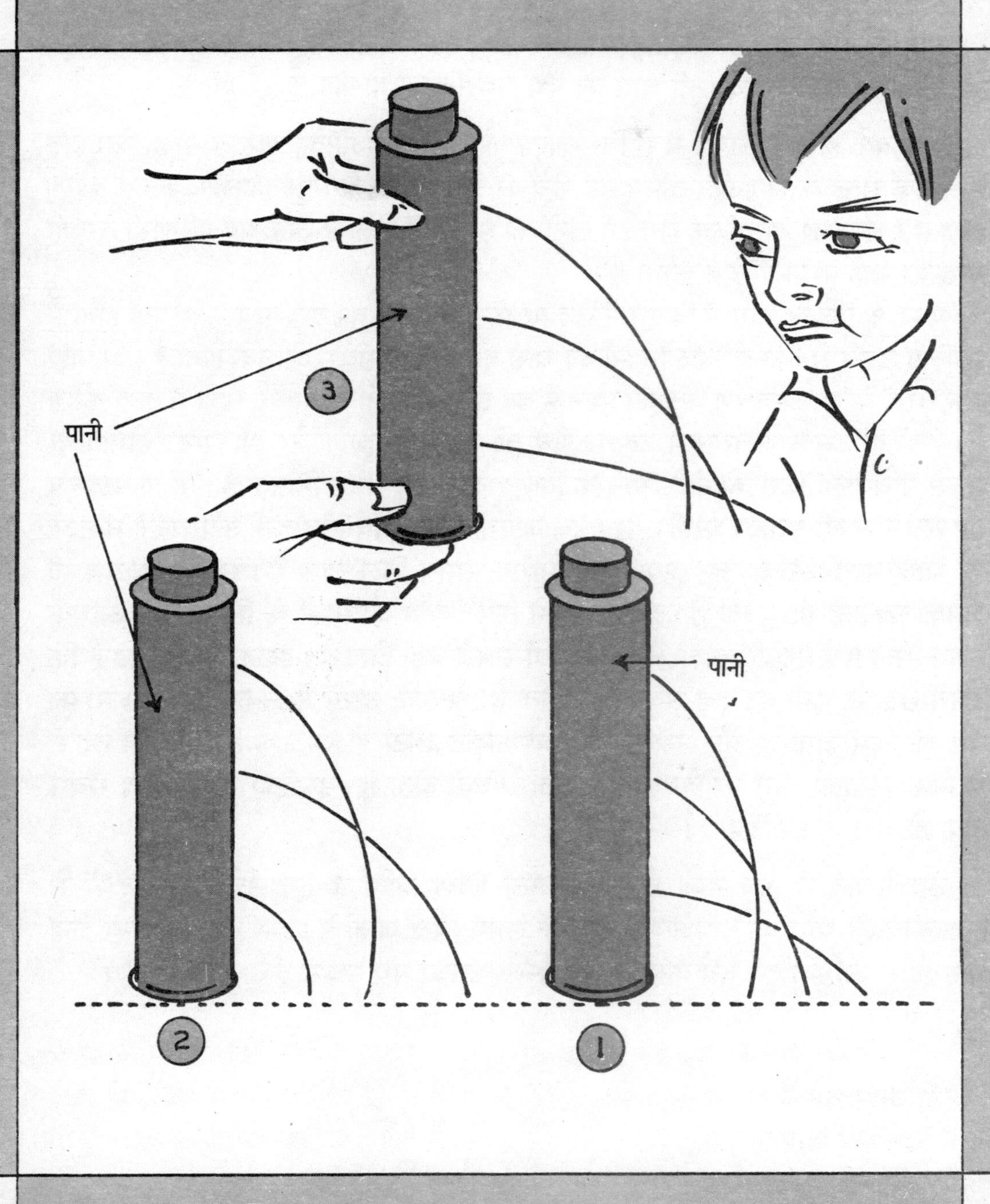
3
पानी
पानी
2
1

निकलनेवाली पानी की धाराओं के मार्ग चित्र-2 के अनुसार मिलेंगे। बीचवाले छेद में से निकलनेवाली धारा का मार्ग सबसे लंबा होगा।

यदि डब्बे को कुछ ऊँचा उठा लिया जाए तो धाराओं के पथों में भी परिवर्तन हो जाएगा। इस स्थिति में सबसे नीचेवाली धारा का पथ सबसे लंबा हो जाएगा (चित्र-3)।

ऐसा क्यों होता है? छेदों में से गिरनेवाली पानी की धाराओं के, बास्तव में, दो वेग होते हैं—एक सतह के समानांतर और दूसरा नीचे की ओर। दूसरा वेग गुरुत्वाकर्षण बल के कारण होता है। धारा का वास्तविक वेग इन दोनों का परिणामी होता है और यह परिणामी वेग ही धारा का वक्र पथ निश्चित करता है।

डब्बे के निचले भाग में किए गए छेद पर पानी के स्तंभ का दाब सबसे अधिक होता है इसलिए उसमें से निकलनेवाली पानी की धारा का वेग भी सबसे अधिक होता है। पर जहाँ तक धरती के गुरुत्वाकर्षण बल का प्रश्न है वह तीनों धाराओं पर समान मात्रा में कार्य करता है। इसलिए उसके फलस्वरूप उत्पन्न नीचे की ओर गिरनेवाला वेग भी समान होगा। पर सबसे नीचेवाली धारा को नीचे गिरने के लिए सबसे कम समय मिलता है। परिणामस्वरूप वह सबसे जल्दी सतह (धरती) पर पहुँच जाएगी। उसके विपरीत दोनों ऊपरवाली धाराओं को सतह पर गिरने के लिए अपेक्षाकृत अधिक समय मिल जाता है। इसलिए वे पथ भी अपेक्षाकृत बड़े ही चुनती हैं। यद्यपि सबसे ऊपरी धारा को गिरने के लिए सबसे अधिक समय मिलता है पर बीचवाली धारा का मार्ग सबसे बड़ा होता है। इसका कारण यह है कि ऊपरी छेद पर पानी का दाब सबसे कम होता है। फलतः उसमें से निकलनेवाली धारा का वेग भी कम होता है और उसका पथ अपेक्षाकृत छोटा हो जाता है। बीचवाले छेद में से निकलनेवाली धारा का वेग अपेक्षाकृत अधिक होता है। इसलिए उसका पथ सबसे लंबा हो जाता है। (चित्र-2)।

उस स्थिति में जब डब्बे को ऊपर उठा लिया जाता है तब नीचेवाले छेद में से निकलनेवाली धारा को अपेक्षाकृत अधिक समय मिल जाता है। इसलिए वह अन्य दोनों धाराओं से अधिक दूरी तय करने लगती है— उसका पथ सबसे लंबा हो जाता है।

51. रहस्यमयी घिरनी

तुम एक ऐसी घिरनी बना सकते हो जो हाथ निकट लाने से ही घूमने लगेगी, घुमाने के लिए उसे छूने की भी जरूरत नहीं पड़ेगी। मजेदार बात यह है कि यदि ज्वर पीड़ित व्यक्ति अपना हाथ घिरनी के पास लाएगा तब वह अधिक तेजी से घूमने लगेगी।

ऐसी घिरनी बनाने के लिए तुम्हें चाहिए महीन हलका कागज और एक सूई। पहले कागज किसी मेज या सपाट जगह पर फैलाकर पेंसिल से उस पर जितना बड़ा आयत खींच सकते हो, खींच लो। कागज को काटकर उस आयत के आकार का कर लो। फिर आयत के आमने-सामने के कोणों को सरल रेखाओं से मिला दो (आयत के कर्ण खींच दो)। जिस बिंदु पर कर्ण एक-दूसरे को काटते हैं वह कागज का गुरुत्व केंद्र होगा। अब ठीक इस गुरुत्व केंद्र पर सूई की नोक टिका दो। लो बन गई घिरनी।

इस घिरनी को किसी सतह पर इस प्रकार टिकाया जा सकता है जिससे कोई वस्तु उससे टकराए नहीं और सूई सीधी खड़ी रहे।

साधारणतः घिरनी संतुलन में रहेगी पर हवा के हलके झोंके से भी घूमना शुरू कर देगी। अगर तुम अपना हाथ इसके निकट लाओगे—उसे छुओगे नहीं—तब भी वह घूमने लगेगी। निश्चय ही तुम अपना हाथ धीरे-धीरे उसके निकट लाओगे, इस कारण हाथ से हवा का झोंका नहीं बनेगा।

घिरनी के निकट हाथ लाने से पहले वह धीरे-धीरे घूमेगी फिर तेजी से घूमने लगेगी। साथ ही उसके घूमने की दिशा हथेली से उँगलियों की ओर होगी, जैसे वह हथेली से दूर जाने का प्रयत्न कर रही हो। अगर कोई ज्वर पीड़ित व्यक्ति अपना हाथ घिरनी के निकट लाएगा तो वह और तेजी से घूमने लगेगी।

हाथ हटाते ही घिरनी घूमना बंद कर देगी। पर फिर से हाथ निकट लाने पर पुनः घूमने लगेगी। तुम बता सकते हो कि हाथ पास लाने से घिरनी घूमने क्यों लगती है?

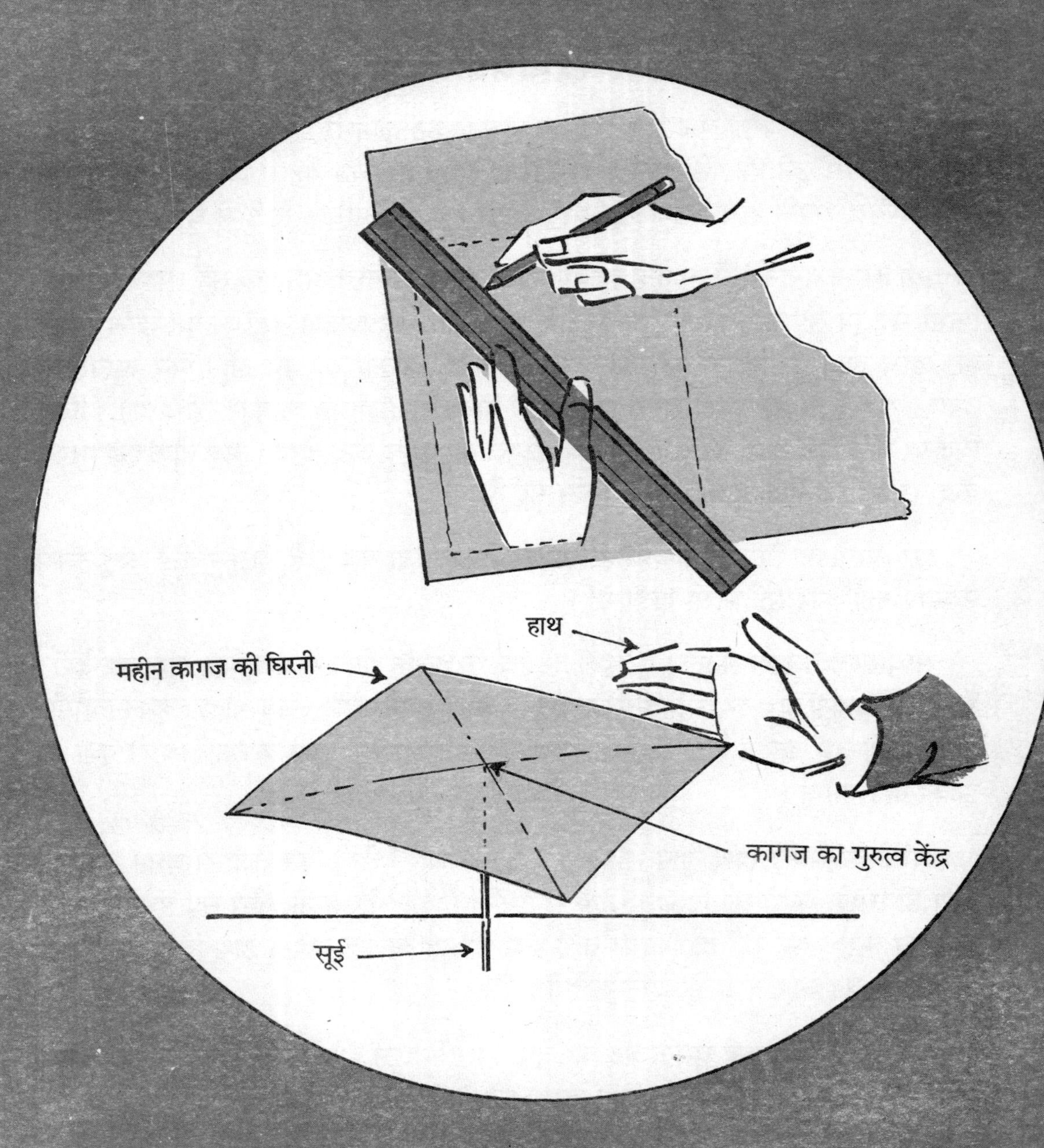
हाथ
महीन कागज की घिरनी
कागज का गुरुत्व केंद्र
सूई

यह 'खेल' बहुत पुराना है और बहुत वर्षों तक लोग यह समझते रहे कि घिरनी के घूमने का कारण मनुष्य के शरीर से निकलनेवाली कोई अदृश्य, अलौकिक, रहस्यमयी शक्ति है। पर अब तुम बता सकते हो वह शक्ति (ऊर्जा) अदृश्य अवश्य है परंतु वह न तो अलौकिक है और न ही रहस्यमयी। वह है तुम्हारे हाथ से निकलनेवाली गरमी (ऊष्मा)। यह गरमी आसपास की हवा को गरम कर देती है जिससे हवा में छोटे संवहन चक्र आरंभ हो जाते हैं। यद्यपि ये संवहन चक्र बहुत छोटे होते हैं पर इनसे गरम होकर ऊपर उठनेवाली हवा घिरनी को घुमाने में सक्षम होती है। हमारी हथेली उँगलियों की तुलना में अधिक गरम होती है। इसलिए उसके पास हवा अपेक्षाकृत ज्यादा गरम हो जाती है और अधिक तेजी से ऊपर उठती है। इससे घिरनी हथेली से दूर भागने का प्रयत्न करती है और उँगलियों की ओर घूमती है।

ज्वर पीड़ित व्यक्ति के शरीर का ताप अपेक्षाकृत अधिक होता है। इस कारण उसके हाथ से गरमी भी अधिक मात्रा में निकलती है, जिससे आसपास की हवा अधिक गरम होती है और घिरनी अधिक तेजी से घूमती है।

□ □ □

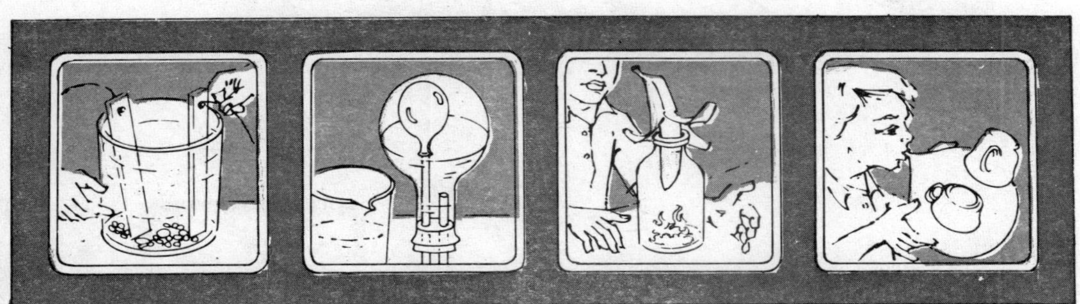

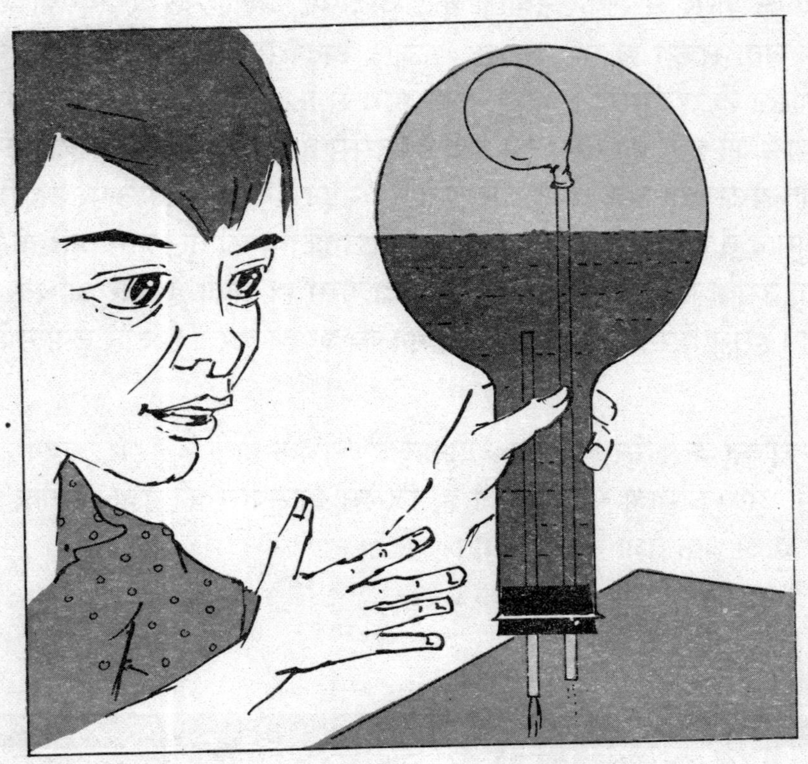